法学文库　主编　何勤华

伊斯兰法：传统与衍新

马明贤　著

商務印書館
创于1897 The Commercial Press

2017年·北京

图书在版编目(CIP)数据

伊斯兰法:传统与衍新/马明贤著.—北京:商务印书馆,2011(2017.9 重印)
(法学文库)
ISBN 978-7-100-08496-3

I.①伊… II.①马… III.①外国—法制史研究
IV.①D909.9

中国版本图书馆 CIP 数据核字(2011)第 145788 号

兰州大学 211 工程建设项目成果

法学文库

伊斯兰法:传统与衍新

马明贤 著

商 务 印 书 馆 出 版
(北京王府井大街 36 号 邮政编码 100710)
商 务 印 书 馆 发 行
北京市白帆印务有限公司印刷
ISBN 978-7-100-08496-3

2011 年 11 月第 1 版 开本 880×1230 1/32
2017 年 9 月北京第 2 次印刷 印张 9½
定价:48.00 元

谨以此书献给

“他们倾听言语，而从其至美的。”

《古兰经》39·18

总　序

商务印书馆与法律著作的出版有着非常深的渊源，学界对此尽人皆知。民国时期的法律著作和教材，除少量为上海法学编译社、上海大东书局等出版之外，绝大多数是由商务印书馆出版的。尤其是一些经典法律作品，如《法律进化论》、《英宪精义》、《公法与私法》、《法律发达史》、《宪法学原理》、《欧陆法律发达史》、《民法与社会主义》等，几乎无一例外地皆由商务印书馆出版。

目下，商务印书馆领导高瞻远瞩，加强法律图书出版的力度和规模，期望以更好、更多的法律学术著作，为法学的繁荣和法治的推进做出更大的贡献。其举措之一，就是策划出版一套"法学文库"。

在当前国内已出版多种法学"文库"的情况下，如何体现商务版"法学文库"的特色？我不禁想起程树德在《九朝律考》中所引明末清初大儒顾炎武(1613—1682)的一句名言。顾氏曾将著书之价值界定在："古人所未及就，后世所不可无者。"并以此为宗旨，终于创作了一代名著《日知录》。

顾氏此言，实际上包含了两层意思：一是研究成果必须具有填补学术空白之价值；二是研究对象必须是后人所无法绕开的社会或学术上之重大问题，即使我们现在不去触碰，后人也必须要去研究。这两层意思总的表达了学术研究的根本追求——原创性，这也是我们编辑这套"法学文库"的立意和目标。

具体落实到选题上，我的理解是：一、本"文库"的各个选题，应是国内学术界还没有涉及的课题,具有填补法学研究空白的特点;二、各个选题,是国内外法学界都很感兴趣,但还没有比较系统、集中的成果;三、各选题中的子课题,或阶段性成果已在国内外高质量的刊物上发表,在学术界产生了重要的影响;四、具有比较高的文献史料价值,能为学术界的进一步研究提供基础性材料。

法律是人类之心灵的透视,意志的体现,智慧的结晶,行为的准则。在西方,因法治传统的长期浸染,法律,作为调整人们生活的首要规范,其位亦尊,其学亦盛。而在中国,由于两千年法律虚无主义的肆虐,法律之位亦卑,其学亦微。至目前,法律的春天才可以算是刚刚来临。但正因为是春天,所以也是一个播种的季节,希望的季节。

春天的嫩芽,总会结出累累的果实;涓涓之细流,必将汇成浩瀚之大海。希望"法学文库"能够以"原创性"之特色为中国法学领域的学术积累做贡献;也真切地期盼"法学文库"的编辑和出版能够得到各位法学界同仁的参与和关爱,使之成为展示理论法学研究前沿成果的一个窗口。

我们虽然还不够成熟,

但我们一直在努力探索……

何 勤 华

于上海·华东政法大学

法律史研究中心

2004年5月1日

General Preface

It's well known in the academic community that the Commercial Press has a long tradition of publishing books on Legal science. During the period of Republic of China (1912—1949), most of the works and text books on legal science were published by the Commercial Press, only a few of them were published by Shanghai Edition and Translation Agency of Legal Science or Shanghai Dadong Publishing House. Especially the publishing of some classical works, such as *on Evolution of Laws*, *Introduction to the Study of the Law of the Constitution*, *Public Laws and Private Laws*, *the History of Laws*, *Theory of Constitution*, *History of the Laws in European Continents*, *Civil Law and Socialism* were all undertaken by the Commercial Press.

Now, the executors of the Commercial Press, with great foresight, are seeking to strengthen the publishing of the works on the study of laws, and trying to devote more to the prosperity of legal science and the progress of the career of ruling of law by more and better academic works. One of their measures is to publish a set of books named "Jurisprudential Library".

Actually, several sets of "library" on legal science have been published in our country, what should be unique to this set of "Jurisprudential Library"? It reminded me of Gu Yanwu's(1613—1682) famous saying which has been quoted by Cheng Shude(1876—1944) in *Jiu Chao Lv Cao* (*Collection and Complication of the Laws in the Nine Dynasties*). Gu Yanwu was the great scholar of Confucianism in late Ming and early Qing Dynasties. He defined the value of a book like this: "the subject covered by the book has not been studied by our predecessors, and it is necessary to our descendents". According to this principal, he created the famous work *Ri Zhi Lu* (*Notes on Knowledge Accumulated Day by Day*).

Mr. Gu's words includes the following two points: the fruit of study must have the value of fulfilling the academic blanks; the object of research must be the significant question that our descendants cannot detour or omit, that means even if we didn't touch them, the descendants have to face them sooner or later. The two levels of the meaning expressed the fundamental pursuit of academy: originality, and this is the conception and purpose of our compiling this set of "Jurisprudential Library".

As for the requirement of choosing subjects, my opinion can be articulated like this: Ⅰ. All the subjects in this library have not been touched in our country, so they have the value of fulfilling the academic blanks; Ⅱ. The scholars, no matter at home and or abroad are interested in these subjects, but they have not published systematic and concentrated results; Ⅲ. All the sub-subjects included in the subjects chosen or the initial results have been published in the publication which is of high quality at home or abroad; Ⅳ. The subjects chosen should have comparatively high value of historical data, they can provide basic materials for the further research.

The law is the perspective of human hearts, reflection of their will, crystallization of their wisdom and the norms of their action. In western countries, because of the long tradition of ruling of law, law, the primary standard regulating people's conducts, is in a high position, and the study of law is also prosperous. But, in China, the rampancy of legal nihilism had been lasting for 2000 years, consequently, law is in a low position, and the study of law is also weak. Until now, the spring of legal science has just arrived. However, spring is a sowing season, and a season full of hopes and wishes.

The fresh bud in spring will surely be thickly hung with fruits; the little creeks will coverage into endless sea. I hope "Jurisprudential Library" can make great contribution to the academic accumulation of the area of Chinese legal science by its originality; I also heartily hope the colleagues in the area of legal study can award their participation and love to the complication and publication of "Jurisprudential Library" and make it a wonderful window showing the theoretical frontier results in the area of legal research.

We are not mature enough
We are keeping on exploring and seeking

He Qinhua

In the Research Center of Legal History

East China University of Politics and Law, Shanghai, P. R. C.

May 1st, 2004

序

伊斯兰教是世界三大一神教之一。作为真主法度的伊斯兰法，它包罗万象，植根于穆斯林的信仰和意识之中，是伊斯兰文明的核心内容。伊斯兰法所具有的丰富内涵和特殊规定性，不仅规范着穆斯林个体的生活方式和价值诉求，而且发挥着调整社会关系和构建符合伊斯兰基本精神的社会生活秩序的功能，从而在政治、经济、教育、思想意识、伦理道德、民俗习尚等各个领域对穆斯林社会构成异乎寻常的影响。另一方面，伊斯兰法还具有明显的信仰价值的超越性，其重要表现在于，它能跨越时代、绵延千余年在世界不同民族的穆斯林中不同程度地得以遵守和实践，故而又有“活的法系”之称。因此，探讨和研究伊斯兰法对于客观解读和诠释伊斯兰与文化的真谛至关重要。

马明贤博士撰写的《伊斯兰法：传统与衍新》就是一部关于伊斯兰法研究的专著，也是他长期从事伊斯兰法研究的阶段性总结。本书以16章的布局构架集中探讨了有关伊斯兰法的几大问题：1.伊斯兰法的创立和形成；2.伊斯兰法的历史演变及其主要特征；3.伊斯兰法的创制原则与法典化；4.伊斯兰法在伊斯兰国家适用状况的类型剖析和比较；5.伊斯兰法视野中的伊斯兰人权和伊斯兰民主协商制度。

总起来看，本书主要是通过伊斯兰宗教学的视角来研究伊斯兰法的，特别是它注重对伊斯兰法各种法律概念的界定和考据，并且长于将伊斯兰法与伊斯兰宗教信仰、法律、道德等规范结合在一起进行论证，显示出作者在伊斯兰各类学科和经训学方面的良好基础。就本书来说,其突出特点大致可归纳为以下几点:第一,本书使用的典籍和文献史料丰富而翔实,书中大量引文来自各种版本的阿拉伯文著述,而参考文献中所列阿拉伯文著作亦多达四十部,这些原汁原味的第一手典籍和文献史料是客观准确研究伊斯兰法不可或缺的前提条件。正是由于具备这样的前提条件,书中对所涉及各种问题和观点的剖析与论述使人感到论据充分,环环相扣,具有说服力和可信性。第二,对伊斯兰法来龙去脉的研究全面而系统,全书在占有丰富翔实的典籍文献史料的基础上,运用宏观与微观相结合的方法,深入论述了伊斯兰法的创立和形成,及其在不同历史时期的发展演变过程。与此同时,书中对不同时期伊斯兰法得以发展繁荣的基本原因和主要特点,伊斯兰法学派的最终确立和伊斯兰法学家对伊斯兰法的历史贡献等重要问题逐一进行了尽可能符合历史原貌的独立思考和评判,从而清晰地勾勒出伊斯兰法形成和发展轨迹的全景图。第三,本书对伊斯兰法的创制原则和法典化问题提出了一些新见解。例如,关于伊斯兰法的创制,作者认为它具有三大特点:一是鲜明的伊斯兰价值观;二是创制活动始终围绕经训明文与精神进行;三是伊斯兰法的创制由伊斯兰法学家来完成。又如,关于伊斯兰法的变革或衍新。作者认为,其本质是要依据经训原则、社会发展和时代需求,对伊斯兰法做出符合时代变迁的诠释,创制出与时代趋同的法律规范,从而实现伊斯兰法的衍化更新和与时俱进。第四,从伊斯兰法的视域对伊斯兰人权和伊斯兰民主协商制度的探讨与阐释同样具有独到之处。例如,书中指出,伊斯兰人权具有相对性和责任性,并受伊斯兰法的约束和规范,同时伊斯兰法成为各种权利得以实现的合理限度和基本保障,也是权利和义务的统一。在个人权利和社会权利方面,伊斯兰法强调最大限度地兼顾两种权利,在两者之间进行平衡,使两者健康发展。关于伊斯兰民主协商制度,书中认为,自由、正义、平等、协商、提出异议、自我批评是伊斯兰民主政治制度中的六项基石，而核心原则是协商，并且贯穿于伊斯兰国家和社会生活的各个领域。它不仅是穆斯林个人与社会享有的法定权利，更是必须履行的法定义务，具有权利与义务的双重性，等等。这些“自得之见”体现了作者对伊斯兰法的缜密思考和独特理解，并为伊斯兰法的研究提供了新的视野和思路。

我和明贤是师生之交，他曾跟随我攻读博士学位。在共同相处的时日，他严谨认真的做事性格，善于独立思考和执着求学的进取精神给我留下深刻印象。明贤从事伊斯兰法和伊斯兰文化的研究具有两大优势：一是他出生于回族穆斯林家庭，自幼深受伊斯兰文化耳濡目染的熏陶，这种氛围锻铸了他对伊斯兰教特有的感悟和灵性；二是他精通阿拉伯语，先后在叙利亚和约旦求学八年，而且在约旦大学主攻法学专业，并获得法学和阿拉伯语双学士学位。明贤的这种特殊经历为他长期从事伊斯兰法和伊斯兰文化的研究奠定了坚实基础。但更重要的是，在治学的道路上，他那刻苦钻研和始终如一的韧劲，注定了他看准和设定一个目标后，便能持之以恒。正是凭借这种志向和毅力，他在伊斯兰法的研究领域成果斐然，陆续在《世界宗教研究》、《西亚非洲》、《兰州大学学报》、《回族研究》等刊物发表了一系列有关伊斯兰法和伊斯兰文化方面的学术论文。《伊斯兰法：传统与衍新》一书则是在其毕业博士论文《近现代伊斯兰法研究》的基础上，经过一定的修改和补充而成。从某种程度上说，这本书集中了他在伊斯兰法研究上的主要观点和看法，也是他关于伊斯兰法研究的代表作。在当前国内关于伊斯兰法研究还比较薄弱的情况下，本书的出版无疑将为我国的伊斯兰法研究增添新的内涵和养分，从而推动伊斯兰法的研究向纵深领域拓展。

伊斯兰法渊源久远、包罗万象、博大精深。同时它又和伊斯兰社会紧密联系，其核心价值在于它固有的适应时代需求的法律实践和规范整合社会的功能。因此，伊斯兰法需要伴随时光的推移而不断调整和衍新。事实上,自近代以来,囿于伊斯兰国家面对内外各种巨大压力,伊斯兰法的变革已成为主导倾向。经过法制改革,古老的伊斯兰法在法学理论、法律体系、司法制度等方面都发生了相应的深刻变化。任何法律都要面向社会,发挥其社会功能,以便维系既定社会的有序与健康发展。因此,对伊斯兰法的研究除了注重对各种法律概念、法规和律条的准确定义及诠释外,更应强调在不断变化的社会中,对其法律实践和社会功能之作用的探讨。在新的历史条件下,特别是在全球化趋势日益强劲的态势下,中东和伊斯兰国家正在经历着血与火的洗礼和变革,如何从伊斯兰文化尤其伊斯兰法角度,解读伊斯兰国家出现的各种复杂的社会现象和问题,并通过伊斯兰法这个杠杆来化解社会矛盾和冲突,以实现伊斯兰法社会功能的最大化,这应该成为伊斯兰法研究者聚焦的一个方向。

科学研究需要开拓创新,要达到这个目标,客观和理性是治学过程中所要具备的一个最基本的前提条件。同时还要能够实现自我超越,遵循科学的规律进行不懈的探索。在治学的道路上,明贤属于勤奋的耕耘者,而且他善于独立思考和分析问题。我相信并期待着,他在后续的伊斯兰法研究领域将有更多的成果问世。

王铁铮*

2010年12月10日

于西北大学中东研究所

---

* 王铁铮,西北大学中东研究所所长,教授,博士生导师,中国中东学会副会长,陕西省历史学会副会长。

目　　录

Contents

导　论

一

伊斯兰法以其独特的渊源和结构独树一帜于世界法系。法在结构上分为两部分："沙里亚"(الشريعة)与"斐格海"(الفقه)。两者犹如一对孪生兄弟，既有内在联系，又有外在区别，只因相互间的差异，往往令非专业人员难以分辨，混为一谈。确切地说，沙里亚是"伊斯兰法"的专称。依伊斯兰教义，它是真主意志的总体体现，是真主引导人类正确的道路，其神圣性与永恒性完全排除了人为立法修正的因素，与世俗法有着本质的差异，是一部无始无终、亘古长存的天启法律，是伊斯兰法的总纲和框架。而斐格海是"伊斯兰法学"的称谓，与沙里亚不同，它是具备严格特定条件的伊斯兰法学家对沙里亚中有关人与真主、人与人及人与社会之间法律内容的正确理解和诠释，是伊斯兰法学家通过创制而构筑的符合沙里亚原则和精神的法律实体，是一门解决社会实践中法律问题的专门学科，故又称为教律学①。

① 本书研究的"伊斯兰法"除个别地方指"沙里亚"外，主要指"斐格海"即"伊斯兰法学"。但便于行文全书把"斐格海"用"伊斯兰法"予以表述。同时书中所说的"伊斯兰法律"也指"斐格海"。因为，伊斯兰法律主要是以学者的学说形式存在和发展的。历史上伊斯兰法律及其创制不是以国家名义完成的，也不是一定国家的专有活动，而是由法学家完成的。穆斯林个人及其社会适用的法律，是他们遵循的法学家及其学派的法律观点和法律规则。这与现代国家的法律和法学是有所区别的。现代国家的法律及其创制是一定的国家机关依照法定

“沙里亚”,中国穆斯林称之为“沙勒阿提”,阿拉伯语的音译,伊斯兰法的专称。该词在阿拉伯语中的含义较为丰富,但主要有:“应遵循的常道”,引申为真主指引和规定的道路。《古兰经》用沙里亚表示此意时说:“然后,我使你遵循关于此事的常道。”① 经文中的“常道”一词阿拉伯语读作“沙里亚”;其次,“通向水泉的路径”,泛指“行为”与“道路”,意指沙里亚宛如甘甜不涩的泉水一样,是人类物质与精神生活不可缺少的。此外,沙里亚的阿拉伯语原型动词表示“制定”、“奠定”。《古兰经》曰:“他(真主)为你们制定正教,就是他所命令努哈的、他所启示你的、他命令易卜拉欣、穆萨和尔萨的宗教。”② 经文中的“制定”一词阿拉伯语读作沙里亚。沙里亚在伊斯兰教中有着丰富含义,故学者们把其概念界定为:真主对人类社会制定的信仰、道德、法律、政治和经济等方面的法律规范的总和。这些法律规范是以真主降示“瓦哈伊”(الوحى,启示)的形式,启示给先知穆罕默德(以下简称穆圣)的,这种启示就是《古兰经》与圣训(以下简称经训)。换言之,经训是“瓦哈伊”两种不同形式的总汇,沙里亚的全部内容源自这两部经典。

作为沙里亚的第一渊源,《古兰经》是真主在穆圣为圣的23年间零星启示的。伊斯兰教认为,真主是宇宙万物的创造者与主宰,对宇宙万物享有绝对的统治权,对现实世界的一切享有立法权。人类由于理智

职权和法定程序制定、修改或废止法律和其他规范性法律文件的一项专门性活动。而法学是以法律及其发展规律为研究对象的学科或理论知识体系。此外,我国学者在使用伊斯兰法的称谓上也不尽相同:有的称之为“沙里亚法”;有的称之为“伊斯兰法”;有的称之为“伊斯兰教法”;也有的称之为“伊斯兰教教法”。这些不同称谓是否同一含义,同一概念。我们认为它们属同一概念,意思一致,无实质差异,只是学者们的文字表述和习惯用法不同而已。因为,不论使用哪种称谓,这些称谓在阿拉伯语中不外乎两个概念:“沙里亚”和“斐格海”,而且两者的含义及相互关系是十分明确的。

① 《古兰经》(中阿文本),马坚译,麦地那法赫德国王《古兰经》印刷厂 1987 年版,屈膝章,18 节。

② 《古兰经》,协商章,第 13 节。

和能力的局限，想要凭借自身的理智和能力完全正确判断和领悟万物间绝对的善恶及其本质是十分困难的。因此，真主创造万物，从人类自身中选择了他的先知使者，并启示他们法则，以引导人类正确理解和判断万物的本质及其真善美与假丑恶。在人类漫长的历史进程中，出现了一系列真主差遣的先知使者，他们接受的信仰原则及导人于真主之道的神圣使命共同一致，一脉相承，构成一个逐步发展的相应于人类历史各个阶段的系列，只是各个时期的先知使者根据其所处的实际而依次阐述、修正、废止先前的"瓦哈伊"。穆圣作为人类最后一位使者，启示他的《古兰经》是最后的"瓦哈伊"，它包容了穆斯林个人和社会的信仰、法律和道德等问题的最终、最完美的解答。

仅次于《古兰经》，圣训是沙里亚的第二渊源，是穆圣对《古兰经》的基本规定、精神、原则和原理的重申与诠释，是对整个伊斯兰信仰、礼仪、道德、法律等的全面论述与训示。伊斯兰教主张，真主是宇宙万物的创造者，拥有终极统治权，享有绝对立法权。然而，在大地上体现其意志，践行其法度，创建其秩序，则是由其使者教化人们来完成的。具体而言，《古兰经》是伊斯兰教最高法律效力的经典，故有高度抽象性与原则性的特征。它的有关法律的明文，除继承法之外，几乎都以提纲挈领、提要钩玄的方式阐述的，因此，需要对《古兰经》中的法律原则与原理予以解释和诠释，使之具体化和细则化，然而最具权威、最可信赖的解释者莫过于真主的使者穆圣。

由于沙里亚是真主为人类制定的信仰、法律、道德等规范的总和，因此，其实现的基本目标有三：一是启迪人们的理性思维。沙里亚通过为穆斯林确定以认主独一为核心的伊斯兰信仰，使他们的理性思维趋向于观察和认识宇宙万物，鼓励他们进行科学自由的理性思考，以脱离各种形式的盲从因袭、错误的迷信虚幻的束缚。二是培养穆斯林的情操，塑造穆斯林的道德。沙里亚责成穆斯林履行宗教善功，陶冶他们的情操,净化他们的心灵,以摆脱成规陋俗的侵蚀。“洗涤身心者,只为自己而洗涤。”①陶冶情操和净化灵魂是人类肩负文明建设重任的条件。某种意义上说,衡量个人为他人和社会贡献的多寡,取决于其心灵洁净和道德高尚的程度。个人如能遵循沙里亚制定的宗教善功,其心灵足能得以净化,道德足能得以升华,定会更好履行社会职责和责任。三是创建人类文明,营造和谐社会。沙里亚与人的社会生活实践存在密切关系,是以人的社会关系为基础和前提,是为人趋利避害的,是直接以人为目的的。沙里亚通过对个人和社会行为制定各种规范,为人类发展有意义的生活方式提供基本依据和模式,帮助人类更好地了解社会,了解人们相互之间的关系,尤其是了解人类自身,以积极向上的态度创建高尚文明,营造安宁祥和的社会环境,使人类能够幸福快乐地生活。

基于此三项目标,从规范性的视角,穆斯林学者把沙里亚规范分为三类:一是信仰规范,即对穆斯林个人和社会的信仰做出的规范,如信真主、信天经、信先知等,该领域属教义学的研究范畴;二是法律规范,即对穆斯林个人和社会的行为做出的规范,该领域属法学即斐格海的研究范畴;三是道德规范,即对穆斯林个人和社会的道德做出的规范,如诚实守信等,该领域属伦理学的研究范畴。沙里亚正是通过对穆斯林的信仰归属、行为模式和伦理感受的层层规范,构筑了穆斯林社会的秩序大厦,其形状宛如金字塔:信仰是塔基,法律是塔身,而位居塔尖则是道德。信仰、法律和道德是支撑这座秩序大厦的三大坚固柱石。

“斐格海”一词在阿拉伯语中也有诸多意思,但基本意思有二:一是“懂得”、“理解”、“知道”;二是“对说话人意思的理解”。这些意思皆源自《古兰经》:“这些民众怎么几乎一句话都不懂呢”。② 又曰:“舒阿卜

① 《古兰经》,创造者章,18 节。

② 《古兰经》,妇女章,78 节。

啊！你所说的话有许多是我们所不理解的”。[①] 经文中所言“懂”、“理解”即斐格海。

伊斯兰教早期时代，斐格海的含义较为广泛和普遍，是指人们运用理智、通过学习而通晓经训及其相关知识成为学者，并非专指伊斯兰法而言；其另一含义是指经训中有关信仰、礼仪、伦理、法律等全部内容的总和，犹如沙里亚的含义。法学大师艾布·哈尼法时代这种含义也较为普遍，因此，艾布·哈尼法把斐格海的概念定义为：“个人应该知道自己的作为与不作为”。[②] 此定义涵盖了沙里亚的三种基本规范：信仰、法律与道德。

嗣后，伴随伊斯兰文化的发展与演变，伊斯兰各类学科日渐成熟，研究范畴逐渐分化，形成了分门别类、相对独立的学科部门。斐格海也不例外，阿拔斯王朝初期形成为有别于其他学科的“伊斯兰法学”的专称，是指专门以规范穆斯林个人与社会法律行为为研究对象的学科总称。它是由精通经训、法律知识的伊斯兰法学家们本着沙里亚的基本原则、理论基础、立法渊源、立法程序，即依据经训的细节条文与精神，运用个人理智、意见和推理的形式，对沙里亚中有关穆斯林个人、国家和社会的法律内容做出的正确、规范性解释与运用。换言之，沙里亚的法律明文即经训明文——尤其《古兰经》的明文——除继承法和部分刑法规范之外，具有高度抽象性、原则性与概括性特征，只是构筑了基本法律框架，而社会生活丰富多彩，社会关系日益流变、错综复杂，社会实践中层出不穷的问题，有些有沙里亚法律明文可依，但大部分则无法从沙里亚中找到具体规定和按字合意的法律明文。因此，依照变化了的社会条件和整体利益，必须围绕沙里亚的原则性和抽象性的规定，创制

---

① 《古兰经》，呼德章，91 节。

② 阿布都·克雷姆·宰达尼：《伊斯兰法研究入门》（阿文版），贝鲁特使命出版社 1989 年版，第 54 页。

出新的法律规范，以解决层出不穷的法律问题，而斐格海恰恰是对沙里亚这一法律框架做出的具体、详细、精致的诠释，是法学家和法官以沙里亚的明文与精神为指导，就社会实践中源源不断的法律问题进行的法律创制，从而精心构筑的伊斯兰法律实体。

作为独特法律体系，斐格海是人类制度文明史上源远流长、博大精深的法律制度之一。其内容和形式除与世俗法律的内容和形式有相同之处外，但更多的是它有自身独具特色的一面。这里难以全面完整地论述斐格海的所有内容，仅从法的应用方面作简明扼要介绍。概括地讲，从法的应用的角度，斐格海的内容主要包括两大方面：一是调整人与真主之间关系的宗教规范。这就是作为宗教礼仪基石的五项基本义务，或称为五项基本功课，即信仰的表白（念功）、礼拜、斋戒、天课、朝觐。斐格海著作中通常的前几章总是论述这些内容。二是调整人与人之间关系的社会规范。这是斐格海的第二部分，与第一部分相比，其内容更广泛，篇幅更大些，它基本上囊括了现代法律的公法与私法、民法与刑法、实体法与程序法的全部内容。但传统上伊斯兰法学家没有把斐格海做类似现代法律形式的划分，在他们看来，这种划分意义不大，因为传统伊斯兰社会的司法系统不像现代司法形式，当时审判、裁决及其程序是单一的，一个法官几乎对所有民事、商事、刑事等案件予以审理和判决，无需专门的法庭。① 然而，自近代以来，伊斯兰法学家还是按照现代法律的分类形式将其予以划分，使之范畴化和体系化，其主要包括：宪法、婚姻法、民商法、经济法、国际法、行政法、刑法和诉讼程序法等。

基于此，伊斯兰法学家们根据斐格海特有的性质与范畴给它的经

---

① 欧麦尔·艾什格里：《伊斯兰法学史》（阿文版），安曼贵重出版社 1990 年版，第 35 页。

典性的定义为："斐格海是伊斯兰法学家依据沙里亚的细则条文与精神，创制法律规范的学科"。[①] 此定义说明了斐格海与沙里亚互为表里、相辅相成、相得益彰的逻辑关系。

其一，沙里亚具有广泛、普遍、整体的概念，包含了穆斯林个人和伊斯兰国家信仰原则、伦理道德、法律规范、政治经济等全部内容，而斐格海只是研究和实施沙里亚中有关法律的内容，是基于沙里亚而存在的，是沙里亚不可分割的组成部分。

其二，按照伊斯兰教的基本观点，沙里亚是真主赐予的根本大法，其内容永无谬误，永恒不变，适用于一切时代和所有空间，穆斯林个人与社会只有对其加以理解和遵守的义务，而无质疑、抗拒的权利。而斐格海是对沙里亚的具体应用，是可变的，它必须根据时代条件的变化重新加以理解和修订，但这种理解和修订不能带有主观性与随意性，更不能削弱沙里亚的实在性和可靠性。

其三，斐格海的规则必须以沙里亚的细则条文即经训明文和经沙里亚核准的如"公议"、"类比"、"唯美"、"公益"等立法渊源为根据方能生效。否则，斐格海的规则是无据可循的，无据可循的规则是不能生效的。

其四，斐格海的大部分规则是伊斯兰法学家在无经训明文的情况下，本着沙里亚的原则与精神推理产生的，是个人理智思维判断的过程，对一般穆斯林遵守其规则是义务，而对一个具备"伊智提哈德"(الاجتهاد)[②]资格的"穆智台哈德"(المجتهد即具备创制资格的伊斯兰法学家)相互间不可效仿，也不许将自己创制的规则强加于其他的"穆智台哈德"。

---

① 阿布都·克雷姆·宰达尼：《伊斯兰法研究入门》(阿文版)，贝鲁特使命出版社 1989 年版，第 54 页。

② 这一概念的内涵详见本书第九章。

二

"法律必须被信仰，否则它将形同虚设。"①美国著名法哲学家、法律史学家伯尔曼的这句脍炙人口的名言，深刻揭示了法律存在和有效运行的实质条件，即法律必须被信仰。考察古往今来、古今中外不同民族、不同国家和不同地域的法律制度史，同样会得出一条基本的规律：离开法律信仰的精神内核，法律将蜕变成一堆枯燥僵死的外壳。正如人类社会及其发展过程中形成的国家永远离不开法律一样，法律也离不开对自身的信仰。

法律与（宗教）信仰（العقيدة）是伊斯兰法文化系统的两项基本构成要素，是伊斯兰法文化中等量齐观、不可分割、相互依赖、互为作用的两个概念。法律代表秩序，信仰代表准则。法律是通过权利义务分配和解决纷争为穆斯林创造合作纽带的程序，信仰则是穆斯林行为的指南及生活终极意义的界定。没有法律，伊斯兰秩序难以形成，伊斯兰社会难以维系，伊斯兰信仰变为狂信；没有信仰，穆斯林无法面对未来世界，无法为法律提供自觉化意识，法律也会退化成机械僵死的教条，丧失其社会的有效性和适用性。故而，法律与信仰又是伊斯兰社会的两个基本方面，并完全实现了法律的信仰化和信仰的法律化。

那么，信仰是如何对法律实施影响和产生作用的？

信仰主导法律的精神。尽管法律与信仰在伊斯兰教中同源异流、同根异枝，但要梳理两者的关系，应当认为：信仰是根，法律是枝。以认主独一为核心的信仰原则，决定和主导着法律的精神，赋予法律以其精

① 哈罗德J·伯尔曼：《法律与宗教》，梁治平译，中国政法大学出版社2003年版，第3页。

神、动力和神圣性。信仰原则贯穿于法律始终，成为规制法律创制、法律发展、政府治理及国家发展目标的基本准则，是判断个人行为、国家机构及其权力行使合法有效的基本标准。法律的精神、理念和制度在以信仰为基础的同时，信仰的精神通过历史的隧洞渗透到法律的骨髓，这就使得遵守法律被奉为穆斯林个人和社会的信仰实践。

穆斯林是追求精神圆满的民族，信仰是他们的精神支柱、心灵慰藉及对人生终极价值的追求，更是他们与真主间的桥梁。信仰反映了他们对美好生活的规划和向往，为他们提出了保持圣洁美德的要求，为他们确立了弘扬正义、人权保护、尊重平等、扬善抑恶的准则，并引导他们为之不断追求。因此，穆斯林进行创制法律活动时，自觉地把基于信仰的道德理念和价值准则反映到法律之中，使之成为法律价值体系的基础。为确保信仰对法律精神和价值的主导，信仰被确定为法律创制的基本原则、基本精神、核心价值和理论基础，使之在价值上比其他原则更为重要，在功能上比其他原则的调整范围更为广泛，让它发挥整体性的导向功能。概言之，信仰所规定的一系列抽象的、宏观的准则和原则，构成了法律的基本性质、主要内容和价值取向，而法律规则的创制也必然是信仰原则和内容的体现。

信仰使法律获得完全认可。穆斯林的人身需求包括两个层面：物质层面和精神层面。前者是他们生存的基础；后者是他们发展的动力。信仰是他们的精神归依和家园，满足了他们的精神需求。穆斯林以信仰为标准，不断追求精神满足的过程，就是他们的思想领域和行为领域不断提升自身品格的过程。正是由于他们享有的坚贞信仰，从而使得他们时刻保持对高尚道德和高洁人格的追求，进而对行为自觉约束成为一种自然趋势。所以说，信仰本身具有一种至善至真的约束力，穆斯林的一切行为均受信仰的规制。正是通过至善至真的信仰约束力，才使法律获得了永恒不朽的生命力和约束力。伊斯兰社会中，法律的约束力是以信仰约束力为内在精神动力。如果法律惩罚的行为,不能引起信仰上的普遍谴责,这种惩罚依据,其本身的合法性和合理性则受到质疑。所以,在日常生活中,穆斯林总会用信仰准则判断和评价法律的合法性。恰恰在信仰约束和法律约束的双重作用下,穆斯林对法律秉持价值肯定和赞同,法律通过穆斯林虔诚信仰从而在社会中获得普遍认可。现代著名伊斯兰学者阿里·纳德维认为:"伊斯兰信仰的传播过程,也是伊斯兰法传播的过程。每当穆斯林在某一领域开始衰退时,伊斯兰法的权威也开始在该领域减弱……"①

信仰使法律获得良好遵守。信仰以其固有的、向上的和长期根植于穆斯林心中的力量,对于法律的适用和执行的价值取向起着良性功效,是法律产生巨大感召力和有效性的条件,使法律实现成为可能。信仰有一种使穆斯林自然和自觉遵守法律的力量,指导他们形成良好的"宗法"意识和法律行为,其作用往往不是外在地施加于他们身上,而更多地是他们无意识中遵循了信仰规范的约束。穆斯林在现实生活中按照信仰行事,实际上已是在不知不觉中遵守了法律,这表现为他们日常生活中的各种"习惯性"行为。虽然,他们不一定明言为什么这么做,但却知道应该和必须这么做。这种"习惯性"行为,来源于信仰在穆斯林的法律意识和理念中所固有的神圣地位。即他们坚信真主是人类的统治者,是世界唯一的立法者,真主是全知全能的,他们的所作所为时刻在真主的洞察之中,真主的法律是实现法治的真实基础。穆斯林皆兄弟,均平等,任何个人和组织只有服从真主法律的义务,而无凌驾真主法律之上和之外的权力和权利。这种法律所具有的不可辩驳的权威和执行力,不是基于他们对法律的推理与判断,而是把遵守法律,视为他

① 引自塔雷戈·布西拉:《伊斯兰法与世俗法律间的法制现状》(阿文版),开罗东方出版社1996年版,第32页。

们生活终极意义的信仰。所以在穆斯林的生活中外在的法律规范与内心的信仰规范,始终合二为一,从而构成了相辅相成、相得益彰的规范整体。正是由于法律所具有的信仰价值,法律才没有变为世俗政策的工具,而是他们对生命价值的追逐和人生意义的体现,他们在践行信仰的过程中遵守了法律。① 因此,伊斯兰法具有精神价值的超越性。即在阶级社会里,一种法律制度往往随着政治制度的解体而被废止,而伊斯兰法却能跨超时代、绵延千余年在世界不同民族的穆斯林中不同程度地得以遵守和实践,其常驻的青春魅力正是信仰价值超越性的体现。②

那么,法律是如何对信仰实施影响和产生作用的?

法律将信仰外化为行为。从沙里亚的角度,伊斯兰法的显著特点是集信仰规范、道德规范、法律规范于一体。它把对穆斯林信念规范和行为规范融为一体、有机结合。信仰栖居于穆斯林的心灵深处,较为原则和抽象,它只在穆斯林的意识深处发挥作用,只给他们一种总体的信念和价值准则,更多的时候信仰只是指导穆斯林在社会关系中从事行为的指导原则。然而,如果不把原则和抽象的信仰予以外化,即不具体化和制度化为穆斯林个人和社会的行为规范,它就会成为虚无缥缈、空洞抽象的信念。因此,法律即斐格海通过一整套的行为规范,把穆斯林的内心信仰外化为法律行为。法律将信仰具体化为制度规范,以实现信仰的外化和延伸。因此,作为行为规范,法律较为具体,主要作用于穆斯林的外部行为,只是规定他们在面对具体事项时应该做出的行为

---

① 《古兰经》麦加立法和麦地那立法的内容深刻说明了这一点:麦加前 13 年间,《古兰经》虽涉猎了个别法律内容,但全经的主线始终围绕信仰建设展开;麦地那后 10 年间,在穆斯林民族的信仰确立后,《古兰经》才开始了大量的社会立法。请参阅本书第二章关于此问题的论述。

② 吴云贵:《伊斯兰文化的共性与个性》,载《世界宗教文化》,1995 年第 5 期。

选择,着重要求其外部行为的合法性,并靠强制力保证实施。对于穆斯林个体来说,信仰深藏于内,代表意识层面;法律显露在外,代表行为层面,穆斯林实践法律的行为是他们践行信仰的外化。

法律有利于信仰的实现。法律与信仰的契合性和相互作用,使伊斯兰法的实施对信仰的实现具有积极的意义。伊斯兰法在其实施的国家中具有国家强制力,是以国家名义对合法行为予以保护和鼓励,对违法行为予以惩罚和制裁。与世俗法律不同的是,伊斯兰法除具有现世惩罚和制裁的功能外,还有后世的惩罚,而且后世的惩罚是主要和根本的。因此,伊斯兰法属于信仰规范的程序化和权力化的范畴,具有普遍适用性,对穆斯林的行为具有他律性的约束和规范的作用,并具有良好的实施力度和广泛的实施范围。倘若伊斯兰法缺乏国家强制力和普遍适用性,定会成为"一把不燃烧的火,一缕不发亮的光",将会失去独立存在的价值,它所具有的美好价值和特性将会成为虚无缥缈的许诺,而无法兑现。所以说,伊斯兰法对信仰价值的吸收特别是实施,只有通过国家强制力才能得以贯彻实施。虽然,在伊斯兰社会中,信仰本身具有一定的社会强制力,穆斯林不遵守信仰会受到社会的谴责,但是,这种强制力只是通过社会舆论和个人意识才能发挥作用,其效果远不及国家强制力保障实施的法律。脱离国家强制力的法律,信仰只能寄希望于人们的虔诚和良知实现。所以说,伊斯兰法的国家强制力,有利于保障伊斯兰信仰的实现,而伊斯兰法实施的广泛性,则更有利于扩大伊斯兰信仰的范围。

法律规范人们的信仰。尽管法律与信仰具有契合性,但两者的内容还是有很多不同。相对于信仰,法律的制定程序更加严格,实施方式更具强制性,实施效果更具明显。正因如此,法律对信仰的规范作用主要体现在两个方面:一是可以保障和彰显信仰积极的一面,即法律在制定过程中对信仰的价值和道德规范加以认可,使之上升为法律规范。

二是可以约束和限制信仰消极的一面，即尽管信仰包含着为穆斯林珍视的众多价值理念，但对他们信仰实践中出现的有悖信仰原则和精神的盲目行为不加以规制的话，则会导致盲信。盲信定会影响行为的理性选择，会引人迷入歧途，会对自己和他人的利益，以及社会公共利益产生消极影响，对此，通过法律对信仰加以规范，就显得十分必要。

总之，穆斯林的法律情感绝不是单独产生的，而完全是践行信仰的结果。穆斯林把他们的法律看得那么神圣，他们的法律价值观念如此系统化和哲学化，这是一种信仰实践、历史造化和文化繁衍。法律在穆斯林社会中具有神圣性，故而赢得了穆斯林的衷心拥戴。信仰法律的感情，而视法律为神圣的社会心理基础源自于信仰。因为，伊斯兰法律制度说到底就是建立在过去一千多年中伊斯兰教所创造的心理基础和价值观上的。

三

为什么伊斯兰教是宗教信仰的同时，还常被理解为是一种人生哲学，一种社会制度，一种总体生活方式？概因它有一种源远流长、博大精深的文明体系，而它的核心内容之一，便是以认主独一为核心，包罗万象、别具特色的伊斯兰法。所以说，伊斯兰法是其民族宗教信仰、伦理道德、价值观念和社会理想的核心，是伊斯兰国家政教合一体制的制度模式。

作为制度文明，伊斯兰法又是伊斯兰文明体系的有机组成和重要内容，是伊斯兰文明体系中的显赫篇章。如同宗教文明、伦理文明等一样，伊斯兰法是构成整体伊斯兰文明系统的一个子系统，是受整体伊斯兰文明系统影响的一种制度文明。历史演进中，伊斯兰法对整体伊斯兰文明的发展范围和发展进程，产生了巨大作用和深远影响，担负着服务于伊斯兰社会的基本责任,成为伊斯兰社会发展的方向和动力。作为行为规范和价值体系,伊斯兰法从两个层面上影响着穆斯林的社会生活:对于穆斯林个人,伊斯兰法是一整套的法律制度,深深植根于个人的信仰和意识之中,并规定了他们的生活方式和精神态度;对于穆斯林社会,伊斯兰法要求顺从真主的意志,奉行伊斯兰法律。正是由于伊斯兰法贯穿于其社会生活的整个领域,具有调整社会关系和规范社会生活秩序的功能,以及对社会的政治文化、经济文化等直接干预的特点,决定了它在整体伊斯兰文明系统中所独有的关键内核和重要地位。

当然,作为整体伊斯兰文明中的一个子系统,伊斯兰法的发展既不能超越整体伊斯兰文明的发达水准,受整体伊斯兰文明的制约,同时它又反映整体伊斯兰文明的要求,并对整体伊斯兰文明的发展产生广泛而深刻的影响。即伊斯兰法的发展与整体伊斯兰文明的发展是相互适应的,是包容在整体伊斯兰文明的发展之中的,并且是与整体伊斯兰文明的发展互动的。存在方式上,伊斯兰法与整体伊斯兰文明是互为作用、相互依存的统一体:一方面,伊斯兰法的发展是由整体伊斯兰文明所驱动的,是整体伊斯兰文明发展的重要组成部分和发展结果,没有整体伊斯兰文明的发展,伊斯兰法的发展既不需要,也不可能。因为,伊斯兰法的发展要由整体伊斯兰文明推行,整体伊斯兰文明为伊斯兰法的适用和发展创造了广阔空间和广泛的基础;另一方面,整体伊斯兰文明的发展要由伊斯兰法保障和推动,并为其活动指明方向和提供调整社会关系的各种规则。整体伊斯兰文明需要伊斯兰法,整体伊斯兰文明的发展需要发展的伊斯兰法,正是伊斯兰法的发展,保障了整体伊斯兰文明的发展健康有序、富有生机。

鉴于此,伊斯兰法在其特定社会条件下,经历了从无到有、从简单模式到完备模式、从全面发展到繁荣鼎盛、从逐步衰退到全面复兴的历史阶段。我们可以将其发展历史大致界定为五个阶段。第一,初创启蒙时期,即穆圣时期(公元 610—632 年)。穆圣从公元 610 年开始传播伊斯兰教,到公元 632 年归真,期间 23 年的经训立法是伊斯兰法的初创时期。经训立法内容丰富、全面广泛,奠定了伊斯兰法的基础,为后世法学家创制和实践法律提供了充分翔实的理论渊源和基本依据。这一时期虽为短暂,但却是经训立法的完善时期,故在伊斯兰法史上具有极为重要的地位。概言之,倘若没有穆圣时期的经训立法,伊斯兰法要么无从谈起,要么其发展定会成为无源之水、无本之木。第二,全面发展时期,即四大哈里发(圣门弟子)时期(公元 632—660 年)及伍麦叶王朝(再传弟子)时期(大约公元 632—750 年)。这一时期伊斯兰国家得以全面发展。由于政治、经济、文化和社会发生了很大的变化,对伊斯兰法的发展产生了巨大影响,加快了伊斯兰法的发展步伐,推动了伊斯兰法的发展进程。第三,繁荣鼎盛时期,即阿拔斯时期(公元 750—1258 年)。这一时期正值伊斯兰国家的繁荣鼎盛时期:疆域辽阔、经济发达、文化繁荣及政通人和,为伊斯兰法的发展提供了前所未有的良机。法律创制空前发展,法律解释异常活跃,法学研究繁荣昌盛,法学体系基本定型,法学学派基本形成,法学学科趋于完善,故在伊斯兰法史上享有鼎盛时期、黄金时期、繁荣时期、著书立说时期和法学家时期的美誉。第四,保守稳定时期(大约公元 13—20 世纪中期)。这一时期由于伊斯兰世界在政治、经济和文化诸领域经历了由盛而衰的历史转变,特别是近代以来西方殖民主义向伊斯兰世界渗透和输入西方法律,伊斯兰法受到很大遭遇和冲击,法制建设不尽如人意,处于相对稳定时期,尤其是此间产生的墨守成规、因袭效仿的思想妨碍了伊斯兰法的发展,其后续影响至今尚存。第五,全面复兴时期(大约 20 世纪中期至今)。20 世纪 70 年代以来,在面对内忧外患双重压力的冲击下,伊斯兰世界的政治家、思想家和法学家们积极做出反应。主张伊斯兰国家具有基于伊斯兰原则与精神的文化传统和价值观念,被称为斐格海的伊斯兰法,是法学家以经训明文与精神为渊源和指导,运用理智推理等形式,精心构筑的伊斯兰法律实体。它博大精深,丰富多彩,具有自我衍新、与时俱进的机制,能够解决伊斯兰社会生活中的问题。西方法律和世俗法律与伊斯兰法律存在质的差异。西方法律是西方国家特定历史的产物,只代表西方社会的经验,不具有普遍意义。他们在以一种批判的眼光和否认的态度看待西方法律和世俗法律的同时,另辟蹊径,致力于研究、探索伊斯兰价值体系的法制改革,通过更新传统伊斯兰法,构筑其现代体系。①

正是由于伊斯兰法的永恒生命力和常驻魅力,使之久盛不衰地发挥作用。在当代,它仍然对伊斯兰各国的思想行为、政治变革、司法体制,以及在国际政治领域中与其他国家的关系产生重要影响。这与其他一些古老文明国家的法律传统形成鲜明对照。例如,中国法律传统和印度法律传统等,虽然它们历史悠久,影响广泛,但在历史发展的过程中从制度层面已被彻底废除,所剩下的只是一些文化观念的影响。②伊斯兰法则不然,自产生到近代以前,一直是伊斯兰世界主体的、占统治地位的法律制度。近代以来,它的发展虽受到了其社会内部的阻碍和西方法律的渗透和冲击,但从未被彻底废除。它仍然是一些伊斯兰国家,如沙特阿拉伯和伊朗等,治国安邦、长治久安的根本大法,依然发挥着巨大影响和作用,规制着广大穆斯林的政治国家和市民社会。

可以说,伊斯兰文明的显著特征之一,就是在伊斯兰教发展及要求的基础上,形成了本质上完全不同于蒙昧时代阿拉伯人习惯规范的伊

---

① 本书以伊斯兰学者通用的时段划分为标准,将对以上内容分别予以论述。全书框架为:第一章至第八章从纵向角度,梳理和论述伊斯兰法发展的历史脉络;第九章至第十六章从横向角度,选择当代伊斯兰法的一些重要问题为个案,对当代伊斯兰法的发展予以论述,以求对当代伊斯兰法有较为清楚和具体的认识。

② 高鸿钧:《伊斯兰法:传统与现代化》,社会科学文献出版社 1996 年版,前言。

斯兰法律制度。伊斯兰文明形态的衍新和发展，在一定程度上皆以伊斯兰法的衍新和发展为纽带和杠杆，伊斯兰物质文明和精神文明的发展，也是依靠伊斯兰法保障和维持的。正因如此，现代伊斯兰学者认为，“在伊斯兰哲学领域中，伊本·西那、法拉比和铿迪的分量，远不能与艾布·哈尼法、马立克、沙斐仪等法学家、法理学家和圣训学家相媲美。因为，伊斯兰法律遗产是足以证明伊斯兰思想的原汁原味的遗产，而对伊斯兰思想（的价值），不论西方学者，还是波斯和印度的非阿拉伯学者，均无法否认和诽谤。”①

伊斯兰法的独特价值和优越性，亦得到公允的东方学者的承认和评价，并给他们留下深刻印象。1937 年“国际比较法学学会”在海牙召开国际比较法学大会。会后发表决议：一致公认伊斯兰法所具有的独特价值和独立地位，以及它以其天启的渊源、精湛的法理和完整的制度，能够适宜和满足现代立法的需要。此外，1951 年 7 月“国际比较法学学会—东方立法分会”在巴黎法学院召开会议。会后发表决议：重申“海牙决议”关于伊斯兰法的内容，肯定了各个伊斯兰法学派所具有的学术价值，并进一步强调这些法学派是现代立法的最佳渊源。② 东方学者麦吉里·菲里说：“每当我想起伊斯兰法博大精深的程度时，使我感到你们创制的法律制度，不仅是符合你们的国家和时代的……”；另一位东方学者萨提兰在其所著的《伊斯兰法》一书中说：“即便我们没说伊斯兰民事立法能够满足整个人类的话，但它是完全能够满足穆斯林需求的。”③

① 阿里·萨米·楠沙里：《伊斯兰哲学思想的产生》（阿文版），开罗知识出版社，第一册，第 169 页。

② 穆罕默德·杜苏格：《伊斯兰法的更新》（阿文版），利比亚国家书局 2006 年版，第 10 页。

③ 穆罕默德·赛俩目·麦德库尔：《伊斯兰法入门》（阿文版），开罗复兴出版社，第 38 页。

最后,有必要再做点简单陈述:犹如罗马法一样,伊斯兰法是人类制度文明中的瑰宝和一颗璀璨的明星,对人类制度文明做出过极其重要的贡献,是国际学术界广泛研究的热门课题。伊斯兰法的研究不仅涉及伊斯兰文明本身,还是外国法制史、国际比较法学等学科领域中的研究范畴,也与国际政治关系等领域有关。当今伊斯兰法的研究,不论在东方的穆斯林世界,还是在西方的基督教世界,引起高度重视,达到空前规模,成为人类文明和法律文化研究的重要区域。

自古至今,伊斯兰法在伊斯兰世界备受广大穆斯林学者的重视,学术成果,汗牛充栋,浩如烟海。近代以来,西方也十分重视伊斯兰法的研究,形成了专门从事伊斯兰法研究的队伍,出现了许多著名学者,发表和出版了数量可观、学术含量较高的论文和专著。笔者曾在约旦大学读书期间,读过一种长达四五十卷的阿拉伯文的《圣训词典》。该《圣训词典》是英国政府组织本国从事阿拉伯语和伊斯兰文化研究的学者,花费巨额资金,长达四十余年编纂而成的。姑且不论西方学者研究伊斯兰文化所持的学术态度和价值标准,但这套《圣训词典》(虽说是圣训词典,而非法学词典)至少说明西方研究包括法律在内的伊斯兰文化的实力和水平。

伊斯兰教传入中国已千余年,中华民族大家庭中有十个少数民族信仰伊斯兰教,他们除了遵守中国的法律外,伊斯兰法也不同程度地影响和规制着他们的思维方式和生活方式。遗憾的是,历史上伊斯兰法的研究在我国未能引起关注,其汉文著述凤毛麟角,寥若晨星。改革开放以来,我国的伊斯兰文化研究呈现出前所未有的喜人景象,取得了可喜成绩。一些专门从事伊斯兰文化研究的学者相继出现,他们来自国内的大专院校、科研机构和穆斯林民间社会,已逐步形成中国伊斯兰文化的研究队伍,并已发表和出版了相当数量和质量较高的学术论文、专著和译著。但这些研究成果大多涉及伊斯兰历史、哲学、文化、当代中东问题等。相比之下,伊斯兰法方面的较为稀少。虽然,近 30 年我国的伊斯兰法研究也有一定进展,发表和出版了一些学术论文和专著,但就总体而言,还很薄弱,不够全面,未成体系,与国外的研究水平和实力尚存距离,更与我国文化大国的地位极不相符。可以说,在我国伊斯兰法的研究仍属开发领域,创建伊斯兰法的研究体系,是摆在我国学者面前的一项历史任务。

第一章　伊斯兰教前阿拉伯半岛的社会与法律

伊斯兰历史学家把伊斯兰教前的阿拉伯时代称为蒙昧时代，把这个时代的阿拉伯人称为蒙昧时代的阿拉伯人，旨在与伊斯兰的知识性、进步性和文明性加以区别。因此，研究伊斯兰法，有必要对阿拉伯半岛的地理形势、自然条件及其伊斯兰教前的社会和法律状况做简要介绍。这不仅因为阿拉伯半岛乃伊斯兰教的诞生地、穆圣的故乡及伊斯兰国家的发源地，更为重要的是伊斯兰教的兴起，滤清了阿拉伯社会糊涂混乱的信仰，革新了阿拉伯社会因袭流传的陋习，唤醒了阿拉伯社会前所未有的觉醒，推动了阿拉伯社会史无前例的巨变，结束了阿拉伯社会无成文法的历史，使之进入了法律发展的新时期。

一、阿拉伯半岛的自然条件与地理环境

阿拉伯半岛位于亚洲西南，东接波斯湾及阿曼湾，西傍红海，南濒阿拉伯海和亚丁湾，西北界叙利亚沙漠，北界美索不达米亚平原。半岛以西南部最高向东波斯湾和幼发拉底河逐渐延伸，至阿曼又复隆起，连接亚非两洲，地处交通要冲，战略位置十分重要。

阿拉伯半岛的气候普遍酷热，高原地带夏天夜间稍凉，冬天水可结冰。半岛的东风称为“萨巴”，非常温和，与其相反的是炎热的南风。最

适宜的日子是春天，接着是雨季，到处绿草滋生，可以牧放牲畜[①]。岛内无常流动的河道，只有一部分时流时涸的山溪，面积 320 多万平方公里，是世界上最大的半岛。

阿拉伯半岛的地貌可分为三部分：山地、高原、洼地（其大部分是平坦的岩石沙漠）。全岛被沙漠占去大部分，其面积约可为三部分：一是天谷（瓦迪·色玛），今称内夫德，位于半岛北部。南北 140 英里，东西 180 英里，全部没有河流，仅有稀疏的水井与泉源。[②] 此地沙为细沙，飓风发作时沙地多成陵谷，步履其中崎岖艰难。冬季多雨，故生长沙漠植物，开各种小花。天谷之南，有"舍迈尔"山，呈新月形，弓背向南，气候温和，甘霖时降，水草丰富，村庄相望。阿拉伯人也称此山为"唐邑"二山，即"爱查合"山及"塞勒马"山。"唐邑"乃族名，有支族名"舍迈尔"，故又名"舍迈尔"山。二是南部沙漠，北接天谷，东及波斯湾，面积约 5 万平方英里。该区域地平沙硬，碎石零散，沙汶荡漾，犹如水波，雨水之期到处绿草滋生，游牧人便携带家室，驱赶驼羊，逐水草而居过三个月的游牧生活。这个时候，他们以膻肉酪浆充饥。到了夏天，水草枯萎，又回到故乡。南部沙漠，天气异常干旱，有很少地方也生长树林及椰枣林。今全部合称"鲁卜哈利"（意即空旷地区）。三是黑石沙漠，由火山爆发出的岩浆形成。从"哈瓦蓝"的东边延长到"麦地那"，"麦地那"便是介于两片黑石沙漠之间的一块绿洲。半岛的西北角有一小半岛，延伸到红海中间，西北是"苏伊士"港，东边是"伊勒"港（今业客巴），北边到死海。[③]

---

① [埃及]艾哈迈德·爱敏：《阿拉伯—伊斯兰文化史》第一册，纳忠译，商务印书馆 2001 年版，第 1—3 页。

② 纳忠：《阿拉伯通史》，商务印书馆 1997 年版，第 4 页。

③ [埃及]艾哈迈德·爱敏：《阿拉伯—伊斯兰文化史》第一册，纳忠译，商务印书馆 2001 年版，第 4 页。

半岛西部分为两个区域:北部的“汉志”,南部的“也门”。汉志北及“伊勒”,南接也门。汉志的意思为“间隔”,因为它是一段山脉,分开了红海沿岸的低地“提哈迈”及东边的高原“内志”,故称汉志。“汉志”是一个贫乏地区,多为山地,雨水降后,谷中充满山洪,其后山洪流入红海,然而雨量不多。但少数地方如“塔伊夫”等地,气候较温和。除此之外,全是酷热地区。麦加为汉志最著名的城市,地处低洼不毛之地。南北长二英里,东西一英里,其地缺乏水源,仅有一座渗渗泉,不适宜农耕;北有“武侯德”山,多椰枣林,东北为“海邑巴尔”。“汉志”之南为“也门”,位于半岛西南角,自古以肥沃富庶著称,“萨那”为首府。也门之东为“哈达拉毛”,这一地区多山、多谷。“哈达拉毛”之东为“佐佐尔”,自古为香料产地,至今仍畅销于世。① 半岛的东南角为阿曼,西北为巴林,北部延伸到伊拉克边境。介于内志和也门之间为“叶玛迈”,东连巴林群岛,西接汉志。

二、伊斯兰教之前的阿拉伯社会

人类社会发展史表明,城市作为人类文明发展进步的重要标志和载体,在人类社会发展进步史上具有重要地位与作用,但人类社会发展历史则是农耕和游牧生活先于城市生活,部落及其部落民是游牧社会构成的基本单位。伊斯兰教前的阿拉伯社会及其结构也符合人类社会发展的这一规律。

阿拉伯民族是个古老的民族,阿拉伯半岛是他们的故乡。据阿拉伯宗谱学家的溯本追源,早期的阿拉伯人为两部分:消失了的阿拉伯人

① [埃及]艾哈迈德·爱敏:《阿拉伯—伊斯兰文化史》第一册,纳忠译,商务印书馆2001年版,第2—3页。

和存下来的阿拉伯人。消失的部落已湮灭无闻,如“阿德”、“塞姆德”和“朱尔胡姆”等。他们认为,存在的那些部落,直到伊斯兰教兴起时,由两部分组成:一部分为“葛哈唐人”(القحطانيون),追源于始祖“葛哈唐”。由于他们定居也门,故以也门人著称,或“也门的阿拉伯人”或“土著的阿拉伯人”。另一部分为“阿南德人”(العدنانيون),追溯始祖“阿南德”。据说他们是先知易卜拉欣之子先知伊斯玛伊的后裔,故他们称自己是伊斯玛伊人,居住在“希贾兹”(الحجاز)地区。葛哈唐人居住在半岛的时间最长,历史文化较为悠久。阿南德人相对较晚,故前者称为“土著人阿拉伯人”,后者称为“外来的阿拉伯人”。

历史学家对“阿拉伯”一词含义的界定不尽相同,但通常意义上是指“沙漠的居民”,即生活在沙漠中的称为“贝都因”的游牧人,但也包含“城市定居者”的意思。伴随伊斯兰教的对外宣传、阿拉伯人的商业履行及其与其他民族相互交融和共同生活,以及阿拉伯语广泛使用及伊斯兰文化的传播等因素,阿拉伯一词成为具有阿拉伯民族血统特定含义而被使用。现代民族思想产生后,阿拉伯一词以其广泛的含义称呼那些讲阿拉伯语、源于同一历史和民族文化的阿拉伯民族。故而,阿拉伯一词成为讲阿拉伯语的人民及其国家致力实现民族独立、国家统一和领土完整的标志和象征。

蒙昧时代阿拉伯社会的组织形式完全是按血缘关系为纽带形成的氏族社会。每个帐篷代表一个家庭,由血缘关系的帐篷连成一片,构成氏族(العشيرة)。许多帐篷集结地构成一个区域,自认为源于共同血缘和亲属关系的氏族组成部落。部落并非是社会的政治形式,更不是国家组织,而只是社会的组织形式。部落能够成为社会的基本组织,则是出于抵御敌对部落和克服艰苦自然环境的需要。部落遵循共同的崇拜仪式和风俗习惯,维系部落的首要因素是血缘关系,因此,在部落的感情中血统和宗谱纯洁优于一切,集体荣誉和利益至高无上,部落成员大体上保持朴素的平等和民主关系。

部落酋长由大家推选产生,一般由部落中年高德劭、智勇双全、仗义疏财者担任。生活中重要事务的处理,均要征询酋长的意见。酋长的主要职责是维持部落的团结,其职权是决定仲裁而不是命令,是遵循而不是引导部落的统一意志。酋长领导公共事务主要依赖个人经验、威望和感召力,但不能独断专行。部落的权利和义务属于氏族,无人可以超越。传统形成的惯例要求重大事情的决策必须由各氏族成员一致同意,然后由酋长会议决定。

由于血缘与姻亲是蒙昧时代阿拉伯社会结构的纽带,故各种原因使有些人心甘情愿放弃本部落或原属血缘关系,加入其他部落或被收纳为义子,形成当时的社会风俗,目的在于寻求保护,免遭杀戮。任何人一旦加入某一部落,就必须遵守和服从该部落的传统与信仰,承担捍卫部落的责任,甚至会为部落抵御外侵流血牺牲,相应地他也享有受该部落保护和帮助的权利。因而,在部落成员受到伤害时,部落必须对其进行保护。部落成员不论犯何种罪案,不问是非曲直,只要是本族之人,大家都要为其所犯罪行承担责任,并出面向对方实施报复,部落成员死后部落也可以继承他们的遗产。因此,部落常为保全信义,会不惜代价保护本族任何人,所有成员都会心甘情愿受其驱使。

蒙昧时代阿拉伯家庭管理权归父亲或祖父,由他们负责家庭成员的生活。这种管理权不只是保护家庭未成年人和其他弱势群体,维护他们的权益,而且也是唯一关乎管理者利益的使然。这种权利无限宽泛,不但包括家庭成员的婚姻权,也包括他们的生死大权。管理者死后继承权依次由儿子,同血缘的父系成员的兄弟、叔伯父及他们的儿子接任。男孩是地位、财产和光耀门庭的象征,而女孩出生时会使许多人感到沮丧,因他们担心她会与自己及家人争夺食物,以至将来在战争中成为俘虏后会败坏名节,玷污家风,故使有些部落形成了残忍活埋女婴的恶习。[1]

蒙昧时代的阿拉伯妇女与男子分担的事务大体相同：她们挤乳编篱，织布缝衣，但这并不能证明她们的地位与男子平等。在战争与掳掠中，妇女赶不上男子，骑马作战几乎是男子的事，妇女很少参加。而战争又是游牧人的生活基础，所以她们的地位较男子低下很多。妇女由于妊娠、分娩和哺乳等生理特点，使她们在农牧社会和商业社会中也处于不利地位，男人则在这种生产关系中处于有利地位，尤其是从事农耕定居妇女的地位，更要低于游牧的贝都因妇女。所以在部落中妇女的地位十分低贱，被视为二等公民。虽说妇女特别是离异女子有些行动自由、婚姻自主、财产经营和遗产继承的权利，但实际上享有这些权利乃凤毛麟角，除非女方娘家经济雄厚，地位显赫，或事先在婚约中约定者例外。

蒙昧时代的阿拉伯人从事农业的人口较少，除也门及其他绿洲中的城镇居民过定居生活外，大部分逐水草而居，过游牧生活，不善劳作，不习航海。基本生活来源乃牧畜产品：食其肉，饮其乳，衣其皮毛，居住皮毛制作成的帐幕。拮据时以野兔和野兽等充饥。生活靠天食饭：雨水时节赶着牲畜寻逐水草，雨期过后又赶着牲畜回到故乡，等候来年的甘霖，年复一年。需求其他生活资料时，以自己的牲畜或畜产品与人进行交换。早期的阿拉伯人不善经商，以充当他人商队的驮夫、向导和镖客为职。此外，向途经该地的过往商队征税，有偿护送商队并为其提供骆驼作交通工具，是他们的另一种经济来源。

---

① 《古兰经》对蒙昧时代阿拉伯人的此种恶行予以了强烈谴责和严厉呵斥："当被活埋的女孩被询问的时候：'你为什么罪过而遭杀害呢？'"（黯黮章，8—9节）；"当他们中的一个人听说自己的妻子生女儿的时候，他的脸黯然失色，而且满腹牢骚。他为这个噩耗而不与宗族会面，他多方考虑：究竟是忍辱保留她呢？还是把她活埋在土里呢？真的，他们的判断真恶劣"（蜜蜂章，58—59节）；"你们不要因为怕贫穷而杀害自己的儿女，我供给他们和你们。杀害他们确是大罪。"（夜行章，31节。）

游牧经济的生活方式是由自然条件决定的。由于沙漠气候干燥和草原植被稀少,只能养活羊群和骆驼。骆驼是他们最有用的牲畜,他们的衣食和运输皆依靠它。新娘的彩礼、杀人者的赎金、赌博的赌注及酋长的财富,无不以骆驼计价。阿拉伯人认为,骆驼是沙漠之舟,是真主的特赐。倘若没有它,沙漠生活难以想象。为了放牧驼群和羊群,阿拉伯人要仰仗天时,随雨漂泊,每年定期性地沿一定线路大范围迁徙游动。食物和牧草的不足使部落总是分散为小规模的游牧群,但彼此保持一定距离,一旦有事便可联合成群体的军事力量抵御外敌。

早期从事经商与贸易活动的是也门人,后来阿曼人、巴林人和黑扎兹人(الحجاز)也逐渐开始从事经商。当时的商道主要在印度洋沿岸、沙姆地区和其他与其相关联的城市。一条从"哈达拉毛拉"(حضرموت)沿波斯湾到巴林再到黎巴嫩的苏尔城(صور);另一条从"哈达拉毛拉"经麦加到红海岸边再向北部地区。半岛外的贸易主要是集资入股组成商队贩运,相互合作以防抢劫。麦加商人每年两次集合商队,主要是夏往叙利亚,冬到也门。平时也有小股商队,自负盈亏,自担风险,不择时间、不限地点。据说当时"任何一个古莱氏男人和女人,只要一个'米斯嘎勒'的银子,没有不入股的"①,商队由富人负责;半岛内的贸易主要靠一些专门的集市交易。当时位于麦加南山谷地带的"欧卡兹(عكاظ)集市"最为著名。"伊斯兰兴起前,在这里每年 10 月举行一次集市,为期 20 天。阿拉伯各部落人都按期前来集会,或交换有无,或买卖货物,或买卖奴隶,或排解纠纷,或比赛诗歌,相互夸耀"。②

蒙昧时代阿拉伯人的金钱(أموال埃姆瓦勒)通指一切财物,习惯上多指骆驼。后来也包括各种货物、动产与不动产,如马、家畜、毛织帐

① 纳忠:《阿拉伯通史》,商务印书馆 1997 年版,第 90 页。
② 同上。

篷、粗糙的衣服和一些简单的工具，甚至是“会说话的牲口”——奴隶。男女老少皆拥有遗产以外的资产，但事实上妇女和儿童的拥有权是掌握在丈夫和监护人手中。固定资产权属部落集体所有。商品交易形式简单，骆驼常作为比价的标准。通用货币为波斯银币“迪尔汗”(درهام)和拜占庭的金币“第纳尔”(دينار)，通常称为“黄白之物”。麦加和各大城市都有钱币铸造商和兑换商①。双方满意是交易的原则。交易中通过一些特殊语言或谁先摸到或谁先在商品上放上小石子、扔去石头、放上衣服做标记[称“拜伊阿·黑撒特”(بيع الحصاة)、“拜伊阿·姆俩麦斯替”(بيع الملامسة)和“拜伊阿·姆纳摆热特”(بيع المنابذة)]货物就归谁。

实际上交易过程中这种买卖并非每个人都心甘情愿，也非真正意义上的买卖形式，多数是赌博与凭运气。契约是买卖的另外形式，其形式多样与今天的商贸形式大致相同。如付酬金、出租分成、借贷、抵押担保、投机倒把、合伙经营、预付定金及打赌等经营模式。此外，放高利贷牟取暴利在当时的阿拉伯社会极为盛行。富裕之人除经商之外，兼放高利贷牟取暴利，成为他们发财致富的重要途径之一。高利贷年息普遍为本金之倍，食物高利贷大斗收进、小斗放出。以投资形式与人合伙经营分取巨额利润，甚至规定分取盈利之半；委托经营坐收赢利，即使经营者亏本也要支付预先规定的利息；借贷和抵押担保经营，到期不能按期还贷，债权人有权将债务加入贷款本金后，形成“驴打滚”的高利贷。无力偿还本息者，即宣布破产，余货或抵押全归放高利贷者所有。

游牧的生活环境使蒙昧时代的阿拉伯人养成放荡不羁的习性，抢劫掳掠成为谋生的手段之一。伊本·赫尔东说：“阿拉伯人喜骚动，好掠夺，其掠夺之道是量力而行，不强求，不冒险；掳掠后，便遁入荒野……。他们贪得无厌，到处打抢，既不顾什么法律，也不顾人们的指责，唯一关

① 纳忠：《阿拉伯通史》，商务印书馆1997年版，第95页。

心的事是掠夺人们的财富。"①他们争强好胜,好高骛远,桀骜不驯,各自为首,各自为法。意见很少一致,即使是自己的父兄与族长,凡与自己意见不一致时,很少服从。他们常常侵袭与自己有仇隙及弱小的部落,抢其牲畜,掳其妻女,掠走的妇女和儿童,作为以后索取赎金的筹码。部落成员均可分享本族人获得的掳掠物和战利品,部落的责任是保障个人的生计与权利。弱小部落、绿洲居民及过往商队,如果无力抵抗劫掠,可用所谓的"礼物"购买"友好权",以换取强大部落的保护。既是相互定过盟约的部落,有时也因生活所迫毁坏约定彼此抢掠,所以同盟友族瞬间也可能会变为仇杀的冤家。劫掠不仅是获取经济和广大部落的手段,而且也是英雄豪杰的象征。实际上他们这种抢劫财富的嗜好,被毗邻的定居居民视为灾难,特别是惶惶不安的中小部落,都会企求托庇于强大的部落联盟。

由于掠夺抢劫造成的连绵不断的部落战争及同宗部落间的血族仇杀,极大地加强了血亲复仇。一旦发生流血争端,血亲复仇将会起着调节和限制流血冲突和保护部落成员的作用,故血亲复仇较为盛行。蒙昧时代的阿拉伯人视复仇雪耻为解决争端之根本,为了个人和部落的尊严与荣誉,一般都会采用复仇雪耻的方式,而接受抵偿罚金不仅是软弱无能的表现,更是部落的耻辱。尽管蒙昧时代的阿拉伯人养成了各种不良习性,但也具备慷慨大方、乐善好施、济困扶危、忠于友情、信守战争盟约、践行承诺和款待宾朋等美德。

三、伊斯兰教之前的阿拉伯法律

作为确定人类社会基本秩序的法律,是人类的必然选择和需要的

---

① [埃及]艾哈迈德·爱敏:《阿拉伯—伊斯兰文化史》第一册,纳忠译,商务印书馆2001年版,第34页。

结果。换言之,人类的需要是法律产生的根源,是法律的目标,是法律具有价值的基础和前提。从人类历史发展趋势看,法律发展与人类社会发展是同步的,就像人类社会的发展一样,法律总是从比较简单的模式逐渐发展为复杂的模式。

法律是在其最初形式习惯的基础上演变为习惯法,进而发展为成文法的。即人类社会早期的法是以习惯及习惯法为主,几乎没有制定法。当时,社会生活和社会关系比较简单,社会生活以非常缓慢的速度发展,人们祖祖辈辈过着大致相同的生活。这样的社会最容易形成稳定的习惯,习惯也容易确立起权威。也就是说,人类在最初的社会交往中形成的各种习惯或规则,只是客观地构筑起了人类生活的秩序,它们只是人类行动的规范,并不是专门的行为规范。伴随着人类社会的不断发展,这种习惯或规则无法满足人类在更高层次上对秩序的需求时,国家或统治者不得不寻求新的法的形式,成文法便是适应这种需求而产生的。

如同人类历史上其他氏族社会一样,蒙昧时代,阿拉伯氏族社会内部实行民主管理,氏族大会是氏族部落最高的“权力机构”,由它以平等讨论的方式,决定氏族部落中的一切问题。受这种经济条件和社会结构的制约,当时,没有统一的政治国家、政府组织及立法机构,更没有以国家强制力为后盾的司法活动。调整人们社会关系的行为规范,主要是氏族部落在长期共同生活中自发形成的称之为“逊奈”(السنة)的习惯。习惯成为调整各种社会关系的权威而有效的社会规范。社会生活的各个方面形成了稳定的习惯,人们按照习惯办事,有习惯可以遵循。如果发生了什么纠纷,部落的领袖或权威人物就可以按照习惯来解决。这些习惯既是部落统一意志的表现,也是支配部落成员的行为规则。因此,作为共同的神圣不可侵犯的行为准则、礼仪和风俗的要求,得到人们的尊重和遵循,具有普遍约束力而被世世相袭,代代相依。

部落所有成员,即便是通过任何形式盟约的亲缘关系,均享有与纯正血缘相对的权利和义务，从而使个人命运与部落命运联系一起，息息相关。个人竭尽全力恪守和维护部落习惯的行为，被视为是维护部落整体利益的行为。这样部落全体成员才会对他给予保护和负责。而任何破坏和违犯部落习惯的行为，就是侵犯部落的集体利益，必将受到整个部落的谴责和惩罚，其中最为严厉的就是解除氏族关系。部落酋长有权对破坏和违犯部落习惯的人当众宣布逐出部落。被解除氏族关系者即可成为“不受保护的人”，除非被另一部落接纳和收养，否则少有生存的希望。对部落成员来说，失去部落庇护是最大的不幸，切断血缘是最大的耻辱。而部落之外，人们的行为不受其他部落习惯的约束，故外人和敌人在部落习惯和成员意识中被看作是同义词。

尽管各个部落的习惯不尽相同，但氏族部落的社会结构，使社会生活整体上大同小异。仲裁是裁决部落内部成员争执和纠纷的主要方式。仲裁者无确定的职能和权力及其等级划分。裁决时，仲裁者无成文的法律条款可依，只是以个人经验、部落习惯和传统信仰为标准。仲裁结果并非是具有法律效力和刑罚概念的裁决，纠纷双方不一定受仲裁结果的约束，只不过不执行时会引起部落成员的忿恨。因此，仲裁结果有时以酋长的仲裁为最终判决，有时也会听取占卜者及本部落见解独到、客观公正的调解者的意见。

仲裁者要认真听取双方陈述，原告起诉必须出示证据，被告提出无罪辩护时，须向仲裁者当面盟誓以证明自己无罪。由于甄别犯罪的手段极为有限，盟誓在仲裁过程中起着特别的作用。仲裁时，他们往往聚集于麦加卡尔白天方的墙外，以卡尔白天方内某个偶像尤其是“胡伯勒”①的名字盟誓。有时也会由占卜者采用“因缘签”(سهم الاعتذار)的裁决方式做出裁决。这种抽签方式能够起到以赔偿金代替复仇杀戮的作

① 当时麦加卡尔白天方内较大一偶像的名字。

用。如果发现一具被杀尸体，却不知凶手是何人，他们就会使用被称为“戈萨迈”(القسامة)的共同责任方式共担责任。即须由事发当地的50名男子出面，拿出一定数额的保证金，并发誓与此事无关，也可以让一部分人替代其他人盟誓。因为，他们坚信发伪誓必将受到惩罚。

蒙昧时代的阿拉伯人还遵守一些风俗习惯。[①] 作为社会规范，这些习惯对人们的行为具有较强约束力，并得到人们的普遍效法。其中婚姻家庭方面最为典型。成年男子娶妻时，须向所聘女子的监护人提出请求，监护人同意后，男子付给女方一定数量的聘金彩礼。然后向人们公开告知，各自宴请亲朋好友完成仪式。女方离开自己的部落，加入丈夫部落，丈夫成为其监护人。聘金彩礼是女子受聘时享有的私有权，它不仅是婚姻的有效手段，也是婚姻中双方约定的条件和部落习俗。聘金彩礼的作用是双方婚姻破裂后，作为女方离开男方家庭后的生活保障，以利于维护妇女的生存权利。

同时，蒙昧时代阿拉伯社会陋习婚姻名目繁多，形式各异。主要有：“买卖婚姻”(البيعة)，即父亲或其他监护人出卖妇女，获得男方支付的聘金彩礼。这种婚姻中父亲或其他监护人是卖方，男子是买方，女子是他们买卖双方的出售对象。女子享有聘金的权利被完全剥夺。父亲或其他监护人得到彩礼后，女子由出售对象变为买卖契约中的商品，落户丈夫家，没有离婚权和遗产继承权。这种婚姻中妇女不仅成为买卖的商品，而且也成为男方的遗产。“换婚”(نكاح الشغار)，即互不支付聘金彩礼的换亲婚姻。一个男子把自己的女儿或被监护人聘给另一男子为妻，条件是对方男子也要把自己的女儿或被监护人聘给自己为妻，双方互不馈赠聘礼，以所聘女子为对方的聘礼。[②] “麦格特”婚姻(نكاح المقت)，

---

① 伊斯兰教兴起后，这些习惯中的有些得到伊斯兰教认可，有些被修改，有些被废黜。

② 伊斯兰教禁止了此种婚姻习惯。圣训说：“真主的使者严禁换婚。”

即一种乱伦婚姻。父亲已死,遗留庶母。长子无需得到庶母的同意,也无需支付其聘礼,就有权娶她为妻;或将她聘给他人为妻,而侵占她的聘礼;或不准庶母另嫁他人,直至死亡后,继承她的遗产。如果长子放弃,次子可付给长子聘礼,娶庶母为妻。无人娶庶母为妻时,则转让其他父系宗室亲戚。① "同时娶两姐妹为妻"的婚姻。② "无限度的多妻"婚姻。即由于常年战乱,男女比例失调,妇女地位卑微,形成了无限度的多妻陋习,但一般不超过10个。此外,他们禁止男子聘母亲、女儿、姑母、姨母等为妻,以及把收养的义子当作亲生儿,禁止他们与上述女子通婚的习惯。③

作为解除婚姻的手段,离婚形式也名目繁多,形式各异。主要有:一是"脱拉格"(الطلاق)的离婚,即休妻。除个别地位显赫家庭中的女方在婚约中有预先约定外,此种权利完全掌控在男子手中。此种离婚没有特定的形式,只要男方口头一句话,无需履行任何手续,即可解除婚姻。如"滚!滚回你的群中!"、"你的绳子在你的手中!"、"母羚羊找的就是公黄牛!"④等侮辱性言词。丈夫对妻子的休妻权,显然是来自他作为买主的地位,这项权利是作为婚姻关系立即破裂和最后离异而行

---

① 伊斯兰教禁止了盛行于蒙昧时代的此种婚姻:"你们不要娶你们的父亲娶过的妇女,但已往的不受惩罚。这确是一件丑事,确是一件可恨的行为,这种习俗真恶劣!"(《古兰经》,妇女章,19节。)"信道的人们啊!你们不得强占妇女,当作遗产,也不得压迫她们,以便你们收回你们所给她们的一部分聘礼。"(《古兰经》,妇女章,19节。)

② 伊斯兰教禁止这两种形式的婚姻。

③ 伊斯兰教肯定了蒙昧时代阿拉伯男子禁止聘母亲、女儿、姑母、姨母等为妻的习惯,废除了收养义子及其与上述女性通婚的习惯。"真主严禁你们娶你们的母亲、女儿、姐妹、姑母、姨母、侄女、外甥女、乳母、同乳姐妹、岳母以及你们所抚育的继女,即你们曾与她们的母亲同房的,如果你们与她们的母亲没有同房,那么,你们无妨娶她们。真主还严禁你们娶你们亲生儿子的媳妇,和同时娶两姐妹,但已往的不受惩罚。真主确是至赦的,确是至慈的。"(《古兰经》,妇女章,23节。)

④ 苏布哈·穆哈米萨尼:《阿拉伯国家的立法:历史与现实》(阿文版),贝鲁特知识出版社1981年版,第57页。

使的。[1] 二是"赫拉阿"(الخلع)离婚。这是一种变相赎身的离婚方式,即妻子或其家属付给丈夫满意的赔偿金后,丈夫同意解除婚姻关系。三是"依拉艾"(الايلاء)的离婚。即丈夫发誓不与妻子同床,时间长短完全随丈夫的意愿,甚至是一年或二年,直到发誓期满。此间,女子不得改嫁。四是"阻哈热"(الظهار)的离婚。即丈夫恼怒时对妻子说:"你就像我母亲、我姐姐、我姑妈、我姨妈的脊背、肚子、大腿。"[2]意思是丈夫把妻子比喻为自己的母亲、姐姐、姑妈和姨妈。此言一出,婚姻当即解除。五是女子被俘便与丈夫的婚姻自行解除,自然转入胜利者名下,成为其财产。也可被胜利者作为礼物,馈赠女方娘家部落,使她重新回到原来的部落。六是丈夫死亡,婚姻关系自动解除,但作为丈夫遗产,丧偶妇女多都变成"麦格特"婚姻,少有自由。无论是被丈夫所休或丈夫去世后的女子再嫁时,要严格遵守待婚期,目的是确保其怀孕婴儿与生父的血统,某种意义上也可起到维护母亲和婴儿权利的作用。待婚期间,妻子的生活费由丈夫负责,时间为满一年。在此期间,女子不得改嫁,期满后可自行选择。但男子常常会把任意休妻作为残酷折磨与虐待妻子的一种手段,休妻后又重新和好,随心所欲,反复多次。

蒙昧时代阿拉伯社会的财产继承是以部落习惯为继承制的依据。遗产继承只承认父系男性亲属,女子和未成年人没有继承权。财产继承关系主要有二:一是血缘;二是其他方面。血缘继承以父系制为基础结构,主要是由父系血统的成年男性继承。由于部落是由那些可以溯源于同一祖先的人们组成,男子是联系的纽带。因此,为了把财产留在部落内部,只承认亡人的父系亲属的继承权,财产继承权也仅限于亡人的"至亲"。其次序是:亡人的后代,其次是亡人的祖父,最后是亡人的

---

① 诺·库尔森:《伊斯兰教法律史》,吴云贵译,中国社会科学出版社 1986 年版,第 6 页。

② 同上书,第 59 页。

叔伯父及其后代。其他方面主要是被收养的义子,他们放弃了原血统,因此和亲生儿一样,不仅可以继承遗产,而且自己的遗产也可被义父继承。其次是与他人协议或发誓结拜兄弟加入对方亲戚关系的,以及获释的释奴与该部落或家庭保持亲戚关系者。无遗产继承者主要有:一是获释后不属任何方的奴隶,即使他与该部落或家庭有真正的血缘关系也罢;二是混血儿,父亲是阿拉伯人,母亲是非阿拉伯人;三是妇女和未成年人;四是放弃和被逐出自己血缘和部落者。

简而言之,伊斯兰教前的阿拉伯社会,氏族部落的社会结构使得各项管理按照各个部落的习俗和惯例。此外,由于与犹太人共同杂居,犹太人根据"旧约"创制的某些规则,也成为他们日常生活中遵循的规范。同时,受拜占庭和波斯帝国的文化和管理的影响,当时麦加的各项管理还是具有相当水平和一定规模,例如,古莱氏人将管理克尔伯的工作细划为:管理天房者、管理泉水者、管理司旗者、管理军事者、管理会议者等十项之多。伊斯兰教兴起后,对阿拉伯社会的腐朽陋习予以废除,对其良俗美德加以肯定,并在始终兼顾社会的整体和个人利益基础上,制定了有益于他们当下和长远利益的法律制度。

第二章　先知穆罕默德时期的伊斯兰法

（公元 610—632 年）

穆圣从公元 610 年开始传播伊斯兰教到公元 632 年归真。此间 23 年的经训立法，是伊斯兰法的初创时期。麦加 13 年，经训虽涉猎了个别行为规范的法律内容，但全经的主线始终围绕信仰即教义和道德建设展开，麦地那 10 年，伊斯兰“稳麦”（الامة الاسلامية民族、国家）形成后，经训在巩固信仰和道德建设的基础上开始了大量的社会立法。穆圣时期，伊斯兰法的历史虽为短暂，但却是经训立法的完成时期，故在伊斯兰法制史上具有极为重要和特殊的历史地位。这一时期的经训立法不但巩固和发展了伊斯兰稳麦确立的社会秩序，并为其后伊斯兰法的发展及阿拉伯帝国法律秩序的确定提供了理论基础和基本模式。

一、伊斯兰法的诞生

穆圣（约公元 570—632 年）出身于麦加城古莱什部落哈希姆家族一个贵族家庭。在他出生前父亲就去世了，6 岁时母亲病逝，后由祖父抚养。因家境贫寒，小小年纪就替人放羊。几年后，祖父又去世了，伯父艾布·塔利布收养了他。12 岁时，他开始跟随伯父经商，曾到过叙利亚和地中海东岸。25 岁时，他与麦加富孀赫蒂彻结婚。婚后生活富裕安定，逐渐摆脱了商务，专心隐居祈祷。公元 610 年斋月，他奉到真主的瓦哈伊即《古兰经》受命为圣,开始传播伊斯兰教。

伴随《古兰经》的降示,伊斯兰法应运而生了,标志着伊斯兰法纪元的开始。如前所述,《古兰经》降示之前,阿拉伯半岛社会总体上属于血缘关系为纽带的氏族社会,调整人们社会关系的行为规范,主要是氏族部落在长期的历史中形成的称之为"逊奈"的习惯。《古兰经》的降示,取代了氏族社会的习惯。"《古兰经》代表了阿拉伯社会从氏族时期不成文法向文明社会成文法的一种转变。"①结束了阿拉伯社会没有成文法的历史,使之进入了法律文献的新时期。②

穆圣传教的23年,伊斯兰教基本限于阿拉伯半岛本土,穆斯林社会关系较为单纯,在统一的穆斯林稳麦中,未因政治与宗教因素产生与正统派分庭抗礼的各种派系和宗教思潮,也未因对外宣传和交往活动带给他们宗教、政治、经济和社会等许多复杂问题,迫使他们必须本着经训的原则和精神,运用个人理智和推理就经训未涵盖的问题创制法律规范。加之穆圣既是宗教先知又是国家领袖,这种特殊的使命和身份,使他成为所有问题的唯一裁决者,也是最具权威的《古兰经》的解释者。因此,这一时期穆斯林社会内部在同一问题上无意见分歧,没有公议,③也无实际意义上法律创制。④ 经训是唯一的立法渊源,除此之外,再无其他立法渊源,一切法律规范皆体现于经训之中。故而,这一时期

---

① 高鸿钧:《伊斯兰法:传统与现代化》,社会科学文献出版社1996年版,第18页。

② 关于伊斯兰法产生的根源,有学者认为,它是在古代阿拉伯习惯和古罗马法的基础上产生的。这种观点是错误的。伊斯兰法是随着伊斯兰教的兴起而产生的,经训无疑是伊斯兰法的根本渊源和发展起点,离开了经训,伊斯兰法乃至整个伊斯兰文化定会成为无源之水、无本之木。当然,伊斯兰法在形成体系的历史中,某些法律思想和规则借鉴和保留了与伊斯兰法律原则和精神不悖的阿拉伯人的个别习惯和其他民族的法律思想,但这种吸纳和借鉴并非是机械组合,而是个系统化和伊斯兰化的新创造过程。

③ 阿布都·克雷姆·宰伊达尼:《伊斯兰法研究入门》(阿文版),贝鲁特使命出版社1989年版,第98页。

④ 关于穆圣时期的法律创制问题详见本章第四节。

的经训立法，称为“启示立法”(فقه الوحى)。[①] 这一时期又分为“麦加立法”和“麦地那立法”两个阶段。

二、麦加立法

穆圣自公元 610 年在麦加开始传播伊斯兰教，直至公元 622 年迁徙麦地那前，在麦加达 13 年之久。这是早期伊斯兰立法的麦加阶段。这一阶段《古兰经》侧重于伊斯兰基本教义的制定，主要针对阿拉伯人及其社会的信仰和道德问题，基本没有涉及行为规范的立法内容。

当时，阿拉伯社会的信仰处于愚昧状态。社会危机、人为动乱，以及对人生难以把握的衰荣起落和必不可免的生老病死的错误认识，使得人们对宇宙现象感到变化莫测，无法做出正确的理解和解释，产生了种种神秘和幻想，进而对大自然和祖先等顶礼膜拜，致使麦加的克尔白古寺中土偶木梗林立，泥塑石雕遍地，形形色色，不一而足，反映了人们信仰和思想的糊涂和混乱。伊斯兰教兴起后，逐渐澄清并结束了阿拉伯人信仰和思想的混乱局面。[②]

“除真主之外别无神灵，穆罕默德是真主的使者”这一伊斯兰教的基本教义和信条，是《古兰经》麦加 13 年间的基本命题和核心内容。它首先向阿拉伯社会提出了与其息息相关、密不可分的重大问题，也是这个宗教的基本问题——信仰。《古兰经》麦加 13 年间的内容始终围绕信仰原则而展开，旨在打破长期以来阿拉伯半岛因袭的偶像崇拜和愚

---

① 依伊斯兰教义，启示有两种不同的表现形式：一是启示的意思及其文字表述皆源自真主，这种启示的具体表现是《古兰经》。二是启示的意思来自真主，而穆圣用自己的语言把它表述，这种启示的具体表现是圣训。因此，尽管圣训是穆圣对伊斯兰教义、伦理、法律、政治、经济、社会等问题的全面阐述与训示，但穆斯林相信它也是源自真主的启示。

② 林松：《〈古兰经〉概观》，载《〈古兰经〉简介》，内部刊物 1995 年，第 30 页。

昧信仰,根除多神信仰带给阿拉伯社会的道德沦丧,把其信仰纳入到真主独一无偶、至高无上的轨道,从而确立伊斯兰教“唯一神论”的基本信条,并确立它在个人和社会信仰中的首要核心地位,以廓清人们的部落意识和多神信仰的混乱局面,为半岛的社会统一奠定基础,并起到推波助澜的作用。因为,一个民族的思想凝聚、行为规范和社会有序,必须基于统一的思想认识和价值观念,而统一完备的信仰恰恰是奠定这些观念的基础,也是社会良好的法律意识和法律价值形成的必需,是法律在人们心目中产生尊严进而信仰法律的前提,是法律得以良好实施的软件。信仰问题不解决,未根植于人们心灵和社会的深处,国家的统一不能完成,民族的强盛不能实现,法治的建设不能达到预期效果。对此,伊斯兰唯一神论原则指导和规范着阿拉伯人及其社会的思想行为,成为其社会得以发展的重要基础。穆圣的妻子阿伊莎的一番话,一语中的,颇具真谛:“如果伊斯兰教一开始就制定法律说:‘你们不要酗酒’,阿拉伯人定会说:‘我们绝不会放弃饮酒’;倘若一开始就说:‘你们不要奸淫’,他们必会拒绝。因此,伊斯兰教首先号召阿拉伯人信仰真主。当信仰渗透于他们的心灵深处后,才开始制定法律”。①

麦加期间,降示的《古兰经》共 86 章,约占全经的 2/3。虽有几段有关行为规范的节文,但却带有鲜明的信仰和道德含义,属麦加信仰内容的基本范畴。诸如禁食多神教徒以他们尊崇的偶像名义宰杀的牲畜和祭品。“你们不要吃那未诵真主之名而宰的,那确是犯罪。恶魔必定讽示他们的朋友,以便他们和你们争论;如果你们顺从他们,那么,你们必是以物配主的人。”②“如果你们确信真主的迹象,那么,你们应当吃那诵真主之名而宰的。”③麦加期间,《古兰经》未降示大量行为规范的

---

① 哲玛鲁·班纳:《面向新的伊斯兰法》(阿文版),开罗伊斯兰思想出版社,第一册,第 34 页。

② 《古兰经》,牲畜章,121 节。

③ 同上书,118 节。

法律内容，是因为当时穆斯林人数有限，力量薄弱，信仰和道德建设在进行之中，伊斯兰社会尚未形成，稳麦尚未建立，无需过多的法律规范来调整各种社会行为和社会关系。

三、麦地那立法

公元622年9月，由于麦加古莱什贵族的残酷迫害，穆圣与圣门弟子迁徙麦地那，在那里，他们受到了热烈欢迎。

这次迁徙伊斯兰史称“希吉来”，它意味着麦加时期的终结，麦地那时期的开始。它是伊斯兰教发展史上的重要转折点，开创了伊斯兰教传播的新局面，标志着伊斯兰新纪元的开始。这次迁徙对伊斯兰教的发展、伊斯兰社会的创建及后来哈里发帝国的形成，均产生了深远影响和重大意义。这一时期也是早期伊斯兰立法的第二阶段。

穆圣到了麦地那后，为了伊斯兰教的发展和未来，开始着手创建一个以伊斯兰教为主导的社会，并率领广大穆斯林进行相关的社会改良，特别是进行了三项基础性工作：一是建立清真寺，并命名为“先知寺”。这座清真寺，不论在当时，还是在其后的穆斯林生活中，皆占有举足轻重的地位和作用。它是伊斯兰信仰和精神渗透到穆斯林心灵的载体，是穆斯林从事宗教活动、处理社会事务、进行司法裁决和传授文化知识的中心，发挥着极其重要的社会和文化传承功能。二是倡导并建立了以共同的伊斯兰信仰为基础的“凡信士皆兄弟”的伊斯兰实体关系，把麦加的迁士与麦地那的辅士团结起来，使他们的关系超越了原有的氏族、部落和血缘为纽带的社会结构，从而将一盘散沙、互为仇视的部落群体，铸造成统一新型的伊斯兰稳麦实体。三是为了稳麦社会的稳定有序和健康发展，穆圣很好地处理了穆斯林同麦地那犹太人之间的关系，制定了处理彼此关系的《麦地那宪章》。《麦地那宪章》是伊斯兰史上第一部具有宪法性质的法律文件,它承认并保护犹太人的人身和财产安全,在信仰自由原则基础上同犹太部落达成协议,实行共处。

嗣后,随着伊斯兰教的日益发展,人们纷纷皈依伊斯兰教,伊斯兰稳麦得以发展。稳麦"作为伊斯兰教基本的社会存在方式,不仅具有内在的宗教性,而且有外在的与社会发展相适应的历史特征,并以这种内在的宗教性为宗旨,以这种外在特征为表现形式形成了它特有的历史演变过程。"①稳麦的形成与发展使伊斯兰教得到国家力量的支持,并在国家权力的保护下进入到迅速发展的阶段。此时的麦地那社会,却无法与往日麦加社会相比。麦地那稳麦社会中出现的问题,远比麦加时期广泛得多、复杂得多。有关个人和社会行为规范的立法要求势在必行,通过确立社会主体间的权利义务,协调社会关系和维护各个主体的权益,满足稳麦社会之需要。

麦地那时期,降示的《古兰经》共 28 章,约占全经的 1/3。《古兰经》在继续巩固和完善信仰和道德的基础上,除较为完善地规定有关调整真主与人关系的宗教规范,如礼拜、斋戒、天课和朝觐等之外,更多侧重穆斯林社会生活的立法,其内容广泛,涉及婚姻家庭、民事、商事、刑事、国际关系和审判制度等,并且这些法律得以有效实施。主要表现为:

第一,伊斯兰教在阿拉伯史上第一次提出了"国家"思想,并把服从国家权力作为穆斯林的基本义务。② 伊斯兰教自兴起之时,则要求建立以伊斯兰法为指导的政府,反对真主与君主、宗教与政治相分离。伊斯兰政治理论认为,虽然真主对现实世界享有绝对终极的立法权和统治权,而要组织和管理社会的有效运转,在大地上践行真主的法律,则需依赖一个有组织的政府,否则真主的权力及法律无法实现,这是阿拉

① 周国黎:《乌玛——伊斯兰教与社会的统一体》,载《世界宗教研究》,1992 年第 1 期。

② 拜德兰·艾布·艾尼·拜德兰:《伊斯兰法学史》(阿文版),贝鲁特阿拉伯复兴出版社,第 38 页。

伯历史上的一大创举。《古兰经》说："信道的人们啊！当服从真主，应当服从使者和你们中的主事人"；[①]穆圣说："谁服从我，确已服从了真主，谁违抗我，确已违抗了真主。谁服从了君主，确已服从了我，谁违抗了君主，确已违抗了我。"[②]类似的节文不胜枚举，反映了伊斯兰教的兴起是对阿拉伯社会的重大改革。麦地那的国家权力源自真主的意志，它为伊斯兰法的实施提供了可靠的国家保障及其发展的必要条件。国家权力赋予法律行使的保障，法的背后就是国家权力，离开国家权力的保障，法律就失去其效力，法律的实施不能没有国家权力。同时，国家权力的组织运作也要依赖于法，两者是社会同一发展过程不可分割、相辅相成的两个方面。

第二，在确保国家权力的前提下，经训制定了刑事法律规范。刑事法律规范是规定什么是刑事犯罪和对犯罪分子处以什么刑罚的法律规范。刑事法律规范在经训中分为两类：一是法度刑，系指真主的法度，即侵犯了"真主的权利"的犯罪行为和刑罚。[③] 触犯法度刑被认为是对"真主的权利"的侵犯，因为"真主的权利"代表着社会的公共权益。换言之，把社会公共权益称之为"真主的权利"，旨在说明它的神圣性、普遍性和不可侵犯性。因此，这类刑罚权在真主，包括法官在内的任何人只能依律而断，无权更改。二是酌定罪，它是法度刑的对应，是指法度刑之外的犯罪及其刑罚。这类刑罚较为灵活，凡属违犯禁令或拒绝履行法定义务，而又不适用法度刑适用的犯罪行为，法官可以灵活掌握，酌情定罪。

第三，婚姻家庭问题的法律规范。婚姻是人类社会的需要，是人类繁衍生息和发展进步的重要因素。通过婚姻组成的家庭是社会的基本单位和细胞。某种程度上讲，人们的幸福是以家庭幸福来衡量的，每个

---

① 《古兰经》，妇女章，59 节。

② 布哈里传述。

③ 法度刑包括私通罪、诬陷私通罪、酗酒罪、偷盗罪、抢劫罪、叛教罪六类。

家庭的幸福与和谐,直接关系到社会的稳定与发展。伊斯兰教认为,婚姻是穆斯林男女间的一项契约,具有法律、社会、宗教多方面的意义;它是夫妻和家庭关系的法律依据,有利于限制无限度的一夫多妻制,提高妇女的社会地位,具有互敬互爱、神圣结合的宗教意义。[①] 经训从个人、社会和宗教的角度,阐述了婚姻的条件、择偶的自主权、婚姻的缔结、夫妻双方的权利义务、父母与子女的权利义务及离婚等问题,尤其对妇女法律地位的确定,经训给予诸多论述。通过对妇女婚姻自由、财产拥有和遗产继承等立法,打破了阿拉伯社会父权制的社会惯例,提高了妇女的权利和地位。

第四,商业和经济方面的法律规范。经训在强调万物皆为真主创造,世间的一切归真主所有的同时,准许人们获取和享受财富,并承认和保护个人私有财产所有权。《古兰经》指出:"你们应当信仰真主和使者,你们应当分舍他所委托你们代管的财产,你们中信道而且施舍者,将受到重大的报酬。"[②]按照这种终极所有权属真主,经营权和占有权属世人的原则,人作为真主在大地的代治者,只是真主财产的委托者与经营者,他获取和占有财富的行为方式必须符合真主的意志。只要人们获取和占有财产的行为符合真主的意愿,便可以在法律允许的范围内自愿地支配、处理和使用自己的财产,并且他的财产和使用行为受法律保护,圣神不可侵犯。对此,经训制定了一整套商业和经济方面的法律规范,内容涉及贸易、债务、禁止利息、契约、借贷、抵押、信托、担保、租赁和雇用等。旨在鼓励人们诚实守信,履行契约,恪守商业道德,严禁放债取利、弄虚作假、投机取巧、欺行霸市的不正当行为。

第五,穆斯林的基本权利与义务尤其是严禁侵害他人权益的法律

---

① 杨克礼、罗万寿主编:《中国伊斯兰百科全书》,四川辞书出版社 1994 年版,第 669 页。

② 《古兰经》,铁章,7 节。

规范。经训用相当的篇幅确定了男女穆斯林受教育的权利，并把它作为穆斯林的基本宗教义务，并对学问与学者在伊斯兰教中的地位和价值予以崇尚。规定"宗教绝无强迫"①的宗教信仰自由原则，使之成为穆斯林处理与非穆斯林宗教信仰问题的纲领。命令善待奴隶，鼓励释放奴隶，把释奴作为赦宥许多罪孽的媒介，以此逐步废除盛行于古代阿拉伯社会的奴隶制度。

第六，国际法律规范。建设大地，创建文明，营造和谐的生存环境是人类共同的愿望，更是伊斯兰教的基本宗旨。伊斯兰教要求穆斯林成为人类和平的践行者和维护者，命令穆斯林以善意和良好姿态与人相处，严厉禁止因信仰的差异而发动战争及侵犯他人权益。"未曾为你们的宗教而对你们作战，也未曾把你们从故乡驱逐出境者，真主不禁止你们怜悯他们，公平待遇他们。真主确是喜爱公平者的。"②对此经训制定了一整套有关战争法与国际法的法律规范。

纵观穆圣时期的经训立法，内容丰富，全面广泛，包含了个人、家庭、政治、经济、教育、军事、国际关系等方面。奠定了伊斯兰法的理论基础，为后世法学家创制和实践伊斯兰法、完善伊斯兰法学体系，提供了充分翔实的法律渊源与法律理论。它不但巩固了当时稳麦社会确立的秩序，也为此后阿拉伯帝国法律秩序的建立提供了基本模式。

四、关于穆圣时期的法律创制及其价值的认识

尽管体现于经训中的启示立法是穆圣时期的唯一立法，但大部分穆斯林学者一致认为：穆圣在无《古兰经》规定的一些问题上进行了法

① 《古兰经》，黄牛章，265节。

② 《古兰经》，受考验的妇女章，8节。

律创制。穆圣对拜德尔俘虏的处理意见是法律创制的典型。拜德尔战役中穆斯林俘虏了战俘,当时《古兰经》没有俘虏问题的具体规定,穆圣征求艾布·伯克尔和欧麦尔的意见。艾布·伯克尔建议收纳赎金,欧麦尔则反对。穆圣采纳了艾布·伯克尔的意见。后来《古兰经》对收纳俘虏赎金做出规定,对收纳赎金的创制行为予以更正:"先知在大地上重惩敌人之前,不该有俘虏。你们欲得尘世的浮利,而真主愿你们得享后世的报酬。真主是万能的,是至睿的。假若没有从真主发出的以往的判决,那么,你们必为收纳赎金而遭受重大的刑罚。"①穆圣说:"倘若不是给我的民众造成困难,我必定命令他们在每番礼拜中刷牙。"②圣训表达了穆圣对每番礼拜前可否刷牙的法律创制,亦即他未把每番礼拜前的刷牙,规定为穆斯林的义务,是因为担心给他们造成一定困难,但他有让他们每番礼拜前刷牙的愿望。

与此同时,穆圣允许圣门弟子进行法律创制,并对他们的创制行为给予充分肯定。穆圣与其门弟子中的大法官穆阿兹的一段对话是此问题最好的佐证:"先知派遣穆阿兹去也门任法官。先知问穆阿兹:'遇到问题,凭何裁决;'穆阿兹回答说:'凭真主的经典裁决;'先知说:'倘若在真主的经典中没有答案,'穆阿兹回答说:'凭使者的圣行裁决;'先知又说:'倘若在使者的圣行中也无答案;'穆阿兹回答说:'我将努力创制,不会懈怠。'先知用手拍着穆阿兹的胸膛说:'一切赞颂,全归真主。真主在真主的使者喜悦之事上,襄助了真主使者的使者'。"③实际上穆圣的法律创制及其肯定圣门弟子的创制行为的实例不胜枚举,足以证明穆圣时期法律创制事实的存在。

但是,需要特别指出的是:穆圣时期,不论穆圣本人的法律创制,还

---

① 《古兰经》,战利品章,67—68节。

② 艾哈迈德·罕百里传述。

③ 艾哈迈德·罕百里、艾布·达吾德、伊本·玛哲传述。

是圣门弟子的法律创制，是独立于经训之外的伊斯兰立法渊源吗？回答是否定的。即伊斯兰学者们一致认为：它不是独立于经训之外的立法渊源。[①] 这是因为，就穆圣的法律创制而言，如果它是源自真主的启示，则属圣训的范畴；如果不是源自真主的启示，并且创制的规则并非正确，真主不会对此肯定，而会明确更正，如像拜德尔战俘收纳赎金的创制行为。因而，穆圣的法律创制不论哪种情形最终属于启示立法的范畴，而不是独立于经训之外的立法渊源。至于圣门弟子的法律创制更是如此，它们从根本上属于穆圣的法律创制。因为，圣门弟子的法律创制如果得到穆圣的默许，则属于默许的圣训，[②]就能成为穆斯林民族的立法及其渊源，如果没有得到穆圣的默许，则不属于圣训，也就不能成为穆斯林民族的立法及其渊源，故圣门弟子的法律创制就更不是独立于经训之外的立法渊源。[③]

既然穆圣及其门弟子的法律创制不作为立法，更不是独立于经训之外的立法渊源，那么，他们所做的一切有何意义和价值可言？实际上它的意义和价值是显而易见的：它表明了法律创制对穆斯林民族的重要性，教导圣门弟子从经训中创制法律和演绎法律的方式，以作为穆斯林民族法律创制的基本模式。更为重要的是，为历代学者运用法律创制手段对所处社会条件下出现的经训未涵盖的事物进行法律创制提供了合法依据。

---

① 需进一步说明的是：这里所说的圣门弟子的法律创制不是独立于经训之外的立法渊源，仅指穆圣时期他们的法律创制不是立法渊源，旨在强调这一时期经训立法的启示性、纯真性和重要性。穆圣之后，圣门弟子的法律创制肯定是伊斯兰法的主要规范和渊源，本书后面的章节中将会详细阐释这一问题。

② 圣训的形式有三：语言的圣训、行为的圣训、默许的圣训，即穆圣对圣门弟子行为的默认。

③ 参见阿布都·克雷姆·宰伊达尼：《伊斯兰法研究入门》(阿文版)，贝鲁特使命出版社 1989 年版，第 98 页；欧麦尔·艾什格里：《伊斯兰法学史》(阿文版)，安曼贵重出版社 1990 年版，第 62 页。

第三章 四大正统哈里发时期的伊斯兰法

（公元 632—660 年）

随着穆圣的归真，伊斯兰教步入了四大正统哈里发时代。“哈里发”（الخليفة）是阿拉伯语的音译，意为“继承人”、“继位者”。四大正统哈里发系指穆圣的四位继承人。他们相继是艾布·伯克尔（632—634 年在位）、欧麦尔（634—644 年在位）、奥斯曼（644—656 年在位）和阿里（656—661 年在位）。这四位既是圣门弟子，更是穆圣忠诚的战友和亲密的伙伴，以熟谙经训、博学多才、秉公裁决、雄才大略著称。他们的执政时期史称“四大正统哈里发时期”（或称圣门弟子时期）。如果说穆圣时代的经训立法是伊斯兰法的初创时期和奠基阶段，结束了阿拉伯半岛的无序状态，确立了阿拉伯半岛的社会秩序的话，那么四大哈里发执政的 30 年则是伊斯兰法的巩固时期。

一、圣门弟子对伊斯兰法的历史贡献

圣门弟子是穆斯林民族的伟大先贤和光辉楷模，是伊斯兰教的传播者及其文化的缔造者，是伊斯兰法制与法治的建设者与践行者。他们追随穆圣，辗转征战，与穆圣同舟共济、朝夕相处、心心相印。穆圣传授他们知识，培育他们的信仰，净化他们的心灵，强化他们的道德。伊本·麦斯欧德这样赞扬道：“穆圣的门弟子是民族的精华。他们心地善良、知识渊博、纯洁豁达。真主嘉择他们陪伴先知，辅佐宗教。你们应当学习他们的美德，追随他们的步伐，效仿他们的品行，因为他们是正道的遵循者。”[①]穆圣之后，圣门弟子恪守经训教诲，依照穆圣的圣行从事社会生活，建设伊斯兰文明，发展伊斯兰法制，践行伊斯兰法治。他们以自己的言行奠定了在伊斯兰史上最优秀时代的神圣地位，印证了穆圣所说的："真主使先知的时代在你们中延续到他所意欲的时候，然后使它消逝；然后又使以先知为楷模的哈里发时代延续到他所意欲的时候，然后又使它消逝……”[②]穆圣也命令穆斯林民族必须遵循正统哈里发的言行和教诲："你们应当遵循我的圣行及我之后的正统哈里发的言行，你们应当用大牙咬住它。”[③]

将《古兰经》汇集成册和对圣训的完整保护与传承是圣门弟子对伊斯兰法制的最大贡献。穆圣时代，《古兰经》未汇集成册、统一版本。穆圣任命一些圣门弟子记录零星降示的《古兰经》节文，其中有栽德·本·萨比特、奥斯曼和阿里等。此外还有些圣门弟子记录些较易的《古兰经》节文为自己所用。当时，《古兰经》除零星记录在布片和椰枣树叶之类的东西上外，主要是以圣门弟子背记和口述的方式传承的。很多圣门弟子把《古兰经》背记在心、刻骨铭心。

然而，随着岁月的流逝和圣门弟子辗转南北，能够背诵《古兰经》的圣门弟子相继归真，越来越少。欧麦尔担心《古兰经》会有遗失的可能，建议艾布·伯克尔将《古兰经》汇集成册。艾布·伯克尔接受了欧麦尔的建议，非常重视《古兰经》的搜集和整理工作，并委命栽德·本·萨比特负责此事。之后，奥斯曼命令伊本·祖拜尔、萨阿德·本·阿穗、阿布都·拉赫曼·本·哈里斯等人帮助栽德·本·萨比特搜集和整理

---

① 艾布·欧麦尔·本·阿布都·冰勒：《阐明知识及其优越性》(阿文版)，第 2 册，第 98 页。

② 艾哈迈德·罕百里从胡宰夫上的传述。参见《知识与智慧大全》(阿文版)，第 249 页。

③ 阿布都·冰勒：《知识与智慧大全》(阿文版)，第 243 页。

《古兰经》。在哈里发们的真切关心和直接领导及大家的齐心努力下，《古兰经》于公元650年汇集成册，统一版本，并发送伊斯兰世界的许多地区。这就是沿用至今的称之为奥斯曼定本的《古兰经》。

穆圣和哈里发时代，圣训没有文字记载，主要是通过圣门弟子背记和口述方式传承的。原因在于穆圣担心记录圣训会与《古兰经》发生混淆，故对圣训的记录持反对意见。据艾布·赛德的传述，"穆圣说：'你们莫记录我的言行，谁记了《古兰经》以外的东西，叫他抹去，传述我的言行是无妨的，假托我的名义故意捏造者，他已为自己在火狱中准备了位置'"。[①] 此间，尽管圣训尚未汇集成册，且由于哈里发和圣门弟子亲聆穆圣的教诲，并能心领神会，刻骨铭心，加之他们思维敏捷，知识渊博，对自己知道的穆圣的所言所行及对他们言行的默认皆背记在心，甚至他们对穆圣的饮食、睡眠、走步、站立的动作姿势和生活习惯也铭记在心。这样就完整地保护和传承了圣训。客观地说，人类历史上任何民族对他们先知的圣品、圣训和圣传的重视程度，都无法与穆斯林民族尤其是圣门弟子对穆圣的圣品、圣训和圣传的重视程度相提并论。

哈里发和圣门弟子又是经训立法整个过程的目睹者和见证者，对经训立法的原因及情形较为了解，并且许多经训立法是因他们与穆圣从事某一事情或以他们的具体行为而产生。他们对阿拉伯语耳熟能详、颇具造诣。天性中纯正的阿拉伯语语法修辞、口语表达和语言风格，使他们容易理解经训的真实含义，并从中找到具体问题的答案及创制出法律规范。他们中的大部分人的知识由穆圣亲传，故而，从经训中创制法律时，无需像后辈学者那样花大量时间和精力考证经训的真实含义和圣训传述的真伪，就会直接创制法律。他们中出现了一大批博

---

① 季羡林主编：《东方文化集成：布哈里圣训实录全集》（第一部），经济日报出版社1999年版，第21页。

学多才、出类拔萃的学者，如四大哈里发、阿布都拉·本·麦斯欧德、阿伊莎、栽德·本·萨比特、阿布都拉·本·阿巴斯、阿布都拉·本·欧麦尔等。他们善于思考，判断敏锐，见解独到，有较强的创制能力。130多位男女圣门弟子留给后人大量的创制规则和法律裁决。其中欧麦尔、阿里、阿布都拉·本·麦斯欧德、阿伊莎、栽德·本·萨比特、阿布都拉·本·阿巴斯、阿布都拉·本·欧麦尔留下的最多；艾布·伯克尔、奥斯曼、艾布·穆萨·艾什尔勒、萨尔得·本·艾比·宛嘎斯和苏莱曼·法勒西也留下一定的数量。① 圣门弟子因特殊的生活年代和显著的历史地位，促进了伊斯兰法理论的发展，奠定了法学体系的坚实基础，对伊斯兰法做出了巨大的历史贡献。

同时，哈里发时代是伊斯兰法治实践最为理想和典型的时代。伊斯兰法统治社会生活的一切领域，是所有人的行为的共同指南，上到哈里发下到平民百姓，均受法律规制，任何个人和组织不得以任何理由违背法律，而只能遵照执行，非经法定程序不得因个别情况而改变法律的普遍适用，以体现法律面前人人平等的价值要求。伊斯兰法与哈里发政府之间的关系是运用法律约束政府的权力；伊斯兰法与穆斯林个人之间的关系是运用法律即通过规定主体权利义务合理地分配社会利益资源；伊斯兰法与伊斯兰社会之间的关系是运用法律确保社会公共利益资源不受国家权力和个人权利的侵犯，由此形成的理性社会状态和理想社会秩序是伊斯兰法治史上绝无仅有的。

二、圣门弟子的法律裁决和创制方式

哈里发时代，圣门弟子法律裁决的基本方式是：面对一件需法律裁

---

① 伊本·盖伊姆：《掌印大臣》（阿文版），贝鲁特新一代出版社，第一册，第14页。

决的事时,首先依据《古兰经》关于此事的规定,倘若从中难以找到具体答案,则按照圣训的规定裁决。这从根本上确立了经训在法律创制活动中的首要及核心地位。

这个时期,由于伊斯兰教对外宣传和交往活动的增多,国家版图不断扩大,社会关系日趋复杂,圣门弟子遇到了许多未曾遇到的新问题,关乎宗教和社会的许多方面,这些新问题无法从经训中找到按字合意的明文和规定。这就促使哈里发和圣门弟子中的法学家在坚持经训原则和精神,以及深入细致研究伊斯兰法宗旨的基础上,运用个人意见和理智推理创制法律,以满足社会生活的需要。因此,"意见创制"(الاجتهاد بالرأى)①成为哈里发时期基于经训的法律创制的基本方式,也是哈里发及圣门弟子法学家面对的一项新型且艰巨的工作,它对巩固尤其是扩展伊斯兰法起到了重要作用。

但是,在艾布·伯克尔和欧麦尔时期,意见创制虽有"个人创制"的形式(即个人独自进行的创制),可是"集体创制"(即采用共同协商的方式)是主要形式。② 即当一件需要法律裁决的事情出现时,哈里发把大家聚集一起,摆出问题,大家讨论,若一致同意,就此执行;如有分歧,以较为正确的或大多数人的意见为最终裁定。

艾布·伯克尔任职后,发表了一篇风格独特、感人肺腑的演说,把协商原则作为他一以贯之的执政理念。他说:"众人啊!我已被委以重任,但这并不意味着我优越于你们;如果我做对了,你们就支持我,如果我做错了,你们就纠正我。我只要服从真主和真主的使者的法律,你们就得服从我;我若违背了真主和真主的使者的法律,你们就没有义务服

① 这里所说的"意见创制"与本书中的"法律创制"是同一概念,其含义参见本书第九章。

② 阿布都·克雷姆·宰达尼:《伊斯兰法研究入门》(阿文版),贝鲁特使命出版社 1989 年版,第 100 页。

从我。”[①]因而，“当艾布·伯克尔遇到须裁决的事情时，先从真主的经典中寻求答案，若能找到，以此裁决；倘若从真主的经典中难以找到，就从圣训中寻求答案，若能找到，以此裁决；倘若从圣训中也难以找到，他就请教人们：‘你们可否知道真主的使者曾如何判断此事’？或许有人会说真主的使者曾这样裁断，他就以此为据。如果确实找不到先知的圣行，他便召集主事人，征求他们关于此事的意见，如果大家达成意见，就以此裁决。”[②]

欧麦尔给舒莱哈的信中说道：“如果从真主的经典中找到某事的答案，就以此裁决，无需采纳别的意见。倘若遇到一件在真主的经典中没有答案的事，就凭真主使者的圣行裁断；倘若遇到一件既在真主的经典中没有答案、并且真主的使者也未裁决过的事，那就依人们达成的意见而断；倘若遇到一件既在真主的经典中没有答案、真主的使者也未裁决、并且此前的人们也从未达成意见的事，如果你认为当即进行法律创制有益问题的解决，就当即创制；如果你认为延缓此事更有益问题的解决，就当延缓。”[③]

通过集体创制解决的问题往往是些关乎民族和公共利益的问题，如穆圣归真后，哈里发的人选问题是摆在圣门弟子面前亟待解决的重大问题，大家交换意见，相互协商，一致推举艾布·伯克尔为哈里发。据伊本·阿巴斯的传述：“我（伊本·阿巴斯）说：艾布·伯克尔啊！请伸出你的手！艾布·伯克尔伸出了他的手，我对他宣誓效忠了，迁士们

① 阿布都·瓦哈布·纳加尔：《正统哈里发们》（阿文版），贝鲁特伊斯兰书局 1985 年版，第 33 页。

② 达勒密、拜伊哈戈从麦伊蒙·本·麦哈兰上的传述。参见阿布都拉·本·阿布都·穆哈瑟·本·曼苏尔·妥勒戈：《伊斯兰立法史及其法学周期》（阿文版），法赫德国王国家书局，第 95 页。

③ 阿布都·克雷姆·宰达尼：《伊斯兰法研究入门》（阿文版），贝鲁特使命出版社 1989 年版，第 100 页。

对他宣誓效忠了,辅士们也对他宣誓效忠了。”[①]再如给开拓伊拉克的将士如何分配伊拉克土地的问题[②]。

哈里发和圣门弟子通过集体创制的方式解决现实问题的做法,不但巩固和发展了新生的伊斯兰稳麦,同时更积极推进了伊斯兰法的发展。他们通过集体创制解决现实问题的事例不胜枚举,圣训经典和相关文献皆有记载。这种集体创制的重要性和优越性不言而喻,蕴涵的价值和哲理是多方面的,其中最重要的是体现了伊斯兰协商原则在法律创制中的作用。尽管四大哈里发和圣门弟子法学家们熟谙经训,通晓法律,但在法律创制和实践中,他们兢兢业业,谦虚谨慎,坚持真理,是非分明,把协商原则贯穿于创制活动的始终,使之淋漓尽致地发挥了听取意见、整合观点、处理分歧及解决问题的作用。他们在创制活动中总是摆出问题,说明事实,各抒己见,交换意见,尊重他人的意见和能够正确对待意见分歧,任何人不将自己的创制意见强加于他人,以求得问题最大限度地获得客观公正解决。协商原则是哈里发时期伊斯兰法良性发展的重要因素,这对今天的穆斯林民族无不具有极大的启示。

三、圣门弟子对待意见创制的态度

尽管意见创制成为圣门弟子处理无经训明文可依问题的裁决方式,但他们对意见创制并非保持一致意见、相同看法。故而,就意见创制的适用上,哈里发和圣门弟子法学家中形成了两种不同意见与倾向:一部分持小心谨慎态度,如阿布都拉·本·欧麦尔、祖拜尔等;另一部

① 布哈里传述。参见阿布都拉·本·阿布都·穆哈瑟·本·曼苏尔·妥勒戈:《伊斯兰立法史及其法学周期》(阿文版),法赫德国王国家书局,第104页。

② 阿布都·克雷姆·宰达尼:《伊斯兰法研究入门》(阿文版),贝鲁特使命出版社1989年版,第100页。

分主张意见创制，如欧麦尔、阿里、阿布都拉·本·麦斯欧德等。前者认为，法律创制应当紧扣经训明文的字面含义，以及有关历史案例，不能超越经训明文的字面含义进行个人创制，以免法律创制中的随意性、主观性和错误性。后者认为，法律创制不应当拘泥于经训明文的字面意义，在注重经训明文字面意义的同时，还应当在研究其内涵、分析其原因、掌握其宗旨的基础上进行创制，形成规则，故主张运用个人意见和推理的形式创制法律。① 实际上这两种意见和主张在穆圣时期早已出现。当时，圣门弟子对穆圣的同一指示存有两种截然不同的认识，产生不尽相同的执行结果，均被穆圣认可，说明两种不同意见和主张的有效性和正确性。例如，壕沟战役后，当圣门弟子欲脱战服，这时穆圣命令他们尽快赶往拜尼·古莱佐。穆圣对圣门弟子说：大家都在拜尼·古莱佐进行晡礼。当他们还在途中时，晡礼时间已到，这时部分人在途中进行了礼拜，认为穆圣的意思是让大家赶快到达拜尼·古莱佐，而非延迟礼拜；另一些人到达拜尼·古莱佐之后，才进行了晡礼。穆圣对两种理解均予认可。

这两种意见和倾向虽然不同，但各有所长。产生的根源不在于持谨慎态度的法学家反对意见创制，而是法学家的人之本性和思维方式差异的使然。前者刻意注重经训明文的字面含义，不愿超越一步，除在迫不得已的情况下，以求问题的解决，故而对意见创制持客观谨慎的态度。后者在尊重经训明文字面含义的同时，不愿拘泥于此，而要透过经训明文的字面含义，去了解法律及其基本精神和哲理奥义，通过自己对法律的思考进而发现分析和研究总结发展法律的方法，从而为不断变化的社会生活提供法律的解决方案。由此可见，法律创制活动中的意

---

① 拜德兰·艾布·艾尼·拜德兰：《伊斯兰法学史》(阿文版)，贝鲁特阿拉伯复兴出版社1989年版，第56页。

见分歧,是有些经训明文字面含义的或然性①和人类思维方式差异性的结果,是伊斯兰法鲜活力和生命力的体现。特别是它反映了伊斯兰法的丰富内涵、巨大包容和普世价值,远远超出不论是圣门弟子还是后辈法学家或学派一家之言的事实。这些意见分歧并非圣门弟子的离经叛道,而恰恰是他们思想活跃、思维敏捷和追求真理的必然,是他们留给后人极为珍贵的法律财富。

此外,从实证的角度分析,两种意见和主张产生的原因也显而易见:一是法学家的资质和思考问题的角度不同;二是由于圣训尚未汇集成册,传述领域相当有限,获得相关圣训的法学家,依据圣训创制法律和裁决问题,未获得相关圣训的法学家,则依意见裁决。因此,意见创制有时符合圣训的精神,有时也有出入;三是对圣训品级的认知不同,具体表现为对圣训传述人品级及其传述渠道、传述系统和法律效力的不同认识,对符合条件的予以采纳,对不符合条件的予以放弃;四是对经训明文的语言含义、法律含义理解不一,故对同一案件或问题的裁决不同;五是在无经训明文可依时,法学家们创制法律规则的方法不同,有的采用类比,有的依据公议。方法不同,看法各异,必然导致案件的判断不同。②

---

① 由于经训明文的字面含义有断然性与或然性之别,传述系统有"众传"与"单传"之分,故从法律效力的角度分为四种:一是经训明文的传述系统确凿无疑,字面含义也断然明确(قطعى الثبوت قطعى الدلالة);二是经训明文的传述系统确凿无疑,但其字面含义具有或然性(قطعى الثبوت ظنى الدلالة);三是圣训明文字面含义断然明确,但传述系统具有或然性(ظنى الثبوت قطعى الدلالة);四是圣训明文的传述系统与字面意思皆具相对性,并非断然明确(ظنى الثبوت ظنى الدلالة)。这四种经训明文中的第一种称为断然明确的明文(قطعى النص)。由此类明文确定的法律规范,包括法学家在内的穆斯林大众只有遵守和实施的义务,没有进行创制的丝毫权力。因为,传述系统的确凿无疑,排除了对它进行考证的可能;字面含义的明晰断然,使其法律规范一目了然,无需再加创制。第二、三、四种称为或然的明文(احتمال النص)。法律创制仅界定在这三种经训明文的范围。关于此问题的详细论述,请参阅本书第九章。

② 欧麦尔·艾什格里:《伊斯兰法学史》(阿文版),安曼贵重出版社 1990 年版,第 62 页。

哈里发时期，尽管伊斯兰国家版图有所扩大，社会关系日趋复杂，意见创制成为解决现实问题的法律手段和方式，但较之后代，其社会问题相对较少，法律创制较为有限，尤其艾布·伯克尔和欧麦尔采用协商方式解决问题，使大家在许多问题上看法接近，意见一致，少有分歧。此外，圣门弟子对事实案件的裁决多于假设案件，即当确实需要通过创制，才能使问题得以解决时，他们才进行法律创制，而不对尚未发生的问题做出假设性创制和裁决。这些因素使这一时期的法律分歧很少出现。

第四章　伍麦叶王朝时期的伊斯兰法

（公元 661—750 年）

伍麦叶王朝时期约从公元 661 年穆阿威叶·本·艾布·苏福扬建立伍麦叶王朝开始，到公元 750 年阿拔斯王朝诞生前结束。[①] 这一时期伊斯兰国家的政治、经济、文化和社会等发生了很大的变化，对伊斯兰法的发展产生了巨大影响，加快了伊斯兰法的发展步伐，推动了伊斯兰法的发展进程。如果说穆圣和哈里发时期是伊斯兰法的初创和奠基时期，那么伍麦叶王朝时期则是伊斯兰法的发展时期。

一、伊斯兰法发展的社会背景

哈里发阿里归真后，伍麦叶家族出身的叙利亚总督穆阿威叶建立了伍麦叶王朝，定都大马士革。该王朝自公元 661 年建立到公元 750 年结束，历经 14 任哈里发，89 年时间。尽管公元 661 年（伊历 41 年）称为“团结之年”，即阿里之子哈桑把哈里发权力让渡于穆阿威叶。穆阿威叶在叙利亚和埃及上层的支持下，被穆斯林拥立为哈里发，但这并未完全消除人们对他哈里发地位合法性的质疑，致使伊斯兰教内部发生严重分歧，进而形成了不同派系，其中以哈瓦利吉派、什叶派和逊尼

① 这一时期又可称为小圣门弟子（即此间穆圣时代年龄较小的部分圣门弟子还健在）和再传弟子时代。

派最为典型。

各派围绕哈里发问题产生的争议主要概括为四点：可否在同一时间设立两位哈里发，还是必须是一位；哈里发必须是古莱什人，还是非古莱什人也可以担任；哈里发必须是穆圣的后裔，还是其他人也可以担任；哈里发必须是“受真主保护永不犯罪”的人，还是犯错的人也可以担任①。

哈瓦利吉派原是阿里的追随者。他们相信哈里发奥斯曼之后阿里被推举为哈里发是穆斯林民众的集体决定，是真主的神圣裁决，具有不可侵犯性。因此，他们反对穆阿威叶凭借武力掌握哈里发政权，反对在哈里发问题上阿里与穆阿威叶依经裁决的做法。他们把阿里接受哈里发的仲裁结果看作是“违背真主法度”的“叛教行为”，故脱离阿里的队伍，自成一派。哈瓦利吉派中的大部分人来自游牧的部落民，思想狭隘，固执己见，处理问题的方式简单机械，缺乏对伊斯兰精神的正确认识，缺乏对伊斯兰法真谛的真知灼见。②

哈瓦利吉派关于哈里发的主张主要概括为两点：哈里发应当由穆斯林大众通过民主选举产生，当选者不应当局限于某一部落和特定家族，阿拉伯人与非阿拉伯人没有区别，古莱什人与非古莱什人没有区别。穆斯林一律平等，任何信仰虔诚、熟知教义、精通法律和行为端正的穆斯林，不分民族和种族皆有资格当选哈里发；哈里发的任命只有通过全体而非一部分穆斯林宣誓效忠后方能生效。只要哈里发恪守经训，尊奉主道，代表全体穆斯林的利益，就应当服从之，否则就应该反抗和废黜之。

什叶派是坚决拥护和跟随阿里的一派。穆圣归真后，穆斯林大众

---

①　穆罕默德·艾布·祖哈里：《伊斯兰学派史》（阿文版），开罗阿拉伯思想出版社，第22页。

②　穆罕默德·布退：《认主独一学派与当代哲学》（阿文版），大马士革思想出版社2008年版，第59页。

通过协商,先后推选艾布·伯克尔、欧麦尔和奥斯曼为第一、二、三任哈里发。但在此期间,仍有人主张哈里发应当由穆圣亲属中信仰伊斯兰最早、追随穆圣传教有功的阿里继承。因此,什叶派思想早在穆斯林大众向艾布·伯克尔宣誓效忠之时就已产生,但当时这一思想在伊斯兰社会中并未形成独特派系,直至哈里发奥斯曼执政后期,逐渐形成拥护阿里为哈里发的派系。

什叶派各个支系关于哈里发的主张不尽相同,但它们共同的观点主要概括为三点:哈里发的产生不属于伊斯兰民族大众利益之事,即哈里发及其职责不是委托伊斯兰民族推选他们中的一人承担和履行之事,它是伊斯兰教的核心和原则问题,因此,穆圣没有忽略、更没有把这一问题委托伊斯兰民族来指定,穆圣应当为穆斯林大众指定哈里发;哈里发必须是受真主保护、永不犯大罪与小罪的人;穆圣生前已将哈里发的权位嘱咐并委托阿里,阿里是哈里发的正当人选。凡剥夺阿里哈里发权力的行为皆为不义,不能向其宣誓效忠。① 他们不承认伍麦叶家族哈里发地位的合法性,认为如果条件允许,可以脱离对它的服从。

占多数和主体地位的逊尼派(正统派)认为,穆圣没有将哈里发政权嘱咐和委托任何人,依照穆圣"伊玛目(即穆斯林的领袖)由古莱什中产生"的圣训,哈里发应当由古莱什中具备条件和资格者担任。

哈里发问题是伊斯兰内部产生分歧的首要原因,因此,在许多人看来,政治因素是导致哈里发问题分歧的根源。其实不然,导致哈里发分歧的根源是宗教因素而非政治因素,即如何正确解释哈里发的宗教含义,如何正确确定哈里发人选的条件,如何让广大穆斯林心悦诚服地接受和服从哈里发的领导,等等诸如此类问题是导致哈里发人选分歧的

---

① 穆罕默德·布退:《认主独一学派与当代哲学》(阿文版),大马士革思想出版社 2008 年版,第 55 页。

根本原因。这与当下穆斯林在一些问题上的分歧,表面看是宗教因素,而政治因素恰是分歧根源的现象完全相反。

因为,穆圣之后,对当时不论是穆斯林大众,还是伊斯兰社会,哈里发人选是多么重要!实际上,就哈里发人选产生的讨论和争执及由此形成的派系,是当时的人们围绕此问题践行伊斯兰义务的结果。但令人遗憾的是,他们未能找到共同基础,未达成一致意见,未形成统一思想,进而产生分歧,形成派系。① 各派为了证明自己观点的有效性和正确性,产生了不同的思想倾向和行为选择,尤其在解释教义和创制法律时对适用圣训持不同态度:哈瓦利吉派和什叶派只接受和传承属于本派传承系统的圣训,而排拒其他。唯有逊尼派接受和传承所有传承系统确凿可靠的圣训,不论其传述者属于哪一派系。分歧的产生和派系的形成,打破了伊斯兰信仰和思想的统一性,尤其造成伊斯兰政治领域一些问题上分歧,对伊斯兰法的整体发展产生了影响。②

此外,法学家赶往各地宣传、教授和实施法律,成为这一时期伊斯兰法发展和走向世界的重要因素。法律是社会生活本身发展不可或缺的,是随着社会的发展而发展、变迁而演变的。伍麦叶时期,哈里发国家继续东征西伐,开疆拓土,把伊斯兰教推向了世界各地。同时国家的经济结构、社会结构和文化结构均发生了变迁:经济结构由原先的游牧经济为主商业经济为辅,转变为农、牧、林、商和手工业诸业并举,全面发展。社会结构的变化更加明显。帝国境内除了穆斯林外,还有大量的信奉各种宗教的非穆斯林。来自不同文化背景和处在不同社会地位的人们,以不同方式从不同角度为包括伊斯兰法在内的伊斯兰文明的

---

① 穆罕默德·布退:《认主独一学派与当代哲学》(阿文版),大马士革思想出版社 2008 年版,第 53 页。

② 阿里·穆罕默德·贾尔法:《法律史与伊斯兰立法阶段》(阿文版),贝鲁特大学出版社 1989 年版,第 167 页。

发展做出了独特的贡献,从而使伊斯兰文明表现出它的丰富性、开放性和包容性。文化结构由原先较单一的伊斯兰教和阿拉伯文化变成以伊斯兰教为主导、多元文化并存的格局。①

国家版图扩大及经济结构、社会结构、文化结构的变迁,给哈里发政府特别是法学家带来了许多极为复杂的法律问题,迫使学者们赶往不同地区,向那里的人们传授知识,答疑解惑,裁决纠纷,为他们现实中层出不穷的问题从经训中创制规则,提供法律解决办法。

艾布·伯克尔和欧麦尔时期,麦地那是圣门弟子的家乡,伊斯兰教的中心,聚集着圣门弟子中的一批著名学者。作为参政议政和协商议事的基本人员,两位哈里发将学者们留在麦地那处理各种问题。此后,由于形势需要欧麦尔将个别学者派遣到一些地方。在派遣阿布都拉·本·麦斯欧德到库法任职时,他在写给库法人的信中,表露出对阿布都拉·本·麦斯欧德留恋之情:“库法的人们啊!我派遣阿玛勒·本·亚西尔为你们的长官,阿布都拉·本·麦斯欧德为你们的导师和部长,委任他管理你们的财务。他们俩是真主使者门弟子中的佼佼者,是拜德尔战役的参加者。你们应当向他俩学习,跟随他俩。我因你们而使自己放弃了阿布都拉·本·麦斯欧德。”②

奥斯曼至伍麦叶时期,曾在麦地那的许多著名学者前往各地宣传教义,践行法律。伊本·萨尔德在其《大品位》一书中记载道:包括阿里和阿布都拉·本·麦斯欧德在内的149位圣门弟子前往库法;包括艾奈斯·本·马立克和加比尔·本·阿布都拉在内的150位圣门弟子前往巴士拉;包括穆阿兹·本·杰波勒和穆阿威叶·本·艾布·苏福扬

① 马明良:《伊斯兰文明与中华文明的交往历程和前景》,中国社会科学出版社2006年版,第30—32页。

② 阿布都拉·本·阿布都·穆哈瑟·本·曼苏尔·妥勒戈:《伊斯兰立法史及其法学周期》(阿文版),法赫德国王国家书局,第104页。

在内的113位圣门弟子前往沙姆；包括阿慕尔·本·阿绥及其儿子阿布都拉在内的32位圣门弟子前往埃及；前往也门的圣门弟子有27位；前往巴林的圣门弟子有25位；在呼罗珊有7位圣门弟子归真，等等。[①]这些遍布世界各地的学者异军突起，将自己的法律知识和创制方式传授当地民众，繁荣了伊斯兰法理论，奠定了伊斯兰法体系，推动了伊斯兰法发展，印证了穆圣说的："我的圣门弟子宛如天空中的繁星，你们跟随他们中的哪一个，都将获得引导"。

二、伊斯兰法的创制方式及发展特征

伍麦叶时期国家统一和交通畅通为学术交流和求学访学提供了极大方便。学者们周游帝国全境，遍访健在的圣门弟子，向他们求教圣训和法律知识。仅再传弟子著名学者哈桑·巴士拉求教的圣门弟子多达500位。[②]

如果说圣门弟子亲自领悟穆圣的教诲，奉行为他们制定的法律原则和创制模式的话，那么伍麦叶时期的法学家（即再传弟子们）则得益于圣门弟子的教诲，奉行的是圣门弟子的法律思想和创制模式。因此，伍麦叶时期的法学家创制规则和法律裁决的基本程序是：首先从《古兰经》中寻求有关事宜的规定，倘若从中难以找到，则按圣训的规定裁定，倘若在圣训中也难以找到，则从圣门弟子创制的法律规则中寻找，倘若也难以找到，他们就依据经训原则与精神，以及圣门弟子创制法律的条件、规程和模式进行创制，以求问题的解决。

尽管如此，此间，因国家版图的扩大和经济结构、社会结构和文化

---

① 阿布都拉·本·阿布都·穆哈瑟·本·曼苏尔·妥勒戈：《伊斯兰立法史及其法学周期》（阿文版），法赫德国王国家书局，第108页。

② 伊本·盖伊姆：《掌印大臣》（阿文版），贝鲁特新一代出版社，第一册，第24页。

结构的变化,伊斯兰法得以根本性的发展变化,无法完全保持哈里发时代的形态,整体呈现四大特征。

第一,意见创制和法律分歧的增多导致法律范围的扩大。① 伴随国家疆域的不断扩大,出现了大量现实法律问题,而这些法律问题出现在不同地区,并在很多情况下,无法从经训中找到直接答案,也无圣门弟子的先前判例可依,迫使法学家运用创制方式对其进行有效裁决和法律规范,由此增加了法律创制,增多了法律分歧,扩大了法律范围。具体表现为:一是许多法学家们身居异国他乡,遇到了未曾遇到过的问题,他们必须在坚持伊斯兰法原则和精神的基础上,根据各地的民族习俗和实际情况,运用各自的创制模式创制法律和裁决案件,回答人们提出的问题,解决他们的困难,为他们现实生活中的矛盾和冲突提供法律的解决方案,这不仅普及了法律知识,更扩展了法律的范围。二是遍布不同地区的法学家们由于创制规程及获得圣训的范围与数量等方面的差异,致使对经训的理解和适用有所不同,进而导致创制的法律规则的差异和不同派系的产生。三是身居异地的法学家们受客观条件的限制,加之哈瓦利吉、什叶等各派系的出现,使得哈里发艾布·伯克尔和欧麦尔时期常用的法律创制中的协商方式难以运用,进而导致法律创制和法律分歧的增加。四是不同国家和地区历史传统和风俗习惯的差异,深刻地影响和制约着身居在这些地区的法学家们的法律思想和创制活动,这就决定了他们在创制法律活动中,在不违背伊斯兰法原则和精神的基础上,必须眷顾和考虑本地区的传统习惯和社会现状,以做出符合客观实际和社会需要的法律规则和法律解释,从而形成了各自独特的创制模式和法律规则。如对同样类型的法律问题和案件,伊拉克、

① 阿布都·克雷姆·宰达尼:《伊斯兰法研究入门》(阿文版),贝鲁特使命出版社 1989年版,第112页。

叙利亚和埃及等国家的法学家们必定会做出截然不同的判断，自然会导致法律分歧的增加和法律范围的扩大。五是各地区的人们都是通过本地区的法学家学习法律知识和得到法律指导的，法学家们也正是通过传授法律知识和指导人们的法律生活得到人们的信任，使自己的法律思想和创制规则贯彻于社会生活中。因此，每个地区法学家的法律观点和创制规则，在当地留下了不可磨灭的影响。例如，大部分麦地那人的法律思想和法律规则，来源于著名圣门弟子法学家阿布都拉·本·欧麦尔、阿布都拉·本·阿拔斯等人；库法人遵循的是著名圣门弟子法学家阿布都拉·本·麦斯欧德及其弟子阿勤哥麦·纳赫尔、艾斯基德·叶基德、伊卜拉欣·纳赫尔的法律思想和法律规则；巴士拉人遵循的是艾布·穆萨·艾什阿里和艾奈斯·马立克的法律思想和法律规则；沙姆人遵循的是穆阿滋·本·杰伯里和阿德·本·萨米特的法律思想和法律规则；埃及人遵循的是阿布都拉·本·阿慕尔·阿绥的法律思想和法律规则。

第二，圣训的广泛传播促进了伊斯兰法的发展。[①] 穆圣和哈里发时代，圣训的传述很少，范围也有限，圣门弟子们依据他们掌握的圣训解决面临的法律问题。特别是圣门弟子背记与口述圣训的独特传承方式，较好而完整地保护了圣训的传承，未给圣训传承中掺杂假冒伪劣的东西提供机会。而本时期伊斯兰国家出现许多异端，法学家要依据圣训消除异端，以及身处不同地区的法学家们面对的新生事物层出不穷，增加了从圣训中创制法律的机遇，加大了对圣训的需求。法学家们相互走访，交流各自掌握的圣训。有时候他们为获取某一段圣训或验证某一段圣训的真伪，读万卷书，行万里路，花数月时间，造访圣训的传述

---

① 欧麦尔·艾什格里：《伊斯兰法学史》(阿文版)，安曼贵重出版社 1990 年版，第 87 页。

者,直至确定为止。

据艾布·达吾德从盖斯·本·凯西尔的传述:"他(盖斯·本·凯西尔)说:我曾和艾布·德勒达尔在大马士革的清真寺,这时来了一个人。他说:'艾布·德勒达尔啊!我从圣城麦地那而来,不求别事,只为证实一段(听说是)你从真主使者跟前传述的圣训'。"①

据艾哈迈德·罕百里从阿布都拉·本·穆罕默德·本·欧盖勒的传述:"他(阿布都拉·本·穆罕默德·本·欧盖勒)听加比尔·本·阿布都拉说:'我听说一个男子从真主使者跟前听到一段圣训。于是我就买了匹骆驼,去寻找这位男子。我跋山涉水,履行一月,来到沙姆。原来这位男子是阿布都拉·本·艾奈斯。我对门卫说:'请转告阿布都拉·本·艾奈斯,加比尔在他门下。'阿布都拉·本·艾奈斯问:'是加比尔·本·阿布都拉吗?'我说:'是的'。他出门拥抱住我。我说:'我听说你从真主使者跟前听到一段圣训,我怕在我归真前,不能从你跟前亲自听到,(所以就来了)'。他说:'我听真主的使者说:'复生日人类赤裸的被集合一起……'"②类似真实的故事,不胜枚举,反映出早期法学家对圣训的极大重视。法学家们从圣训中寻找答案和创制法律,使圣训对案件的裁决起到决定性的作用,并被广泛应用于法律实践中。圣训的日益传播对这个时期的法律发展产生了深刻的影响,加速了法律的日趋成熟。

第三,伪圣训的出现影响了伊斯兰法的正常发展。在圣训广泛传播的同时,那些与逊尼派分庭抗礼的派系、表面信奉且内心仇视伊斯兰教的人,以及一些妄称为人们谋利益的愚昧无知者,利用圣训的传述和传播之机,编造了不是源自穆圣本人的很多伪圣训。他们把伪圣训作

① 欧麦尔·艾什格里:《伊斯兰法学史》(阿文版),安曼贵重出版社 1990 年版,第 88 页。
② 同上。

为其观点和理论的依据，利用伪圣训混淆视听、蛊惑人心，其行为严重影响了圣训的正常传播。大量伪圣训的出现，使伊斯兰法的运行异常复杂，法学家的创制道路困难重重，创制工作的强度和难度大大增强。法学家们当传承某一段圣训并作为创制根据时，首先要研究和审核该圣训传述系统的真伪和传述原文的可靠性和正确性后，方能从中创制法律。伪圣训的出现，迫使伊拉克的法学家对适用的圣训制定了苛刻的接受条件，致使他们在法律创制中对圣训的应用十分谨慎，而善于意见创制。

第四，出现了一批博学多才、精通法律的学者。常言说：时势造英雄。伍麦叶独特的宗教、文化和社会环境，造就出了一批博学多才、精通法律的学者。这些学者遍布于麦地那、库法、巴士拉、也门、埃及等城市。如再传弟子中被称为"麦地那著名七位法学家"的赛义德·本·穆赛布、阿慕尔·本·祖拜尔、艾布·伯克尔·本·阿布都·热哈曼·本·哈勒斯·本·黑沙姆、阿布都拉·本·阿布都拉·本·欧特拜·本·麦斯欧德、哈勒杰·本·栽德·本·萨比特、噶西姆·本·穆罕默德·本·艾布·伯克尔及苏莱曼·本·耶萨尔。巴士拉再传弟子中著名学者有哈桑·巴士拉、穆罕默德·本·西莱尼、克尔白·本·艾赛沃德等。

三、圣训派与意见派的形成

前文所说，四大哈里发时代，法学家们就意见创制持两种不同倾向：一部分主张意见创制，另一部分则持谨慎态度。这一时期这两种法律思想和创制倾向更加趋于明显，各自的方法更加鲜明，各派的支持者日益增多，并拥有了各自的基本理论和学者，直至形成相对的两种派系，即"圣训派"（مدرسة الحديث）和"意见派"（مدرسة الرأى）。

圣训派的基本主张是：法律问题的裁决应该紧扣经训明文、圣门弟子的言行和判例,不能超越经训明文进行个人创制,以免法律创制中的随意性、主观性和错误性。因此,一般而言,他们不愿运用意见创制,只在被迫无奈的情况下才予以采用。他们中的有些学者甚至在无经训明文和圣门弟子的言行和判例可依时,也不轻易采用意见创制。他们在处理实际问题时谨小慎微、一丝不苟,并认为意见创制无法分辨事务的是非曲直,会削弱对事实真相的鉴别能力,无法对事物做出正确的法律定性分析,会自觉或不自觉地诋毁伊斯兰法。这一观点的主要代表者,是麦地那的大部分学者。

意见派则认为:法律问题的裁决在紧扣经训明文的同时,还应当在研究其内涵、分析其原因、掌握其宗旨的基础上得出结论,形成判决。因此,他们极力主张运用意见创制和推理的方式进行法律创制。在他们看来,伊斯兰法博大精深、内涵丰富,伊斯兰法宗旨是建立在为人类趋利避害、保护大众利益和怜悯众生的基础上。因此,必须研究和探索伊斯兰法的深厚内涵与真实含义,从而创制规则。意见派法学家把哈里发欧麦尔、阿里及伊本·麦斯欧德法律创制和适用方法作为他们的依据,并义无反顾地运用意见创制和推理的方式创制法律,更不认为这是无知地诋毁伊斯兰法的行为,而恰恰是遵循经训明文含义、弘扬经训原则与精神、践行伊斯兰法的使然。并认为大量伪圣训的出现,使得他们不得不采用意见创制。这种观点的代表者主要是伊拉克库法地区的大部分法学家。由此在麦地那形成了圣训派,在库法形成了意见派。

须强调的是,圣训派和意见派的分歧,绝不在于对应用圣训所持的态度,更不在于圣训可否成为法律创制依据的争议上,[①]就像一些愚昧无知者认为的那样。纵观两派的形成历史及其客观条件,他们的主要

① 阿布都·克雷姆·宰达尼:《伊斯兰法研究入门》(阿文版),贝鲁特使命出版社 1989 年版,第 115 页。

分歧(或者说主要特点)可概括为如下几点：

第一，对意见创制持不同态度。圣训派法学家在法律创制和裁决中，始终紧扣经训明文，对此不愿超越半步，只在被迫无奈时，才进行个人创制。据传“有位男子向萨利姆·本·阿布都拉·本欧麦尔求教一个问题，萨利姆说：‘我毫无所知’；这位男子说：‘愿主襄助你，请你告诉我，你对此事的意见’；萨利姆坚持回答说：‘我不知道’；这位男子再次要求道：‘我愿意听听你对此事的意见’；萨利姆回答道：‘或许我告诉你，我关于此事的意见，你走后，我却见不到你，而只看到的是我的意见。’”[①]这个事例生动反映出圣训派法学家对意见创制所持的慎重态度。而意见派法学家的观点恰恰相反，他们主张运用理智推理方式进行法律创制，尤其在无经训明文可依的问题上。

第二，对假设问题的法律创制持不同态度。圣训派法学家从不对尚未发生的事情创制规则，更不假设一些问题进而创制规则，只对已经发生并需要法律规制的事情予以创制，故他们的法律创制是事实创制。意见派法学家使法律创制不仅停留于已经发生且需要法律规制的事情，而且走得更远，即他们假设尚未发生、但有可能发生的一些法律问题，进而对其进行法律创制。实际上意见派起初不做假设创制，而是事实创制。但当他们奠定了本派的基础理论和创制规程之后，开始了假设创制，这种趋势延续到艾布·哈尼法时期。[②]

第三，接受圣训的条件不同。圣训派法学家对圣训的接受条件较为宽松，并接受传述系统较弱的圣训和单传圣训，在创制活动中优先适用圣训于意见创制。[③] 而意见派法学家因受客观条件的限制，制定了

---

① 阿布都·克雷姆·宰达尼：《伊斯兰法研究入门》(阿文版)，贝鲁特使命出版社 1989 年版，第 115 页。

② 同上书，第 116 页。

③ 拜德兰·艾布·艾尼·拜德兰：《伊斯兰法学史》(阿文版)，贝鲁特阿拉伯复兴出版社，第 77 页。

接受和适用圣训的严格条件,以保证创制活动中适用圣训的正确性和有效性。

此外,这种以麦地那和库法地域为特征,划分出的圣训派和意见派,具有相对的意义,并非是指麦地那的法学家一概主张圣训创制,库法的法学家一概主张意见创制,而是麦地那也有持意见创制观点的学者,库法也有持圣训派观点的学者。两种学派的模式表明的不过是圣训创制和意见创制在某一地区法律创制中的相对分量或比重不同而已。例如,圣训派创始人马立克的老师勒比尔·本·阿布都拉是麦地那的大法学家,以意见创制而著名,乃至被冠之以“意见创制的勒比尔”。而库法大法学家阿米勒·谢拉黑勒虽然身居库法,但极力反对意见创制,却十分注重圣训创制。尽管如此,我们还是能够概括和抽象在麦地那形成圣训派和在库法形成意见派的主要原因。

一是两派的法学家们深受其导师的影响。麦地那法学家得到著名圣门弟子法学家阿不都拉·本·欧麦尔的教导。阿不都拉·本·欧麦尔是圣训派的鼻祖,对经训和伊斯兰法颇有研究,造诣很深,是一位伟大的法学家。麦地那法学家们受他的法律思想影响,遵循着他的创制规程和道路。库法的法学家们得到著名圣门法学家弟子阿不都拉·本·麦斯欧德的教导。阿不都拉·本·麦斯欧德也是位博学多才、成就卓越的法学家,他追随穆圣多年,得到穆圣的教诲,亲眼目睹了穆圣时代的立法过程。他在库法地区从事法律创制活动多年,在伊拉克培养了许多著名法学家。伊拉克法学家遵循着他的法律理论,效仿着他的创制规程,实践着他的法律道路,由此形成了独特的学派。

二是地域差异及其影响。阿拉伯半岛是伊斯兰教的摇篮,两圣地麦加和麦地那是圣门弟子的故乡,是伊斯兰法的发祥地,特别是麦地那人传述的圣训和圣门弟子的言行,为法学家的法律创制创造了得天独厚的条件,提供了丰富的法律资源,成为法律创制的渊源之一。栽德·

本·萨比特说:"当你看见麦地那人做一件事时,就应当清楚它是圣行。"[①]较之库法的法学家,麦地那法学家们比较容易地获取圣训和圣门弟子的言行和判例,这在很大程度上决定了他们无需通过意见创制,就能对相关问题做出裁决,即便是在被迫无奈的情况下需要通过意见创制解决的事情也微乎其微。处于两河流域的库法地区,就圣训的获取与麦地那截然不同,它不具备麦地那的地理优势,更没有麦地那法学家获取圣训和圣门弟子言行和判决的便利条件。他们在得不到相关圣训和圣门弟子的言行和判决时,才趋于意见创制,以解决面临的法律问题,满足社会的要求。他们审时度势地进行法律实践,开拓着伊斯兰法的发展领域,推进着伊斯兰法的发展进程。尤其是伪圣训和宗派主义的出现,迫使库法的法学家制定出筛选和接受圣训的特殊方式和苛刻条件,这也是他们多于麦地那法学家意见创制的原因。

三是社会状况。较之库法社会,麦地那社会结构简单,社会关系单纯,法律问题相对较少,有些法律问题与哈里发时代的法律问题相似、相同或接近。因此,麦地那的法学家运用意见创制的程度较低、机遇较少和范围较窄,他们以务实的态度对待和处理具体和类同的法律问题,以简捷方式解释法律和裁决问题。而库法的法学家则不然,由于伊拉克是个具有古老文明和悠久历史的地区,其社会思想复杂,文化多元,民族关系庞杂,不同的民族有着不同的传统习惯和生活方式。因此,伊拉克地区出现的各种法律问题与这些因素密切相关,这就使得法学家们运用意见创制的程度、范围和可能性,远远超过了麦地那的法学家。

---

① 阿布都拉·本·阿布都·穆哈瑟·本·曼苏尔·妥勒戈:《伊斯兰立法史及其法学周期》(阿文版),法赫德国王国家书局,第168页。

第五章 阿拔斯王朝时期的伊斯兰法

（公元 750—1258 年）

阿拔斯时期为公元 750—1258 年。这一时期正值伊斯兰国家的全面发展、繁荣昌盛时期。疆域辽阔、经济发达、文化繁荣、政通人和，为伊斯兰法的发展提供了前所未有的良机，法律创制空前发展，法律解释异常活跃，法学研究繁荣昌盛，法学体系基本定型，法学学派基本形成，法学学科趋于完善。如果说伍麦叶时期是伊斯兰法的发展时期，那么，阿拔斯时期则是伊斯兰法的全盛时期，故在伊斯兰法史上享有“鼎盛时期”、“黄金时期”、“繁荣时期”、“著书立说时期”和“法学家时期”等美誉。

一、伊斯兰法的繁荣及其成因

伍麦叶王朝结束后，公元 750 年，艾比·阿拔斯建立了阿拔斯王朝。阿拔斯王朝的建立是伊斯兰史上的重大事件，促进了政治体制、经济制度、法律制度、行政管理、人文科学和自然科学在内的整个伊斯兰文明的全面发展。正如美国东方学家希提教授所说：“在 8 世纪中叶到 13 世纪初这一时期，说阿拉伯话的人民①是全世界文化和文明火炬的

① 这里所说的讲阿拉伯语的人民不仅是阿拉伯人，实指阿拔斯王朝境内的各族人民。因为阿拉伯语是当时王朝境内通用的交际语言，也是学术文化的主要媒体，各族人民都要学习和使用这一语言。

主要举起者。古代科学和哲学的重新发现、修订增补、承先启后，这些工作都要归功于他们，有了他们的努力，西欧的文艺复兴才有可能。"①阿拔斯王朝的建立对伊斯兰法的发展产生了极为深刻的影响，促进了伊斯兰法的空前发展和繁荣昌盛。

第一，阿拔斯王朝哈里发对伊斯兰法的重视，对伊斯兰法学家的支持与关怀。庞大的哈里发帝国建立后，哈里发政府为调整不同的社会关系及解决各种社会矛盾，维护国家统一，保障社会安宁，十分重视伊斯兰法的发展，把伊斯兰法作为国家管理政治、经济和社会事务的基本准则，将国家政治权力的运行置于伊斯兰法律规范内，对法学家采取宽容保护、鼓励赞助的政策，赋予法学家和法官宽容的法律创制权、解释权和裁量权，允许学者自由的学术研究和活动。如哈里发哈伦·赖世德要求艾布·哈尼法的大弟子著名法学家艾布·优素福制定一部适用于全国的税制法规。艾布·优素福答应哈里发的要求，撰写出名著《赋税论》。这部传世之作成为以后古典经济学家们关注和讨论的课题。

哈里发曼苏尔两次朝觐期间，要求身居麦地那的马立克学派的创始人马立克·本·艾奈斯将其编纂的《穆宛脱圣训集》，以及该派的法律观点和法律规则作为阿拔斯王朝的正式法典。尽管马立克没有答应哈里发的要求，但却反映出哈里发对法律及法学家的重视。伊本·泰伯里说："哈里发哈伦·赖世德执政时期，他给呼罗珊总督的信中说道：'这是信士的长官哈里发哈伦·赖世德任命哈勒瑟麦·本·艾尔尤尼为呼罗珊事务和税收管理者之时的忠告：敬畏、服从和眷顾真主，并当恪守真主的命令。使真主的经典成为你所做一切事务的准则，应当保护合法、严禁非法。在你无法确定合法与非法的事情上，应当求教于通

---

①　[美]希提：《阿拉伯通史》(下册)，马坚译，商务印书馆1979年版，第664页。

晓真主宗教和经典的法学家与学者。'"①亦即让法学家和学者成为官员执法的咨询者和求助者。哈里发们营造的宽松的政治环境,推举的奖励政策,彰显法学家在国家决策和社会管理中作用,凸显他们在社会生活中的地位,促进了伊斯兰法的发展与完善。

第二,伊斯兰国家疆域辽阔,法律事务空前增多。阿拔斯王朝的前半期,伊斯兰国家已发展成为地跨亚、非、欧三大洲的帝国,古代文明的发祥地埃及、两河流域、波斯和印度的一部分也囊括其中。这些被征服地区曾有先进的法律制度、管理机构、工艺美术、豪华建筑、农业灌溉等,以及阿拉伯人与帝国内各民族的长期接触,共同生活,相互影响给他们带来宗教、政治、经济和社会等许多极为复杂的法律问题,迫使法学家创制法律。

第三,周边国家的人们大量加入伊斯兰教。伊斯兰教广泛传播,使周边国家成千上万的民众以极大热情加入伊斯兰教,这就要求法学家奔走各地,向人们阐明和教授伊斯兰教的教义和法律。这些学者生活在异国他乡,面对不同的生活习俗和生活方式,遇到了许多新问题,迫使通过创制法律处理这些问题。与此同时,帝国境内许多信仰犹太教、基督教、拜火教的人改信伊斯兰教。这些人中相当一部分曾是原来宗教的学者,他们信仰伊斯兰教后,对伊斯兰教的教义和法律进行了深入学习和细致研究,并把他们原先的宗教法律与伊斯兰法加以比照,由此引发了他们与穆斯林学者之间的法律争议和分歧,进而促进了伊斯兰法的发展。

第四,翻译运动推动了伊斯兰法学术活动的广泛开展。在教义学、伦理学、经济学及法学各学科蓬勃发展、学术观点百家争鸣、学术理论

---

① 伊本·泰白里:《先知与帝王史》(阿文版),第10册,第102页。

百花齐放的良好时机，阿拔斯哈里发们开始吸纳和借鉴外域先进的文化经验和文明成果。实际上早在伍麦叶王朝末期哈里发就开始将希腊、罗马、波斯和印度的哲学、逻辑学及自然科学等翻译成阿拉伯语，而阿巴斯哈里发们将这一翻译运动持续深入，繁荣发展，推向高潮，取得了巨大成就，完成了伊斯兰史上卷帙浩繁、绚丽多彩的百年翻译运动。百年翻译运动一方面对包括伊斯兰法在内的各个学科产生了深刻影响，发挥了积极作用；另一方面穆斯林又将他们翻译和研究的阿拉伯文的希腊和罗马的哲学和文化思想著作翻译成西方文字，引入欧洲，推动了欧洲思想和文化的复兴。此外，此间学术活动的发展，与波斯、埃及和罗马的奴隶加入伊斯兰教是分不开的。这些人中的很多从小沦为奴隶，自幼接受伊斯兰教育，研究伊斯兰知识，吸取伊斯兰文化乳汁。在他们中出现了许多经训学家、教义学家和法学家，成为伊斯兰文化队伍中的一支生力军，对伊斯兰文化的发展起到了推动作用，做出了重大贡献。

上述因素使伊斯兰法面临两个无法回避的问题：一是如何保持伊斯兰法的纯洁性和主体性，并将其发扬光大；二是在与其他民族的交往中，如何对待非伊斯兰教的外族丰富多彩的法律文化遗产，以及如何处理好伊斯兰法文化与所处各民族法文化之间的冲突与融合。某种意义上讲，这两方面关系处理的成败与否，直接关系到伊斯兰法的发展，乃至生死存亡，是摆在哈里发政府特别是伊斯兰法学家面前的一项十分紧迫艰巨的课题，它已不单纯是一个坐而论道的认识问题，而是一个即在脚下的实践问题，对此进行理智的探讨已非务虚，而属务实。故法学家在长期的法律实践中，本着经训的立法原则、立法理论，运用伊斯兰法的创制原则和规程，创制法律，发展学术，以满足社会生活的需求。实际上这一过程也是伊斯兰法完善的过程。

二、伊斯兰法发展的基本特征

伊斯兰法系的定型是一个漫长的历史过程,阿拔斯王朝是这一历史过程中的决定性时期。可以说,如果没有阿拔斯哈里发和法学家为伊斯兰法学做出的贡献,也就没有伊斯兰法绵延千余年保持主体性、纯洁性与独特性不变的可能。

第一,大批法学研究与实践者的涌现,促成"职业伊斯兰法学家群体"的形成。现代法学认为,法学的产生需要一定的特殊条件,即法学产生的标志。其中以一个职业的法学家群体的存在是法学产生的重要标志。职业的法学家群体是指凭借专门的法律知识、专门从事法律研究和法律实施工作的群体。一般而言,这种职业的法学家群体在世界各国特别在西方国家,除存在于短暂的罗马时期外,几乎是近代以后才形成的。尽管近代之前人类历史上出现过许多优秀的法律思想家,他们提出并发展了人类的法律思想,但由于他们中的大部分人并非是专门研究法律的,所以他们不是职业的法学家,法律研究只是他们整个思想活动的一个组成部分。①

然而,当我们研究伊斯兰法史,不难发现,伊斯兰法诞生不久就产生了现代法学所说的职业的法学家群体。这种法学家群体伴随伊斯兰教的对外宣传和伊斯兰国家的发展得到迅速发展,阿拔斯哈里发帝国形成后已成为一个庞大的职业法学家群体。具体而言,伊斯兰法体系形成于伍麦叶王朝后期,定型于阿拔斯王朝。这一时期在帝国境内的一些文化较发达的城市,如麦地那和巴格达等,出现了大批专门从事案件裁判、法律创制和法律解释的专业人员,其中不乏大师级的学者,如

---

① 葛洪义主编:《法理学》,中国人民大学出版社 2003 年版,第 5 页。

四大法学家、奥扎尔、苏福杨·骚里、艾布·优素福、穆罕默德·本·哈桑·谢伊巴等,他们被公认为"富格哈"(الفقهاء即法学家)。这种法学研究队伍的形成,得益于社会兴起的追求知识的热潮。那时,人们倾向性地认为知识就是对法律问题的研究。这些学者中的大多数对伊斯兰各类学科尤其是法学颇具造诣,他们采取在清真寺讲课及其他方式传道授业,答疑解惑,著述论辩。尤其对于经训明文未作规定的问题,他们援引经训的精神或在不违背经训原则的前提下,依照伊斯兰法的创制规程、司法实践和民俗习惯提出自己的见解,以满足社会法律生活的需求,从而形成了文书记载和口头相传的判例。这种由社会自发的学术活动和专业法律研究队伍的出现,促进了伊斯兰法理论与实践的发展,为伊斯兰法体系的建立打下了坚实的基础,同时也映衬出了大批社会公认的法学家。

第二,圣训的编撰成书和圣训学的诞生。圣训作为法律创制的第二渊源,其整理汇集、编纂成册受到阿拔斯哈里发和法学家们的极大重视。哈里发欧麦尔·本·阿布都·阿齐兹是个博学多才、有真知灼见的明君,他认为前辈学者不愿编纂圣训,未把圣训汇集成册是有原因和道理的,但这些原因和道理因时间流逝和客观条件变化已不复存在。他意识到随着背记圣训的人越来越少及其他原因,如果再不把圣训编纂成书会有遗散失传的可能。于是他给各地特别是麦地那的长官和学者写信,了解那里的圣训情况,并要求他们将圣训汇编成册。他给艾布·伯克尔·本·阿慕尔·本·哈兹姆写信,要求他编纂一部圣训集。艾布·伯克尔·本·阿慕尔·本·哈兹姆答应哈里发的要求,完成了这项工作。遗憾的是,在他将编纂成册的圣训集提交哈里发之前,哈里发却已归真。哈里发欧麦尔·本·阿布都·阿齐兹为穆斯林开启了将圣训整理汇集和编纂成册的大门。① 此外法律创制对圣训的日益需求使

① 欧麦尔·艾什格里:《伊斯兰法学史》(阿文版),安曼贵重出版社 1990 年版,第 95 页。

编纂圣训成为法律创制和研究的当务之急。

阿巴斯时期,圣训编纂取得了骄人成绩。起初在编纂成书的圣训集中也汇编了一些圣门弟子的言论和判决。例如,库法的苏福扬·萨奥里、埃及的莱伊斯·本·萨阿德、麦地那的马立克·本·艾纳斯等编纂的圣训集,均代表了这种风格,这种风格的圣训集流传至今的很少。之后圣训整理汇集、编纂成册进入了一个新的阶段,圣训学家采用了新的编撰方法,即按照圣训的语言、行为和默认三种形式予以编撰,不再增加他人的言论,以证实圣训来源的正确性、连贯性和可靠性。此外,学者们还按照法律门类、传述者系列和不同主题等风格编撰圣训集,如著名的六大部圣训集、马立克·本·艾奈斯的《穆宛脱圣训集》和艾哈迈德·罕百里的《穆斯奈德圣训集》等。

但因诸多因素,圣训传述中出现了伪圣训。面对伪圣训的传播,法学家亟待解决的问题是:如何鉴定圣训的真伪与级别;如何确定鉴别标准;如何考证圣训的传述线索及传述者的历史;如何确定不同级别圣训的法律效力等。这些问题的解决促成了圣训学的诞生,并逐渐发展成为一门独立的学科。圣训学是十分重要的一门学科,能够准确地检验和甄别圣训传述线索和传述原文的每个环节,具有鉴别真假、去伪存真和去粗取精的价值,极大地保证了圣训的可靠性与正确性,进而保证了法律创制结果的有效性。圣训学已成为伊斯兰学科体系中与圣训相互对应、相互依存的重要学科。

第三,法律概念的确立和法律典籍的编纂。法律制定和研究中最为基础的工作是概括、抽象和解释大量的法律概念,否则创制和研究工作难以进行,法学家对此极为重视。法学家对伊斯兰法现象和实践进行分析和归纳,从而概括和抽象出具有法定价值范畴的法律概念,并对其特定含义做出解释。法律概念是伊斯兰法现象和实践的理性化的重要表现形式,是构成伊斯兰法的基本要素。翻开任何一部阿拉伯文的法律著作典籍，不论哪一章总是以解释概念开始的。法律概念的抽象、规范和统一，奠定了伊斯兰法体系的基础，提高了伊斯兰法的明确性和确定性，减轻了人们思维的负担，避免重复一切定式化的过程，而以共同的认识作为思维的起点，也为类比推理、法律实施及人们学习法律、相互交流提供了有力工具。

在圣训、圣训学和教义学等学科的著作和典籍相继问世的情况下，法学家以著书立说和编纂典籍为己任，著述和编纂了许多经久不衰、广为流传的法律著作和典籍。由于伊斯兰法与其他学科的紧密联系，如圣训、语法学和修辞学等，法律著作的撰写和典籍的编纂借鉴了这些学科的撰写和编纂的经验和方式，获益很大。起初撰写和编纂的法律著作和典籍中，融入了圣训及圣门弟子和再传弟子的判例，它们是法律的基本资源。马立克·本·艾奈斯的《穆宛脱圣训集》（其中汇集圣训500余段，包括1700个判例）、苏福杨·骚里的《大全》及沙斐仪的《圣训分歧》等是这种风格的典型之作。此外，法学家们还撰写和编纂了专门法律内容的典籍，即没有把圣训及圣门弟子和再传弟子的判例融入里面。较为著名的有哈乃斐学派的《法律大全》和《赋税论》、马立克学派的《大全》、沙斐仪学派的《母典》和《法渊论纲》、罕百里学派的《法律大汇集》等。法律著作和典籍的问世，一方面为国家实施法律和人们遵守法律提供了根据，为维护社会秩序提供了法律保障；另一方面为健全法制和践行法治提供了必要的制度条件，促进了伊斯兰法的深入研究及其学派的形成。

第四，建立了伊斯兰法理学体系。阿拔斯时期，繁荣的文化，活跃的思想，广泛的学术活动，推动了伊斯兰各类学科朝着理论化和体系化的方向发展，学者们开始注重各类学科一般理论和基础范畴的研究和构筑，表现在伊斯兰法领域中的这一情形，是伊斯兰法理学体系的初步形成。具体而言，社会的发展产生了无经训明文可依的许多问题，如何从经训中创制规则,首先需要从中演绎出创制规则所需的基本规程、技术、方法和原理,进而才能创制规则。除经训之外,公议、类比,择善、公益、习俗等法渊源成为法学家法律创制中必须遵循的依据时,这些法渊源适用的合法性、正当性及权威性需要理论加以说明和支持。因为,法律创制的渊源、规程、技术的确立,不是单纯的理智作用,必须基于经训的明文、精神及得到经训的核准,才能生效和具权威性。若无经训赋予法律创制渊源的合法性和权威性,任何一项依这些法渊源产生的规则是无据可循的,而无据可循的规则是不能生效的。故而,法学家不仅要研究社会生活中不断出现的法律问题,还要研究法的一般理论和基础理论问题,以作为法律创制的理论基础、指导方针和价值准则。9世纪后,法学大师沙斐仪在深入研究和总结经训及前人成果的基础上,完成了伊斯兰法史上第一部法理学著作《法渊论纲》,这部不朽名著系统地阐述了各种法渊源的关系及其他法理问题,为伊斯兰法理学的形成奠定了基础。后辈法学家孜孜努力,不断探究,增补完善,使之逐渐成为一门思想精湛、逻辑严密、内容齐全、独立完整的学科。法理学的建立使伊斯兰法更上一层楼,一方面解决了伊斯兰法的一般理论和基础理论问题,另一方面规范了法律创制的行为,避免了法律创制活动中的盲目性和随意性。①

第五,伊斯兰法的发展推动了阿拉伯语的研究。经训的圣神地位决定了法律创制和解释,必须始终围绕经训而进行,否则法律创制和解释便会无效。② 由于经训是阿拉伯语的成书,使阿拉伯语与伊斯兰法

① 伊斯兰法理学(أصول الفقه الاسلامى或称为"伊斯兰法根源学"、"伊斯兰法原理学")是伊斯兰法学体系乃至整个伊斯兰文化系统中一门极其重要的学科,其内容也是伊斯兰哲学思想的重要组成部分,是学习和研究伊斯兰文化尤其是伊斯兰法专业人士的必修课。从某种意义上说,不了解这门学科就不会对伊斯兰法有较好的认识。

② 此问题的解释详见本书第九章。

形成了不可分割的天然关联，因此，精通阿拉伯语又成为法学家进行法律创制和解释的必备条件。为创制法律法学家不畏艰辛，深入沙漠腹地，认真向阿拉伯贝督因人讨教，收集整理阿拉伯词语、修辞等，以便准确理解经训含义。某种意义上讲，凡具备创制资格的法学家本身就是语言学家。法学家对阿拉伯语深入细致地研究，极大地推动了阿拉伯语各类学科的发展。

三、四大伊斯兰法学派的形成

阿拔斯庞大的法学家队伍中出现了许多杰出的法学大师，对伊斯兰法的全面发展和繁荣昌盛尤其是法学体系的形成起到了巨大作用。法学家一致认为，经训是法律创制的根本渊源，是法律裁决的首要依据。但是，由于法学家对或然经训明文含义的不同理解、对法律创制中适用圣训标准的差异、在无经训明文时确定法律裁决和法律创制的依据，以及他们所处的地域环境和人文环境的差别等诸多因素，致使他们形成了各自的创制理论、创制模式和创制规程，进而发展成为不同学派。后人通常把这些学派以其创始人的名字命名。公元8世纪后，出现了哈乃斐、马立克、沙斐仪、罕百里、栽德、贾尔法、艾巴德、扎希里等多个学派。然而，随着时代发展、社会变迁及各个学派自身的因素，有些学派销声匿迹，不复存在，有些学派的传播范围较为有限，而哈乃斐、马立克、沙斐仪及罕百里四大学派以其自身优势在伊斯兰世界确立了统治地位。迄今为止，四大学派是全球穆斯林公认和尊奉的学派，在全球不同民族和地区的穆斯林国家和社会中发挥着不可替代的作用。

前几章我们对伊斯兰法历史发展做了梳理，从中不难看到，伊斯兰法学派实乃自然形成，它既非法学家的刻意之作，更非他们的蓄意产物。它是源自穆圣时代，经过四大哈里发和伍麦叶时代，直至阿拔斯时代法律创制和法学发展的使然。法学派是对前辈法学家的法律思想和创制模式的积累整合与分群划类,在1400多年的伊斯兰历史进程中不断得以发展。法学派并非伊斯兰法领域所独有。人类学科的发展历史中,不论是人文学科,还是自然学科,均有学派的产生和划分。实际上,伊斯兰法学派的产生是为了遵循《古兰经》"你们应当请教深明教诲者,如果你们不知道。"[①]和"信士们不宜全体出征,他们为何不这样做呢?每族中有一部分人出征,以便留守者专攻教义,而在同族者还乡的时候,加以警告,以便他们警惕。"[②]的教诲,是为建立和调整伊斯兰社会秩序和关系提供充分法律依据,是为了满足穆斯林学习和实践伊斯兰法的需要。因为,绝大多数普通穆斯林并不知晓伊斯兰法的细致之处,更不知道法律规则是如何从经训和穆斯林先贤的主张中剖析出来的。

各个学派创始人从未想过自己要成为创派领袖,他们只是具备独立判断和创制资格的法学家群体中的杰出代表,以学问渊博、信仰虔诚和高洁品质备受人们和社会的信赖和尊重。他们并非为了谋求权势名利和学术声誉创立学派,也从未想到他们的法律理论和创制规则在伊斯兰教1400多年的历史进程中牢牢占据如此地位。历史上有些伊斯兰国家认同某一学派,并将其作为国家法律适用的官方学派,规定法律适用必须依据该学派的法律主张和规则时,根本取决于该派在这个社会中的地位和重要性。例如,马立克学派曾是安达卢西亚和北非地区好几个世纪的官方学派;沙菲仪学派曾是安优布哈里发时期的官方学派;哈乃菲学派曾是奥斯曼哈里发时期的官方学派;费萨尔国王执政时期的沙特,因国民面对互为冲突,互为矛盾的法律规则,罕百里学派便成为官方学派。

---

① 《古兰经》,蜜蜂章,43节。

② 《古兰经》,忏悔章,122节。

法学派并非纯粹为学派的主旨和架构而倡言学派。独立判断和法律创制必将导致不同的意见和分歧，而不同意见又将导致多元观点及群体的融合与分化，群体的融合与分化最终形成学派。因而，各个学派在伊斯兰法的基本原则、基本问题和法律宗旨上无丝毫分歧，只是创制模式（مناهج الاستنباط）和枝节问题（الفروع الفقهية也可称为法律规则或具体问题）上各有主张。它们之间的分歧如同现代国家中的法院对具体案件决定法律适用时，对法律条文理解和解释的分歧一样。具体而言，各派法学家在法律创制活动中采用的基本方式大致两种：如果某一法律问题与经训明文有关，而该经训明文的含义具有或然性，他们就采用分析说明的方式，即把经训明文当作处理问题的基本原则，然后对明文予以分析和解释，并从中创制出处理该问题的法律规则，使问题的解决不能脱离经训明文的基本意思；如果遇到无直接经训明文可依的法律问题，就采用创制演绎的方式，即依靠公议、类比、择善等渊源创制法律规则。[①]因此，他们之间的分歧绝不是私人性的分歧，而是学术分歧。这种分歧扩大了伊斯兰法的创制范围，拓展了基于经训明文、精神及伊斯兰法宗旨的创制规则，繁荣了伊斯兰法的发展。

由此可见，法学派的直接价值取向是：为人们提供理解经训明文尤其是或然节文的正确含义，以及在无经训明文可依时解决法律问题的正确方法。凡认真研读伊斯兰法理学的人，都能清楚地认识法学派基于经训明文和精神构建的正确的创制理论、规程和模式，构建的从经训中创制和演绎法律规则必须恪守的旨在规制创制者思维和理解的精湛的逻辑规则。这些创制模式和逻辑规则是理解经训必不可缺的基本条件和必备途径。概言之，法学派是理解和解释经训尤其是或然经训明

---

① 拜德兰·艾布·艾尼·拜德兰：《伊斯兰法学史》（阿文版），贝鲁特阿拉伯复兴出版社 1989 年版，第 116 页。

文含义必须依赖的正确方法,是从经训中创制法律规则的学术模式。法学派的产生不是伊斯兰教中的异端,更不是对整体伊斯兰法的分裂,而是伊斯兰法历史发展积淀的精髓,是伊斯兰法律创制和法学发展的必然结果。法学派以各自的创制理论和创制模式为不同地区和时代的穆斯林民众阐明了伊斯兰法的基本精神、基本宗旨和价值趋向,使穆斯林民众便捷地尊奉了经训的法律原则和规则,践行了经训适宜一切时空的宗旨。

穆斯林民族应当尊重各个学派及其创制学者,应当知晓各个学派对伊斯兰民族的历史贡献和现实价值,应当清楚他们的创制行为和活动是经训指导下的并且是服务经训的行为和活动,是受伊斯兰法保护并获得巨大报酬的行为。穆斯林大众学者(جمهور العلماء)一致主张,凡不具备创制资格和能力的普通穆斯林(العامى)和一般学者,应当效仿(التقليد)和尊奉某一学派的法律规则。① 他们的依据是:

《古兰经》"你们应当请教深明教诲者,如果你们不知道。"②的明文。大众学者认为,此段节文是普通穆斯林和一般学者在不能从经训中创制和演绎法律规则的一切事物中,必须尊奉某一学派创制规则的基本依据。普通穆斯林对法律无知是责成他们效仿学派创制规则的原因。概言之,产生无知,则须求教。求教要么是口头的,要么回到记载学者创制规则和观点的著作之中。类似的《古兰经》节文还有:"信士们不宜全体出征,他们为何不这样做呢?每族中有一部分人出征,以便留守者专攻教义,而在同族者还乡的时候,加以警告,以便他们警惕。"③即真主禁止所有的人出征,命令一部分人留守下来,专攻教义。当出征

① 沃哈布·祖海里:《伊斯兰法理学》(阿文版),大马士革思想出版社 1986 年版,第 1127 页。

② 《古兰经》,蜜蜂章,43 节。

③ 《古兰经》,忏悔章,122 节。

的兄弟还乡时，专攻教义者为他们阐明真主的法律，裁决他们的合法与非法事务。

学者们达成的一项公议是：圣门弟子的学识并非处于相同水平，他们中不是每个人都是具备创制资格的学者，具备创制资格的学者是他们中的少数，而绝大部分圣门弟子是少数学者的追随者和效仿者。安萨里说："圣门弟子中的学者通常为普通大众裁决法律，他们没有要求普通大众个个达到创制法律的水平。这是彰明昭著、确信无疑的事实。"①此外，穆圣曾向一些地区派遣其弟子中的学者，向那里的人们创制和裁决法律，这些地区的人们跟随和效仿穆圣差遣的法学家的创制规则。圣门弟子之后，再传弟子中的创制学者，向前辈学者一样，常为穆斯林大众创制和裁决法律问题，为他们面临的新生事物和遇到的法律困惑积极提供解决方案。他们既没有厌恶人们的讨教，也没有禁止人们的求教，更没有要求所有的人达到创制资格和水平。

学者们坚持的理性依据是：不具备创制资格的普通穆斯林和一般学者，当面临待法律裁决的具体事务时，如果根本上放弃适用法律，是有悖伊斯兰法原则的，是伊斯兰法禁止的；如果适用法律，只能在两者中选择：要么须从经训中创制和演绎法律，作为自己适用法律的依据，要么效仿某一学派的法律规则。如果一定要求从经训中创制和演绎法律，对于他们是极其困难的。因为，这要求每个人必须专注经训和法律学习，必须成为具备创制资格和能力的学者，这是不可能做到的事。同时，这也会分散人们从事其他社会职业的精力，会给社会的工农业生产和商贸发展等造成不利后果，势必造成社会生活的停滞。换言之，创制法律是长期专门学习并精通经训和伊斯兰法等各种知识的少数专业学者才能达到的能力和获得的资格。倘若一定要求所有的人做到这些，

① 安萨里：《伊斯兰法理学》（阿文版），第二册，第385页。

其实是责成他们力不能及之事,这是伊斯兰法禁止的。“真主只依各人的能力而加以责成。”①

因此,伊斯兰教要求创制学者在法律创制活动中必须恪守经训依据,而普通穆斯林在法律适用中应当恪守创制学者的创制规则。著名法学家沙退比说:“学者的创制规则对于普通穆斯林的重要性,犹如法律(即经训)依据对于创制学者的重要性。对于效仿者来说,是否了解和掌握法律依据都是一样的。因为,他们无法从法律依据中直接获益,研究法律依据并从中创制和演绎法律规则不是他们的事,更不是他们应当做的。《古兰经》说:‘你们应当请教深明教诲者,如果你们不知道。’因此,效仿者只有请教深明教诲者。深明教诲者是效仿者了解和适用法律的权威,深明教诲者的创制规则对于效仿者就是法律,深明教诲者的言论具有立法者的地位。”②著名学者德哈勒维在其《雄辩的真主明证》中说:“诚然,直至现在,伊斯兰民族一致认为,可以效仿已成书并定型的四大法学派,因为,此中的利益显而易见,特别是在意志消沉、私欲泛滥、自以为是的这个时代。”③当代著名伊斯兰思想家、大马士革大学伊斯兰法学院教授穆罕默德·布退博士指出:“确信潜心著述伊斯兰法律规则,并对此加以解释和说明而付出巨大努力和心血的四大法学家:穆罕默德·本·伊德利斯·沙斐仪、艾哈迈德·本·罕百里、马立克·本·艾奈斯和艾布·哈尼法·努尔曼·本·萨比特。伊斯兰民族一致公认,这四位法学家具有超凡的能力、渊博的法律知识、超强的创制能力,他们各个构建了精湛且自由的学派。同时,伊斯兰民族一致公认,凡达不到创制水平的穆斯林,应当尊奉和效仿四大学派中的一个,可以固守某一学派,也可以不固守。但是,凡是对伊斯兰法渊源有

---

① 《古兰经》,黄牛章,286 节

② 沙退比:《伊斯兰法理学》(阿文版),第 4 册,第 290—292 页。

③ 德哈勒维:《雄辩的真主明证》,第一册,132 页。

深入细致研究、对全部或部分伊斯兰法律规则及其依据和明证有深厚造诣并具备创制资格的人,可以创制法律规则和直接依据法律生成的渊源适用法律。”①

1. 哈乃斐学派

哈乃斐学派由艾布·哈尼法所创。艾布·哈尼法原名努尔曼·本·萨比特,祖籍波斯,公元 699 年生于伊拉克的库法,767 年归真于巴格达,是一位伟大的思想家,一代法学大师,人们尊称他为“大伊玛目”。

艾布·哈尼法早年经商,后走上求学之路。求学之初就已显现良好资质和聪明才智。他在学习经训和教义学等知识的同时,对法律情有独钟,兴趣浓厚,酷爱研究。他知识渊博,思维敏捷,善于思考。沙斐仪说:“人们的法律需求依靠艾布·哈尼法供养。”②海退布从法兑里·本·安雅德上的传述:“艾布·哈尼法乃法学之精英,以通晓法律著称,以虔诚敬畏著名。他财富宽裕,乐善好施,坚韧不拔地昼夜传授知识。他少言寡语,金口玉言,即使回答合法与非法问题时也是如此。他总是积极导人于真理,并回避官宦的钱财。”③

艾布·哈尼法的老师是伊拉克意见派著名法学家哈玛德·本·艾布·苏来曼,哈玛德的导师是著名法学家阿勒哥默·本·盖斯,而阿勒哥默的导师又是以意见创制著名的圣门弟子大法学家阿布都拉·本·麦斯欧德。除哈玛德外,艾布·哈尼法还师从栽德·本·阿里·栽伊努·阿比迪尼、贾尔法·萨迪戈、阿布都拉·本·哈桑等著名学者。为

---

① 穆罕默德·布退:《瑟莱菲耶》(阿文版),大马士革思想出版社 1988 年版,第 103 页。

② 阿布都拉·本·阿布都·穆哈瑟·本·曼苏尔·妥勒戈:《伊斯兰立法史及其法学周期》(阿文版),法赫德国王国家书局,第 248 页。

③ 海退布:《巴格达史》,第 13 册,第 326 页。

专门求教于麦加学者,他曾在麦加居住6年之久,并在每次朝觐期间都要与来麦加朝觐的各地学者学习与交流。① 但就艾布·哈尼法的法律思想和创制模式而言,还主要得益于导师哈玛德及其他意见派学者的言传身教和深刻影响,因此,艾布·哈尼法及哈乃斐派是以早期库法意见派的法律理论和创制模式为基础,故又以意见派著称。

艾布·哈尼法的法律理论和创制模式基本上反映了哈乃斐学派的观点倾向和基本理论。在法律创制和裁决中遵循的依据依次为:经训、圣门弟子的意见和判例、公议、类比和择善(الاستحسان)②等。实际上这些法渊源也是其他学派法律裁决和创制的依据,只是具体运用中各有侧重而已。较之其他学派,艾布·哈尼法和哈乃斐派的显著特点是注重意见创制,在适用类比和择善等法渊源上,比其他学派更为广泛,更得心应手。如果说哈里发时代开启了意见创制的先河、伍麦叶时期库法意见派的诞生意味着意见创制的思想趋势和行为选择初步形成的话,那么艾布·哈尼法时代则是意见创制的巅峰时代。由于对意见创制的广泛使用,哈乃斐派的另一特点是注重"假设问题"的法律创制,即

① 阿布都·克雷姆·宰达尼:《伊斯兰法研究入门》(阿文版),贝鲁特使命出版社1989年版,第131页。

② 哈乃斐派的主要法律渊源,该派视其为类比之后的第五个渊源。哈乃斐派法学著作中经常可以看到"此问题的裁决以择善为根据"的话。这一渊源的提出与运用曾引起法学家们的争议:马立克学派和罕百里学派予以承认,而沙斐仪学派的创始人伊玛目沙斐仪予以拒绝,视为异端。"择善"一译"优选法"或"唯美",是阿拉伯语"伊斯提哈桑"的意译,语意为"把某事看作是美好的、最美的",指法学家在创制法律和法官在裁决案件时,在无经训明文可依的情况下,由于特殊法律明文、公议、习惯、利益等实际需要,从一般和抽象的法律原则或法律规则的裁决转为特殊的裁决,或从表面的类比转入隐晦的类比。例如期货交易的法律规则,按一般法律原则属买空卖空的非法交易,因为交易中的货币与实物是买卖成立的两个基本要素,而期货交易,要么缺一种要素,要么两种要素同时均无,但处于人们生活便捷和习惯等实际考虑,则以择善判其为合法。择善的经训依据为"他们倾听言语而从其至美的"(《古兰经》,队伍章,18节);"你们应当遵从你们的主降示你们的最美的训辞"(《古兰经》,队伍章,55节)。圣训说:"穆斯林认为美好的,在真主那里也是美好的。"

探究尚未发生,但有可能发生的一些法律问题。艾布·哈尼法说:"在灾难没有发生之前,我们已做好了应对灾难的准备。如果灾难出现了,我们知道怎样应对它。"①他们不仅对一个待解决的法律案件做出裁决,而且还要在探究适用该案的经训明文与该案件因由的基础上,形成同类案件的一般原则,作为日后同类案件的裁决根据,故而艾布·哈尼法和哈乃斐派被公认为意见创制的领袖和旗帜。

这里须澄清两个事实:一是由于艾布·哈尼法和哈乃斐派以意见创制著名,有人误认为该派在创制活动中不重视圣训的适用,传述的圣训十分有限,将意见创制优先于圣训。其实这些观点是错误的。艾布·哈尼法和哈乃斐派十分重视和尊重圣训。艾布·哈尼法曾说过:"正确的圣训就是我的学派。"②当一段圣训的正确性和可靠性在案件裁决中被确定时,他们主动放弃类比而适用圣训,并对圣门弟子的判例和微弱圣训(الحديث المرسل穆勒赛里·圣训)加以采用,足以证明他们对圣训的重视。至于艾布·哈尼法和哈乃斐派传述的圣训十分有限,以及他们将意见创制优先于圣训的说法,也并非正确。艾布·哈尼法传承了许多圣训,其弟子艾布·优素福和穆罕默德·本·哈桑·谢伊巴及其他一些学者皆从他跟前传述了许多圣训。③ 艾布·哈尼法时代,正是伪圣训泛滥的时候,最具权威的六大部圣训集尚无一部成书,最权威圣训集《布哈里圣训实录》的汇编者布哈里于伊历184年才出生,而艾布·哈尼法已于伊历150年归真。④ 因此,哈乃斐派对圣训的

---

① 阿布都拉·本·阿布都·穆哈瑟·本·曼苏尔·妥勒戈:《伊斯兰立法史及其法学周期》(阿文版),法赫德国王国家书局,第181页。

② 穆罕默德·艾布·祖哈里:《艾布·哈尼法传》(阿文版),开罗阿拉伯思想出版社,第442页。

③ 阿布都·克雷姆·宰达尼:《伊斯兰法研究入门》(阿文版),贝鲁特使命出版社1989年版,第132页。

④ 丁俊:《伊斯兰文化巡礼》,甘肃民族出版社2002年版,第135页。

适应十分谨慎,制定了严格的接受条件。在法律裁决和创制中只有当圣训无法满足条件时,他们才运用类比。在法学家看来,放弃不符合条件的圣训,不属于违背圣训或把类比优先于圣训的行为。①

二是哈乃斐派"法律技巧"(الحيل الشرعية另译为"法律计谋")适用的说明。哈乃斐派擅长适用法律技巧,这是该派的又一特点。尽管不同学派的人对此有不同看法,但法律技巧绝不是法律判决和法律实践中的投机取巧和规避法律的做法。如果把法律技巧理解为这层意思,显然是对它的误解和曲解。法律技巧是指法官在审理案件和决定法律适用时,在坚持法律原则及不违背法律价值目标的基础上,出于为人们趋利避害和求得问题合理解决的需要,具体问题具体分析,不拘泥于法律词句,而采取灵活变通的方法。例如,有人求教艾布·哈尼法"一女子登梯至半中,其夫发誓说,如果你继续往上或下来都会被休"的解决办法。艾布·哈尼法说:将梯子放倒,使女子回到地面(而不致被休)。②再如,有人不慎,竟然发誓在斋月白天与妻子房事,于是处于进退维谷的尴尬境地,因为斋月白天禁止房事,否则坏斋。对这一问题,艾布·哈尼法判此人携妻旅行,因为旅行者可以不斋戒。这样问题得到了解决。③ 这两个案例反映出法律判决中即便适用了法律技巧,但它不是随意和随机的投机行为,其判决结果是符合法律的宗旨和目的的,更反映出艾布·哈尼法的智慧和敏锐。

艾布·哈尼法的教学方法较为独到。他允许学生持有不同见解,

---

① 阿布都·克雷姆·宰达尼:《伊斯兰法研究入门》(阿文版),贝鲁特使命出版社 1989 年版,第 132 页。

② 阿布都拉·本·阿布都·穆哈瑟·本·曼苏尔·妥勒戈:《伊斯兰立法史及其法学周期》(阿文版),法赫德国王国家书局,第 252 页。

③ [埃及]艾哈迈德·爱敏:《阿拉伯—伊斯兰文化史》,向培科等译,商务印书馆 1991 年版,第 3 册,第 186 页。

表达不同看法，通常采用讨论商榷的方法处理问题和裁决案件。这与马立克教长讲授灌输的教学方式形成鲜明对照。艾布·哈尼法遗留的著作十分有限，他的法律思想和创制模式主要是由其弟子们整理成书的。哈乃斐派中出现了诸多卓越的法学家，在弘扬伊斯兰法特别是哈乃斐派法律思想和规则做出了不可磨灭的贡献。其中以艾布·优素福、穆罕默德·本·哈桑·谢伊巴、祖夫里·本·海则里及哈桑·本·栽雅德四位最为著名。该派广为传播，影响深远，伊斯兰世界约1/3的穆斯林尊奉该派，主要分布在阿拉伯世界、中亚各国、巴基斯坦、印度及中国等①。

2. 马立克学派

马立克学派由麦地那著名法学家马立克·本·艾奈斯所创。马立克生于公元712年，归真于公元795年，祖籍也门，迁徙麦地那。马立克知识渊博，不仅是法学大师，而且还是圣训学家。他虔诚谨慎，坚韧不拔，不畏权贵，刚正不阿。② 他一生除了前往麦加朝觐外，都是在麦地那度过。马立克师从很多学者，学业有成，并得到了70多位权威学者认可之后，开始创制法律和解释法律。他只回答和解释自己知道的，从不一意孤行、主观臆断，回避与人争论，在他看来，无谓的争论定会造成知识光明的丧失。

马立克及其学派是以早期麦地那圣训派的创制理论和模式为基础的，故以圣训派著称。在法律裁决和创制活动中遵循的依据为：经训、

---

① 中国穆斯林基本上全都尊奉哈奈斐派。

② 哈里发哈伦·拉希德朝觐期间，前往麦地那欲见马立克，便派人召见，却遭到马立克的婉言谢绝，并对来人说："告诉信士的长官，求知者应当追求知识，而知识不追求任何人。"使得哈伦·拉希德亲自登门造访。

公议、麦地那人的主张和判例、公益(المصالح المرسل ا و الاستصلاح)、[①]堵塞渠道(سد الذريعة)[②]及习俗(العرف)[③]等。值得一提的是,除经训之外,马立克学派较为注重麦地那人的主张和判例,并优先于类比。认为麦地那是经训立法的发祥地,是圣门弟子的故乡和集中之地。麦地那人对经训立法及其精神的了解,是其他人无法比拟的,所以适用麦地那人的主张和判例比适用类比更可靠。

较之艾布·哈尼法的教学方法,马立克习惯于讲授灌输的方法,不容学生讨论和争论,有关他与弟子法律分歧的记载在他归真后才被公布。他不主张将自己的言论和主张加以记载,他归真后,其弟子们才整

---

① 阿拉伯语“伊斯提斯拉赫”的意译,原意为“公共利益”或“福利”,是指伊斯兰法既没有规定适用、也没有规定废除的利益。具体而言,法学家在创制法律、法官在审理案件和决定法律适用时,出于社会公共利益和为人们趋利避害之需要,不可拘泥于法律词句,而采取灵活变通的方法,以求得更公正的结论或判断。例如,伊斯兰国家的政府可以规定有利于人民和社会的经训明文未涵盖的、而与其原则和精神不悖的法律法规,以造福于社会。公益适用的基本条件:必须符合伊斯兰法的基本原则、精神和宗旨,不得与经训明文有悖;必须是为人类和社会趋利避害的;必须是理性的,即被理智健全的人们所接受。公益主要是马立克和罕百里学派适用的法律渊源。

② 阿拉伯语“散德·则雷尔”的直译(意译为防微杜渐)。“散德”意思为堵塞、障碍;“则雷尔”有两种含义:一是媒介;二是通往某事的道路、渠道,通向的事有好的坏的,也有语言的行为的,但通常是指坏的、卑劣的事。因此凡提到“散德·则雷尔”时,一般指堵塞通往坏事的渠道和媒介。作为法律的专门术语,堵塞渠道是指某一事情的本质属合法、允许的授权范围,但它在很大程度或根本会导致另一违法行为的发生,故把这一本身合法、允许的事情按非法进行裁定。如房屋出租是合法的交易,但房主明知租房者租房是进行非法交易,如开赌场、嫖娼卖淫等,因此原本合法的事情按非法来处理,以堵塞非法行为的发生。法学家对堵塞渠道法渊源适用的意见不尽相同:马立克和罕百里学派持主张态度,沙斐仪和扎希里学派持反对态度。

③ 阿拉伯语“欧尔夫”的意译。指在长时期里逐渐养成的,一时不容易改变的行为、倾向或社会风尚。法学家把习俗作为法渊源的依据是“习俗可作裁定”的法律原则。即法学家和法官在无经训明文、公议、类比为根据审理案件时,出于社会习惯的考虑而采取的灵活变通的原则。习俗分为:语言习俗、行为习俗、普遍习俗和特殊习俗等。习俗适用的基本条件为:不得与经训明文有悖;具普遍性和广泛性,即盛行于某一社会的全体或大多数人中间;事先存在,即某一问题的裁决依习俗为根据时,习俗必须先于该事物的发生而存在,并为人们所熟知。

理了他传述的圣训、圣门弟子们的主张和判例，以及他的法律裁决和创制规则。

由于马立克的宗教修养和学术声誉，以及麦地那知识中心的地位，使人们纷至沓来，求教于马立克门下。马立克无私地向他们传授知识，培养了许多优秀法学家。后人将这些学者大致分为两类：埃及人和西班牙、马格里布人。埃及著名法学家有：阿布都拉·本·瓦哈卜·本·穆斯林、阿布都·拉赫曼·本·卡西姆和艾什海布·本·阿布都·阿齐兹等；西班牙和马格里布的著名法学家有：艾斯德·本·法拉迪、塞哈努·阿布都·塞俩穆和叶海牙·本·叶海牙·本·克希尔等人。他们积极传播马立克学派的法律思想和规则，使该派在埃及、利比亚、摩洛哥、突尼斯、阿尔及利亚、西班牙及其他阿拉伯地区广泛传播。

3. 沙斐仪学派

沙斐仪学派的创始人是艾布·阿布都·拉·穆罕默德·本·伊德利斯·沙斐仪，与穆圣一样同属阿布都·麦纳夫的后裔，公元 767 年生于巴勒斯坦的加沙，公元 820 年归真于埃及。沙斐仪的父亲伊德利斯曾迁徙加沙，父亲归真后，母亲带着两岁的沙斐仪回到了故乡麦加，在母亲的抚养下沙斐仪在麦加成长。

沙斐仪从小聪慧过人，10 岁时便能熟背《古兰经》和马立克的《穆宛妥圣训集》，早年在麦加学习伊斯兰法。他的第一位导师是著名学者、曾任麦加穆夫提的穆斯林·本·哈立德·则吉，15 岁时得到恩师授权，开始创制和解释法律。后来前往麦地那从师马立克，一直在马立克跟前学习法学和圣训学等，直至马立克归真。沙斐仪也曾求教于麦加的圣训学家苏福扬·本·阿依奈。而马立克和苏福扬·本·阿依奈既是两位最负盛名的圣训学家和法学家，更是圣训派的两位杰出代表。后来，沙斐仪前往也门，拜见了伊玛目奥扎尔的弟子欧麦尔·艾布·福莱姆,学习了其导师的法律思想。

公元800年,沙斐仪因被指控反对阿拔斯王朝哈里发被驱逐到巴格达。获释后,有幸遇到了哈乃斐派著名法学家、艾布·哈尼法的大弟子穆罕默德·本·哈桑·舍伊巴,跟随他学习哈乃斐派的法律思想和规则,并阅读和抄录了穆罕默德·本·哈桑·舍伊巴的著作,后来,他带着大量伊拉克法学家的著作回到了麦加,一直在麦加研习法律。连续9年朝觐期间,沙斐仪与来自世界各地的学者们交流和学习。他第二次来到巴格达时,当地的很多学者纷纷向他讨教,他向人们教授自己的法律思想和创制规则。公元814年,沙斐仪第三次来到巴格达,逗留数月后,前往埃及定居。尽管他是麦加人,但在埃及颇受欢迎,威望很高。他在埃及创制法律,著书立说,培养学生,直至归真。

从沙斐仪成长、学习和传播法律的一生中不难发现,沙斐仪学派在形成体系的历史过程中,广泛吸纳和借鉴了哈乃斐和马立克等诸家学派的法律思想和创制模式。但这种吸纳和借鉴不是简单相加和机械组合,而是创新完善的过程。既没有盲目采纳哈乃斐派的一切主张,也没有完全接受马立克派的所有观点,而是在广泛继承、兼容并蓄哈乃斐和马立克等学派法律思想和创制模式的基础上,创造了自成一体的法律理论和创制模式,因此,被认为是折衷主义学派。

在法律理论和创制模式上,沙斐仪派首先以《古兰经》为首要渊源,重视圣训和类比推理,在对待公议上比马立克派更为广泛,不囿于麦地那学者们的公议,对类比的运用比哈乃斐派更为严谨。在圣训的适用上不像哈乃斐派那样注重圣训的著名程度及其传述人的品位,也不像马立克派那样视麦地那人的行为为法律创制的主要依据,只要圣训传述人公正和可靠便可采纳。沙斐仪派主要传播于埃及、印尼、也门、伊拉克和巴基斯坦等国。

4. 罕百里学派

罕百里学派由艾布·阿布都拉·艾哈迈德·本·罕百里所创。罕百里公元780年生于巴格达，公元855年归真于巴格达。孩提时代，罕百里就能熟背《古兰经》，15岁学习圣训，20岁前往麦加、麦地那、也门、叙利亚和库法求学。他曾受两位法学大师的教导：一位是哈西姆·本·百希尔，追随其5年之久，另一位是沙斐仪。罕百里是沙斐仪最优秀的弟子，沙斐仪对他的聪明才智十分欣赏，赞扬说："自我离开巴格达后，再没有比罕百里更有学问、更加高贵和更精通（法律）的人"。罕百里曾遭受《古兰经》被造学说的迫害。尽管当时很多学者在哈里发买蒙的压力下屈从此学说，但罕百里坚持真理、刚正不阿，与这种极端学说做坚决斗争，因而被监禁数年，直至公元847年买蒙的继承人穆特宛克里废除此学说后才被释放。

罕百里学派在法律裁决和创制活动中遵循的依据及程序是：严格依照经训的明文，只要有经训明文，就以此裁决，不再考虑其他因素；优先采纳正确的圣训，并使其优先于麦地那人的主张和判例、公议、类比和包括圣门弟子法学家在内的权威法学家的裁决；采纳毫无疑义的圣门弟子的法律裁决和解释，但不把它称为公议；对圣门弟子在同一件案件中的不同裁决，采纳其中最为接近经训明文的；主张圣训不论品级的强弱，皆强于类比、公议、圣门弟子的主张及个人意见；在以上程序无法适用的情况下方可适用类比。①

罕百里不仅是伟大的法学家，还是著名的圣训学家，汇编了以其名命名的《罕百里圣训集》，其中含4万条圣训。罕百里未使学派的法律

---

① 阿布都·克雷姆·宰达尼：《伊斯兰法研究入门》（阿文版），贝鲁特使命出版社1989年版，第143页。

思想和创制模式成书,这是因为他不主张记载个人的法律学说和创制规则,他的弟子们把他及学派的法律思想和规则整理编撰,弘扬传播。

值得一提的是,公元 14 世纪罕百里学派出现了两位杰出的学者:伊本·泰米叶和伊本·盖伊姆。尽管这两位学者在许多问题上有自己的独特见解和法律创制,并未完全遵循罕百里学派的法律理论和创制模式,但还是被认为是罕百里学派的学者。公元 18 世纪,阿拉伯半岛又出现了伊本·泰米叶和伊本·盖伊姆思想的追随者穆罕默德·本·瓦哈卜,并由此形成瓦哈卜学说。该学说在沙特阿拉伯王国得以传播,成为现今沙特王国的官方教派,并传播到了科威特和阿联酋等国。

第六章　保守稳定时期的伊斯兰法

（公元 13—18 世纪中叶）

通过对前面四个时期伊斯兰法的梳理和阐释，我们勾勒出了伊斯兰法从无到有、从简单模式到完备模式、从全面发展到繁荣鼎盛的历史概貌。然而，大约从公元 13—18 世纪中叶这一时期，由于伊斯兰世界在政治、经济和文化诸领域经历了由盛而衰的历史转变，伊斯兰法建树不大，处于相对稳定时期。

一、伊斯兰法的因袭及其成因

伍麦叶王朝后期及阿拔斯王朝前半叶，阿拉伯帝国呈现出思想活跃、学术发达和学者辈出的繁荣景象。穆斯林民众始终以伊斯兰原则与精神为价值取向和指导方针，并以兼容并蓄、海纳百川的开放态度，将阿拉伯、波斯、印度和希腊等东西方古典文化融为一体，以伊斯兰文化形态出现。在这长期的信仰实践和文化发展中，法学家们始终坚持经训的立法原则和立法精神，运用法律创制的规程和技术，从经训中演绎出了公议、类比、择善、公益等经训之外的法律渊源，较好地解决了经训明文未涵盖的无数问题，保护了伊斯兰法的主体性，移植嫁接了外域的先进法律文化，最终完善了伊斯兰法律体系。一个民族要有自己独特的传承文明和文明交往的方式，失去了自身文化的民族，便失去了民族的独立性。伊斯兰文化是人类历史上独立起源、自成体系的文化，而定型于阿拔斯时期的伊斯兰法律体系,不仅是伊斯兰民族的最主要和最基本的社会规范和社会联系的基本方式,也是促成伊斯兰文化多样一体化的重要因素和文化精神的支撑点,它在整体伊斯兰文化系统中,充当着文化系统得以定型的整合机制,起到了承前启后、传承交融的作用。

就像流水停滞、色味必变的道理一样,人类的思想若停滞不前,必然僵化,失去活力。较之先前历史尤其是阿拔斯时期,这一时期学术思想有所萎缩,文化衍新有所淡化,与时俱进的法律创造有所滞后,自由的法律创制活动有所减弱,进而表现出安于现状、因循守旧,墨守成规,把以往的认识凝固化,致使伊斯兰法处于因袭守旧、保守稳定的状态。当然,冰冻三尺非一日之寒。造成这种状况的原因是多方面的:在政治上,这一时期整个伊斯兰世界经历了由盛而衰的历史转变,国家四分五裂,支离破碎,各地君主藩镇割据,自封"信士的长官"。他们把主要精力花在了发展自己的势力范围,失去了像阿拔斯哈里发那样对伊斯兰法的支持和对法学家的关怀。为达到统治目的,有的支持一派,打击一派,有的将法律作为服务其政治统治的工具,这些直接影响了法律的发展和法学家的命运。概言之,政治的衰弱使法律的发展丧失了基本保障,使自由的法律创制活动受到了阻碍。

伊斯兰法鼓励学者在无经训明文可依的情况下创制法律,这对任何一位具有创制资格和条件的学者是一种义务,反对依赖他人的成果而自己不努力创制的行为。因为,法律创制能够启发学者的思想,提高学者的能力,拓宽法律的领域。但这个时期的法学家尽管也能创制法律,但却安于现状,因循保守,以前辈学者的成果为依托,法律创制意识淡薄,缺乏足够的自信心,因袭守旧某一学派的观点。加之一些不具备创制条件和资格的"创制者"肆意创制法律和解释法律,影响了法制的正常运行。为维护法律尊严,确保正常的法律创制,抵制不良图谋,有些法学家主张关闭创制大门。[1]

实际上，过去尤其是当代的许多学者主张创制大门永远敞开。他们认为，法律创制是伊斯兰法生命与进步的表现，是伊斯兰法富有生机和昌盛不衰的原则，是建立伊斯兰法治与秩序的机制。但法律创制者必须具备严格条件和资格，不具备创制条件和资格的法律创制行为是错误的，不被接受的。他们强调，因某些原因而随意关闭创制大门的做法实不可取，应当向民众宣传法律创制的基本内涵，让人们了解法律创制的品级和条件，以此揭穿不具备资格的"创制者"的虚伪面孔，不给他们可乘之机，这样要比主张关闭创制大门更好、更合理。

此外，前辈学者奠定了法律基础，完善了创制理论和模式，把法律学科分门别类地编纂成书，留给后人丰富的法律成果。这有助于推动法律的理论化和体系化的同时，也导致了后辈学者墨守成规行为的产生。当他们遇到需要通过创制才能解决的问题时，不愿进行创制，而只是引经据典，以为依照他们尊奉的学派的规则和观点就能轻易解决，导致法律创制的滞后性。对此，当代著名伊斯兰思想家、大马士革大学伊斯兰法学院教授穆罕默德·布退博士认为：自公元 11 世纪出现在伊斯兰法领域的僵化因袭现象，不是源自法学家的思想滞后和主观认识，而是由客观条件造成的。具体而言，9 世纪末 10 世纪初，圣训及法学典籍编纂成书，法律创制理论和模式基本定型，各个学派及其理论基本形成。尽管这一时期及后辈学者中不乏创制者，但留给他们进行"独立创制"[2]的领域十分有限，他们尊奉某一学派，在创制活动中以本派前辈学者（即本派创制理论和模式的奠定者）的创制理论和模式为基础，将本派前辈学者的创制模式和创制规程运用于具体问题的

---

① 在伊斯兰世界伊斯兰法创制大门关闭与否是个颇具争议的问题，详细内容参见本书第九章。

② "独立创制"的含义参见本书第九章。

处理上。① 因此,这一时期及后辈学者的创制行为受到很大局限,与前辈学者无法相比。

二、伊斯兰法学家的历史贡献

整体而言,尽管这一时期法学家创制的努力程度不能与前辈学者媲美,在法律裁决和具体问题的处理上尊奉着某一学派,但他们还是做了许多有益的工作,为伊斯兰法的发展作出了一定贡献,应当载入伊斯兰法制史册,突出表现为:

第一,研究本派前辈学者创制的法律规则的因由(العلة)。各派的前辈学者创制了许多规则,但在大多数情况下他们没有说明法律规则生成的因由。而法律规则生成的因由,是后世学者了解前辈学者的法律规则是如何做出的、更是运用类比和择善等渊源对新的社会条件下产生的无经训明文可依的法律问题有效规制的条件。因此,这一时期,法学家深入细致地研究前辈学者的法律规则,阐述和诠释其中蕴含的因由,并在此基础上创制新的规则。

第二,对本派前辈学者的不同观点和裁决进行侧重性研究(دراسة الترجيح)。即对本派前辈学者在同一个问题上的不同观点和裁决进行整合性的研究,最终把正确性和可靠性较大的观点和裁决予以确定。前辈学者的许多法律观点和裁决,后世学者对它们的传承渠道大不一样。那么究竟哪种传承渠道正确可靠?则需研究。例如,艾布·哈尼法的许多法律观点和裁决,其中有些是弟子穆罕默德·本·哈桑·谢伊巴直接从老师跟前继承的,有些则是从其师兄艾布·优素福跟前继承的。同时,艾布·优素福又将自己传述给穆罕默德·本·哈桑·谢伊巴的老师艾

① 穆罕默德·布退:《文明对话》(阿文版),大马士革统一出版社 1990 年版,第 168 页。

布·哈尼法的观点和裁决传述给了哈桑·本·栽雅德等人。在这样一个复杂的传承过程中,要么有错误的可能;要么在同一观点和裁决的传述过程中,出现前后矛盾和不一致的可能。比如说,在同一或同样问题上,因客观条件的变化,艾布·哈尼法前后的观点和裁决有所出入或完全不一。而前后传述者由于不知老师观点和裁决的更改,均传述了各自从老师跟前听到的,造成了在同一个或同类问题上前后矛盾观点和裁决的出现。因而,这一时期,法学家面临的一项基础性工作是:依照本派的创制理论和规程,以及传承观点和裁决的接受条件,研究和考证本派前辈学者在同一个或同样问题上前后矛盾和不一致观点和裁决的传承渠道及其内容,最终确定正确可靠的观点和裁决,作为日后同类案件的判决依据。

第三,完善伊斯兰法理学体系。这一时期,法学家深入研究本派及其他学派前辈学者的创制方式,全面阐释各个学派的创制理论和模式,使其更加理论化和体系化,从而发展和完善了沙斐仪在《法源论纲》中始创的伊斯兰法理学体系。

第四,完善各自学派的体系。这一时期,法学家努力使本派概括抽象的法律规则具体化和细则化,并说明规则有效的法律根据。此外,他们细致研读各个学派前辈学者的著作,分析和比较同一学派或不同学派学者在同一或同类问题上的分歧,分析彼此的相同点和不同点,并对不同点的原因做出客观公正的总结。从而使各个学派更加规范化和系统化,极大地完善了伊斯兰法律体系。

第七章　近现代伊斯兰法的演变

（公元18世纪中叶—20世纪中叶）

18世纪中叶，西方文明的扩张性促使西方列强向伊斯兰世界伸出触角，在西方列强坚船利炮的进攻下，伊斯兰世界开始了充满屈辱和苦难的历史。与此同时，伊斯兰世界政治腐败，经济衰退，战事常败，活力丧失。在内忧外患、危机四伏的背景下，伊斯兰世界匆忙开始了包括法律在内的改革，导致伊斯兰法的巨大演变。探究近现代伊斯兰法的演变，旨在说明它与伊斯兰世界整体变迁的互动关系及其在近现代伊斯兰国家历史中的地位与作用。

近现代伊斯兰法演变的原因是多方面的，归纳起来主要有四点：伊斯兰思想领域中的僵化与滞后、伊斯兰社会的变革引起对西方法律吸纳、伊斯兰法赖以实施的社会基础遭到破坏、西方法律对伊斯兰世界的渗透和侵蚀。这四种因素相互交织、互为作用。如果从近现代伊斯兰法演变的动力来源上看，大体上可以将前两种因素视为伊斯兰法演变的内部根源，即由于伊斯兰世界内部的社会原因，引发的伊斯兰法的演变，其动力源来自社会内部。将后两种因素看作是伊斯兰法演变的外部原因，即在伊斯兰世界内部社会需求软弱或不足情况下，由于外来因素的冲击和强大压力，而引发的伊斯兰法的演变。

一、伊斯兰思想领域中的僵化与滞后

发达理性和开明思想是任何民族兴旺发达、繁荣昌盛，并保持兴盛不衰的重要条件。早期的伊斯兰思想富有活力，朝气蓬勃，广大穆斯林凭借这一锐利武器，成功地解决了伊斯兰文化与帝国内丰富多彩异质文化的关系，创建了伊斯兰哲学、伦理、政治、经济和法律等学科，形成了以经训为核心的伊斯兰文化体系。

近代以来，诸多原因，使伊斯兰思想领域中出现了承袭僵化现象。伊斯兰教的政治性和社会性被淹没在冗长琐碎的教条、固定不变的习惯和浩如烟海的典籍之中，人们的思想被禁锢在固定的思维模式中，伊斯兰教早期的活力逐渐丧失。[①] 整体而言，包括法律在内的穆斯林的思想与文化墨守成规、故步自封。他们严格遵循早期权威大师们的理论学说和研究方法，而没有予以多大发展和更新。在他们看来，早期权威大师们是法律的创制者，他们的法律著作中包含了所有问题的解答，后人只是遵循者。因此，他们拒绝新的理论学说和法律创制，不论创制者具备条件资格与否，也不论创制形式如何。按照他们这种文化保守主义的观点，公元 11 世纪（伊历 4 世纪末）伊斯兰法已达到完美境界，创制大业已经完成，后世学者既没有必要，更没有能力继续创制法律，而只有对前辈学者的著作加以诠释和旁注的义务。对当时爱资哈尔大学的这一现象，爱大前校长迈哈茂德·夏尔图特描述到："学者们注重于法律字面含义的讨论，依赖于法学典籍中作者的表面言辞，以及其他学者对该言辞的诠释和旁注，倾向于对不切实际事务及其法律规则的研究和创制，而忽视了人们现实生活中需要法律创制的问题，侧重于旨在使人们逃脱法律约束的法律计谋的研究，这些法律计谋充斥在许多法学著作中。"[②]此外，17—18 世纪导致整个伊斯兰思想领域僵化滞后

---

① 肖宪：《传统的回归：当代伊斯兰复兴运动》，中国社会科学出版社 1994 年版，第 7 页。

② 塔雷戈·布什里：《伊斯兰法与世俗法律间的当代法律状况》（阿文版），开罗东方出版社 1996 年版，第 7 页。

的另一原因是,“宿命论”和“天人合一论”的错误哲学思想在伊斯兰思想领域的蔓延,它与法律领域中的保守主义思想一道,严重削弱了法学家的创制精神,削弱了伊斯兰法的社会性和政治性功能,使之滞后于社会的发展。①

二、伊斯兰社会的变革引起对西方法律的吸纳

19 世纪上半叶,伊斯兰世界的主要地区相继沦为西方列强的殖民地或半殖民地,西方文化及意识形态随之也在这些地区得以传播和建立,从而使伊斯兰世界的政治、经济、文化等发生了巨大变化,特别是伊斯兰法受到很大冲击,加之伊斯兰世界内部的自身变迁,伊斯兰世界盲目开始了包括法制在内的所谓改革。各种改革在不同程度和规模上不断深入,使伊斯兰法在国家和社会生活中的地位与作用发生了根本性的转变。

就法制改革而言,不是改革自身出了问题,而是改革方式和价值取向值得怀疑。当时,伊斯兰世界由于政治腐败、经济衰退和军事失败,不得不接受西方列强强加的一系列丧权辱国的条约,加之统治者急于在本国开展社会改革,希望通过变法,寻求新秩序的建立,就盲从地接受和吸纳外来法律。因此,不论先前奥斯曼帝国的改革,还是后来其他国家的改革,都忽略了伊斯兰法在国家和社会中地位和作用,统治者完全按照个人的情感,一意孤行,主观臆断,毫无甄别地对西方法律全盘照办,把西方法律作为构建本国现代法律的蓝本。

实际上,早在 15 世纪,作为指导奥斯曼帝国正常运行的伊斯兰法

---

① 塔雷戈·布什里:《伊斯兰法与世俗法律间的当代法律状况》(阿文版),开罗东方出版社 1996 年版,第 7 页。

就开始发生变化。除伊斯兰法为帝国的主要法律外，还有素丹的敕令（包括行政命令、军事、财政及警务等复杂的礼制等）；乌尔夫（即古突厥人、奥斯曼人及被征服各民族所遵从的习惯法）和阿德特（即在位素丹的个人权威和意志）。[①] 这三种增添的"法"是世俗法，其中第一种是其他两种的准绳，具有废除或修改其他两种法令的特权。从这不难看出，奥斯曼帝国时代，国家的法律制度不再是单一的伊斯兰法，而是在伊斯兰法的基础上增加了世俗法。同时，奥斯曼帝国的统治者把国家机构划分为两大部分：统治机构（包括政府官员、军事人员和武装部队）和穆斯林机构（包括伊玛目、伊斯兰法学家、法官和司法机构）。[②] 而奥斯曼帝国的统治阶层有其特有的法律机构——独立的法官和法庭。这些机构和从业人员有别于普遍意义上的法律机构，只要案件不涉及伊斯兰法，这些法庭和法官则为统治阶级服务。

然而，自近代以来，以法俄为代表的资本主义国家，先后取得了在奥斯曼帝国的治外法权，并利用各种强大的攻势，冲击帝国统治者的思想和意识，迫使他们进行法律改革。1839 年 11 月奥斯曼素丹迈哈茂德二世向全国发布的"御园敕令"标志着奥斯曼帝国"坦志麦特"时期（1839—1876 年）的开始。此间，帝国制定并颁布了许多法律。其中以法国法律为监本的主要有四部：1850 年的《商法典》、1858 年的《刑法典》、1861 年的《商业程序法典》和 1863 年的《海商法典》。[③] 这些法典的颁布对帝国内实行多年的伊斯兰法的冲击和负面影响是显而易见的。商法为商业交易确定了新的行为规范，从而使民商交易行为不再受伊斯兰法的规范，并第一次承认奥斯曼帝国可以拥有一个完全独立于伊斯兰法及其法官的法律及其司法系统，处理不在伊斯兰法范围内

---

① 陈恒森：《伊斯兰法的历史发展》，载《苏州大学学报》1987 年第 3 期。

② 同上。

③ 吴云贵：《当代伊斯兰教法》，中国社会科学出版社 2003 年版，第 95 页。

的各项事务。刑法基本上是法国资产阶级刑法的克隆,它的很大一部分内容是由世俗法庭实施的。[①] 此外,奥斯曼帝国于1847年成立了混合法庭,法庭中欧洲人和奥斯曼人各占一半。自1840年以来,奥斯曼帝国不仅存在着伊斯兰法和源自西方的世俗法,还有与伊斯兰法院相对应的世俗法院,而且后者的职权逐渐超出了前者。总之,奥斯曼帝国对商法、民法和刑法改革的直接结果,使这三个领域不再属于伊斯兰司法权的管辖范围,此后,伊斯兰法的适用只限于穆斯林婚姻家庭的范围。[②]

依伊斯兰政治和法律原则,伊斯兰法是伊斯兰国家最高的行为准则,伊斯兰法不接受和容纳与其原则和精神相悖的世俗法。然而,伴随奥斯曼帝国开启借鉴和吸纳世俗法律的先河,这固有的原则被大打折扣。其他伊斯兰国家纷纷仿效奥斯曼帝国的做法,都把西方法律制度洋为己用,以完成本国法律制度向世俗化的转换。埃及从1879年开始,在英国人的帮助下制定了《基本法》,1913年和1923年分别制定了《宪法》,使伊斯兰法在埃及的地位变得衰弱。埃及的司法系统除伊斯兰法院之外,又增设了主要审理涉外或外籍侨民案件的特别法院和主要实施英吉利法为主的民事法院。1906年,伊朗国王在英国的支持下颁布《宪法》,实行君主立宪制度,1924年废除了伊斯兰法,1927年依据法国的民法和刑法制定了《民法》和《刑法》,1928年颁布《土地法》。1929年,国王规定:伊斯兰法只对婚姻家庭和个人身份等方面可以适用,其他案件则统一由国家法庭审理。[③] 黎巴嫩、叙利亚等国先后以法国法律为蓝本颁布了一系列法律。如黎巴嫩1944年生效的《刑法》是以1930年的意大利刑法典和1932年的波兰刑法典为蓝本。伊拉克

---

① 吴云贵:《当代伊斯兰教法》,中国社会科学出版社2003年版,第95页。

② 同上。

③ 陈恒森:《伊斯兰法的历史发展》,载《苏州大学学报》1987年第3期。

1951年颁布的《民法》是以埃及1949年颁布的以西方法律为蓝本的《民法》为基础的。北非的阿尔及利亚、突尼斯和摩洛哥等沦为法国殖民地后，纷纷接受其法律制度，并将其融入伊斯兰法之中，形成了典型的混合式的法律条款。卡塔尔、科威特、阿曼和阿联酋等海湾诸国也相继颁布了以西方法律为蓝本的法律。

然而，由于被移植和吸纳的西方法律与伊斯兰法在法律精神、法律理念和价值趋向等方面大相径庭、不尽相同，加之统治者对西方法律的借鉴和引进脱离了本国的基本国情、政治经济和社会现实，企图用体现西方价值观念和行为方式的法律制度，取代伊斯兰法在其国家根深蒂固的地位，致使伊斯兰国家的法律发展举步维艰，伊斯兰国家根本无法在法律精神和法律意识方面真正实现与西方法律的融合。因为，西方法律无论多么美妙，都因与伊斯兰民族的法律信仰、法律理念和生活习惯相冲突，而得不到穆斯林民众的广泛认同；西方法律无论多么发达，都因与伊斯兰民族既有的社会生产方式和生活方式相冲突，而不能有效调整伊斯兰社会稳定与发展的关系，致使伊斯兰社会稳定与发展的关系出现失衡，造成社会的无序与震荡；西方法律无论多么先进，都因不是伊斯兰历史上沿袭下来的传统法律，从而使伊斯兰法与西方決律的混合，导致伊斯兰世界法律生活的突然断裂，这也是促使当代伊斯兰法复兴的主要原因。

三、伊斯兰法赖以实施的社会基础遭到破坏

中世纪伊斯兰法广泛传播，成为世界不同民族穆斯林的行为规范，拥有广泛的社会基础，其原因是多方面的，其中伊斯兰教的广泛传播和阿拉伯帝国的建立是主要和根本原因。因为，伊斯兰法产生伊始就与伊斯兰国家不可分割，伊斯兰法与伊斯兰国家在存在方式上是互为条

件、相互依存的统一体。伊斯兰国家离不开伊斯兰法,伊斯兰法离不开伊斯兰国家。伊斯兰法作为控制社会和调整社会关系的手段其权威要由国家确立和推行,国家为法律的实施创造了广阔空间和广泛社会基础。国家作为管理社会的组织,要由法来协调其内外部关系并为其活动指明方向,提供调整社会关系的各种规则。当伊斯兰国家昌盛之时,也是伊斯兰法兴盛之时,相反,伊斯兰国家衰落之时,也是伊斯兰法的衰落之时。因此,伊斯兰法近2/3内容的实施要依赖于国家,特别是有关政治、司法制度方面的内容。一旦没有了国家机器作为法律实施的保障,伊斯兰法只是一纸空文,徒具形式。因此,包括哈里发制度和宣誓效忠在内的许多伊斯兰政治制度问题,在伊斯兰法中的作用尤为重要,它是保障伊斯兰法实施的一把钥匙。①

然而,从11世纪至13世纪,欧洲基督教世界发动了对伊斯兰世界长达200多年的“十字军东征”。13世纪中期,成吉思汗的蒙古军队又进行“西征”,蒙古铁骑横扫整个中亚和西亚地区,统一的伊斯兰世界变得支离破碎、四分五裂。包括法律在内的繁荣的伊斯兰文化受到了极大的摧残,伊斯兰教的发展受到限制。直到16世纪,逊尼派土耳其人建立了奥斯曼帝国、什叶派伊朗人建立了萨法维王朝,以及印度穆斯林建立了莫卧儿王朝之后,一度衰落的伊斯兰世界才又重新兴盛与强大起来。②

但是,自18世纪欧洲工业革命以后,随着西方资本主义从原始积累时期过渡到自由资本主义时期和垄断资本主义时期,西方国家在政治、经济和军事等诸方面得到迅速发展,它们凭借强大的经济和军事实

① 穆罕默德·布退:《〈古兰经〉中的人类文明模式》(阿文版),大马士革思想出版社1987年版,第29页。

② 肖宪:《传统的回归:当代伊斯兰复兴运动》,中国社会科学出版社1994年版,第2页。

力,开始向外大规模进行殖民扩张。处于东西方之间的伊斯兰世界首当其冲,成为欧洲殖民主义的侵略目标。1798 年拿破仑率法国军队侵占埃及,这是西方基督教国家继十字军之后向伊斯兰世界发动的第一次军事入侵。作为西方殖民主义入侵的起点,这一事件揭开了伊斯兰世界近代史的序幕。① 在帝国主义咄咄逼人的攻势下,伊斯兰世界处于完全被动挨打的地位。西方列强采取各种方法和手段对伊斯兰世界进行殖民扩张:军事侵略、经济掠夺、文化输入和思想渗透等。其中军事侵略是西方列强实行殖民扩张最惯常、最直接的方式。18 世纪末至 19 世纪,伊斯兰世界对外战争节节失败,奥斯曼帝国被迫接连签订了许多丧权辱国的条约,昔日庞大的奥斯曼帝国被肢解。如同几只饿狼撕咬一只老绵羊一样,列强各自夺得自己的份额——势力范围:英国将马来西亚、印度半岛、阿拉伯海湾地区、阿拉伯南部、埃及、苏丹、乌干达、索马里、坦桑尼亚、尼日利亚、加纳等划为势力范围,"一战"后,又将伊拉克、约旦东部和巴勒斯坦作为殖民地区。法国将马里、乍得、尼日尔、塞内加尔、马达加斯加、毛里塔尼亚、摩洛哥、阿尔及利亚、突尼斯、几内亚、古布提等划为势力范围,"一战"后又将叙利亚、黎巴嫩划分为殖民地。意大利将利比亚、索马里的一部分地区划分为殖民地。沙皇俄国、荷兰、葡萄牙、比利时将印度尼西亚划为势力范围。比利时将非洲中部的刚果划为势力范围。②

此后,西方列强通过巴黎和华盛顿会议,又签订了一系列重新瓜分伊斯兰世界的条约和协议,尤其在伊斯兰世界占据主导地位的老牌殖民主义国家英国和法国,为扩大势力范围,对被殖民国家采取了所谓

① 肖宪:《传统的回归:当代伊斯兰复兴运动》,中国社会科学出版社 1994 年版,第 2 页。

② 杰米勒·阿布都拉·穆罕默德·米索拉:《伊斯兰世界现状及现实问题》(阿文版),麦地那伊斯兰大学出版社 1986 年版,第 81 页。

“保护国”制度,以掩盖他们的侵略及殖民统治;以便告诉被殖民地人民他们并非想侵吞他们的资源;以便让被殖民地人民担负起他们的侵略费用和对他们付出的所谓改革的费用;以便向他们国内的政治反对派和民众说明,他们所从事的榨取被殖民国家的物质和文化资源的“事业”,无须花费本国的分文和做出任何牺牲。他们对被殖民地国家实行的所谓保护协约,表面看来是双方达成的平等协约,实际上是一种军事压力和政治手段。西方列强在掌控被殖民地国家的军事、外交权力的同时,也将它们的财政、医疗、卫生、教育等公共事业予以控制,甚至享有颁布各种法令的特权。

英法老牌殖民主义之后,美国和前苏联接过了对伊斯兰世界的殖民统治权。新殖民主义者为达到目的,依被殖民地国家的社会现实与时代特征,改变以往诉诸武力的做法,采取灵活务实的殖民政策:打着维护和平的幌子,在一些伊斯兰国家建立军事基地,这些军事基地对其所驻国家及周边地区的安全构成的威胁毋庸置疑;与伊斯兰国家签署和缔结“平等条约”和“联盟协约”,将签约国牵制在他们手中;有条件和有目的的向伊斯兰国家输入资本,并利用伊斯兰国家对某些科技项目的需要,而向这些国家伸出“援助之手”,继而以中止或撤消项目为由,胁迫这些国家服从他们的殖民统治,使之成为它们的附庸;向犹太复国主义提供人力、物力、财力和武器,扶持其在巴勒斯坦建国,并把其作为破坏和瓦解伊斯兰世界统一与团结的途径和力量。①

总之,近代以来,伊斯兰世界由于遭受西方列强的残酷侵略,伊斯兰法赖以实施的政治、经济、文化和社会基础遭到破坏,其社会功能逐步削弱,其发展举步维艰,由此带给伊斯兰世界的危机也是史无前例的。

---

① 杰米勒·阿布都拉·穆罕默德·米索拉:《伊斯兰世界现状及现实问题》(阿文版),麦地那伊斯兰大学出版社 1986 年版,第 83 页。

四、西方法律对伊斯兰世界的渗透和影响

前文分析了近代以来伊斯兰法演变的内部因素，但是，如果没有来自西方的强制压力和法律渗透，伊斯兰世界未必会接受西方法律，即使接受，程度也不致如此之深，①其法律的发展和现代化完全可能采取符合自身信仰和价值的方式和道路。就总体分析，西方列强向伊斯兰世界渗透和输入西方法律的途径主要有如下方面。

第一，干预伊斯兰国家的法律事务。伊斯兰国家沦丧为殖民地和半殖民地后，西方列强对伊斯兰国家的法律事务横加干涉，并为达到目的策划和实施了一系列篡改伊斯兰法的计划。第一次世界大战之后，在对与土耳其签订的有关协约中，就要求土耳其放弃伊斯兰法，适用西方法律。1937 年在与埃及签订的有关协约中规定：从 1949 年 10 月起，逐步在埃及废除治外法权和混合法庭，但前提条件是埃及必须废除伊斯兰法的适用，而制定和实施世俗法律。1921 年的伊拉克宪法，不仅是伊拉克与英国之间的妥协，更是殖民国家强加伊拉克委任统治的产物。1926 年，叙利亚的法国委任统治者企图剥夺伊斯兰法院的权力，把其权限局限于婚姻家庭法范围，但此企图遭到叙利亚人民的反对而失败。②

第二，把削弱伊斯兰法院的权限作为废除伊斯兰法的前奏。实行殖民统治后，西方列强致力于在伊斯兰国家创建以适用西方法律为主的世俗法院，以逐步削弱伊斯兰法的适用范围和权限，最终取代伊斯兰

---

① 高鸿钧：《伊斯兰法：传统与现代化》(修订版)，清华大学出版社 2004 年版，第 244 页。

② 欧麦尔・艾什格里：《伊斯兰法与世俗法》(阿文版)，科威特宣传出版社 1986 年版，第 98 页。

法院。拿破仑的军队侵占埃及后,创建了一所审判法院,该法院由12名人员组成,其中西方人和穆斯林各占一半。此后,拿破仑的继承者又在埃及的每个非穆斯林居住区建立了特别法院,这些法院均不实施伊斯兰法。

法国侵占阿尔及利亚后,极力削弱伊斯兰法的作用,其做法与拿破仑在埃及的做法如出一辙。法国在柏柏尔人部落地区恢复他们的传统习俗,专门为柏柏尔部落设立习惯法院,并为在阿尔及利亚居住的外国人设立了专门法院,其根本用意是与伊斯兰法及其法院分庭抗礼。又于1866年和1874年将阿尔及利亚的伊斯兰法院和柏柏尔人地区的习惯法院,分别纳入适用法国法律的司法系统中。①

1875年,埃及与英国和法国就埃及的法律适用及司法问题进行谈判,埃及妥协的结果是:在埃及建立混合法庭,审理包括穆斯林事务在内的所有案件,翻译成阿拉伯文的《拿破仑法典》成为混合法庭的法律根据。当西方看到广大穆斯林对这些做法无动于衷,又于1883年,用《拿破仑法典》取代了适用于伊斯兰法院的伊斯兰法。

1936年,叙利亚的法国委任政权在将叙利亚人划分为多个群体,每个群体又被划分为多个分支的同时,又将叙利亚人分为穆斯林、卡苏利克基督徒、非卡苏利克基督徒和犹太教徒,并为每个群体设立了审理婚姻家庭事务的法院。法国委任政权还设立了一般法院,主要审理非穆斯林的非婚姻事务及无宗教信仰和不属于任何一个群体的人们的控诉案件。② 由于适用于穆斯林的法律,其中的许多规则与伊斯兰法原则大相径庭、背道而驰,如允许穆斯林女子不顾监护人反对,可以同任何一位包括非穆斯林在内的男子结婚,因此,遭到穆斯林民众的强烈反

① 阿俩尔·法西:《捍卫伊斯兰法》(阿文版),内部刊物1966年版,第17页。

② 谢菲葛·谢哈特:《阿拉伯国家的立法趋势》(阿文版),开罗世界出版社1960年版,第97页。

对,最终被迫废除。

第三,培养西方法律人才,突出他们在伊斯兰国家中的地位和作用。殖民主义者在伊斯兰国家积极寻觅和发掘热衷于西方文化的人,一方面有组织、有计划的筛选派送一些阿拉伯青年到西方学习法律,另一方面积极地在伊斯兰国家建立大专院校,为这些从西方"学成"回国的青年提供展示才华的"用武之地"。这些青年回国后,一部分在高等教育专门从事西方法律的教学与研究,一部分在国家司法部门负责实施西方法律。

1828 年,埃及政府向法国派遣留学生学习西方法律,1831 年这些学成回国的学生开始成为埃及世俗法律界的核心人物。1836 年,埃及政府创建语言学院,把西方法律设为专业课,并组织人员翻译了许多法国法律和法学著作。1868 年,在语言学院设立法学与行政学系,该系于 1886 年脱离语言学院,成为法律专科学校,教学和管理工作均由法国人承担。学校的教学主要讲授埃及民法及其与西方民法的比较,以及自然法、罗马法、海商法、民商诉讼法、刑法等。与西方法律课程相比,伊斯兰法好像是个陌生而奇特的法律制度,故而只能作为辅修课。英国占领埃及后,取代了法国法律。第一次世界大战之后,埃及政府接管了该学院,并于 1925 年将其并入埃及国立大学,更名为法学院。但所教授的法律课程,不论从内容到形式、还是从理论到体系,依然以西方法律为蓝本,伊斯兰法仍然作为辅修课程而被置于主干课程之外。学院从不向学生讲授曾作为埃及主体法律制度的伊斯兰法在埃及文明进程中的作用,以及它依然具有的重要思想和价值。① 殖民主义者培养的"人才"和创建的学校,成为西方法律渗透广大穆斯林的媒介,特别

① 欧麦尔·艾什格里:《伊斯兰法与世俗法》(阿文版),科威特宣传出版社 1986 年版,第 100 页。

使穆斯林青年一代远离了伊斯兰法而趋向西方法律,给他们造成伊斯兰教只是宗教礼仪而与法律毫无关系的错误思想,从而使西方法律在埃及及伊斯兰各国得以传播和发展。

第四,西方学者充当伊斯兰国家的立法者。拿破仑侵占埃及后,将埃及的很多立法权交给西方人掌控。治外法权在埃及废黜之前,埃及与西方国家就此问题进行谈判,任埃及谈判团团长的是时任外交部长的努巴尔。努巴尔与西方长时间谈判后达成的妥协条件是在埃及建立混合法院。就混合法院的适用法律,努巴尔授权其秘书法国律师玛努尔起草。玛努尔以《拿破仑法典》为蓝本,制定了埃及《民法典》,将其译为阿拉伯语,于 1875 年开始在埃及适用。1936 年,这部《民法典》修改时,埃及将修改权交付由八人组成的委员会,其成员主要是西方人。两个月后,该委员会解散,但根据 1936 年 11 月 20 日的决议,重新组建由咖密尔·松迪格为主任的十人委员会,该委员会和前委员会一样,其大部分成员为西方人。1938 年,该委员会被解散,并发布一项决议将民法典的起草工作交付两位法学家完成,其中一人是法国人伊德沃勒·拉麦比尔,另一位是埃及著名现代法学家阿布都·兰扎克·赛尼呼里博士。①

第五,治外法权。一般而言,法律的效力范围以国家主权为界线。法律是一般和概括的规范,不针对具体的人和事,而是调整一般的人的行为。法律的这一基本特征,决定了其最基本的价值内涵:法律面前人人平等。即凡在主权国家中的任何公民,不论种族性别、身份等级、财产状况和职业职务,在法律面前一律平等,同事同处,同事同罚,任何人皆不享有凌驾法律之上的特权。这既是保障一国范围内的人们共同生

① 欧麦尔·艾什格里:《伊斯兰法与世俗法》(阿文版),科威特宣传出版社 1986 年版,第 103 页。

存、平等交往的原则，也是国家彼此之间相互共处、互助互利的原则。它既肯定了各国政府以法律为依据，保护本国公民和在该国的外国公民权利的责任，也肯定了本国公民和在该国的外国公民应该遵守和履行居住国法律的基本义务。但这一法律的普遍原则，由于西方列强的侵略迫使奥斯曼帝国及其他伊斯兰国家赋予他们治外法权而大打折扣。

仅就奥斯曼帝国而言，“治外法权”是奥斯曼帝国被迫赋予帝国境内外国势力的一种特殊权力。这一权力的基本含义和特殊之处是，奥斯曼帝国的法律不适用于帝国境内的外国人；政府有赦免帝国境内外国人的税收及大部分关税的义务；政府无权以任何原因和借口进入帝国境内外国人的“租界”和个人区域，即便在区域内从事违法犯罪行为；政府无权干涉和追究帝国境内外国人的违法犯罪行为，而由其领事馆予以追究和审判。也就是说，不论法国人还是英国人的租界或区域，均不属于奥斯曼帝国的管辖范围，奥斯曼帝国的法律也不适用于这些地区。与此同时，外国人获准在帝国境内自由活动，如果此间遭遇不幸，即便是天火人祸，其政府有权向帝国政府提出加倍赔偿。这种野蛮霸道的行径，使他们获取了在帝国境内的政治特权和商贸特权。①

1535 年，素丹塞利姆第一次赋予外国人治外法权。但是，1840 年，奥斯曼帝国与法国签订的称为“最大的治外法权”是对其造成最大危害的治外法权。此项治外法权是在肯定以往治外法权内容的基础上，授予法国在奥斯曼帝国的绝对权力，其中最使帝国备受凌辱的一条是：如果帝国境内的法国人与其他西方人发生纠纷，可以依据相关规定，允许他们的使领馆解决纠纷；而当法国人与奥斯曼人发生纠纷，法国不愿意

---

① 欧麦尔·艾什格里：《伊斯兰法与世俗法》（阿文版），科威特宣传出版社 1986 年版，第 107 页。

服从奥斯曼帝国的司法判决,奥斯曼帝国无权对此进行司法审判,除非法国使馆人员在场。这一条款将纠纷的裁决权完全交付法国,从而剥夺了此前确定的由法国与奥斯曼帝国共同协商裁决的内容。①

奥斯曼帝国给予西方列强治外法权的原因是显而易见的。奥斯曼帝国越是衰落,治外法权带给帝国及其人民的灾难愈加深重。西方列强以此为借口和工具,肆无忌惮地干涉帝国内部事务。他们深知治外法权的重要性,每届新任素丹继位时,便积极更新治外法权的签署,并努力扩大其范围和要求增加新的权力内容。英法的一些官员滥用治外法权谋取私利。因治外法权的签署问题,奥斯曼帝国素丹穆罕默德四世几乎与法国发生战争。原因是当时法国军队帮助了侵犯奥斯曼帝国的敌人,遭到素丹拒签治外法权,引起法国的强烈反抗。多少年后,就治外法权带给奥斯曼帝国的危害,素丹阿布都·哈米德颇有感触地说:"的确,治外法权带给我们的是不义与不公,它侵吞了我们的权利,践踏了我们的尊严"。②

更令人不解的是,治外法权在伊斯兰世界的逐步废除,是伴随世俗法律取代伊斯兰法的历史过程。治外法权在奥斯曼帝国因哈里发政权解体和伊斯兰法废黜而被废黜。埃及治外法权的废黜是以1875年建立混合法庭(从1875年设立到1949年撤销,历时74年)为条件和代价的。1937年3月,就治外法权问题,埃及与美国、英国、法国、意大利、荷兰、西班牙和希腊等12个西方国家在瑞典举行会议,会议通过了废除埃及特权法权及要求在埃及的西方人服从埃及法律的决议。但这项决议的前提条件是埃及必须承认当时适用于埃及的外国人的法律。也

① 欧麦尔·玛默杜哈:《法律史原理》(阿文版),亚历山大学院出版社1958年版,第374页。

② 欧麦尔·艾什格里:《伊斯兰法与世俗法》(阿文版),科威特宣传出版社1986年版,第108页。

就是说，伊斯兰法不再适用于在埃及的外国人，今后埃及的立法不得有任何“歧视”在埃及的外国人和外国机构的内容。会议相关文件还规定：混合法庭在埃及的使用期限，延续到12年后的1949年结束，并将这一延续时期称为“转折期”。由此可见，伊斯兰民族为废除治外法权而付出的巨大代价。

第八章 当代伊斯兰法的复兴

（公元20世纪中叶至今）

第二次世界大战后，随着以色列1948年对巴勒斯坦的侵占，阿拉伯社会主义、阿拉伯民族主义等社会思潮和运动相继出现在阿拉伯国家的政治舞台上，各自打出引人注目的旗帜，将许多不同阶级、阶层的人团结在周围。然而，30多年后，这些思潮和运动，不但没能实现最初的主张和达到预期的目的，特别是1967年和1973年阿拉伯国家在与以色列的两次中东战争中的失利，社会矛盾日益突出，民族危机日渐深重，使当代伊斯兰世界的政治家和思想家等仁人志士开始探索救亡图存、民族振兴的道路。由此，伊斯兰世界形成了一种普遍观点：近代以来，伊斯兰国家在政治、经济、道德、文化和社会衰落的根源，是背离伊斯兰教的结果，是伊斯兰国家在现代化进程中追求西方化和世俗化的结果。他们反对伊斯兰国家社会进程中的世俗化和西方化，即反对外来的、源自西方的、非伊斯兰教的政治理念、法律制度、发展道路和生活方式。主张伊斯兰国家只有回归伊斯兰教，回归伊斯兰法，才能救亡图存，富国强兵，实现复兴，才能摆脱政治腐败、社会落后和殖民统治。因为，伊斯兰教既是一种宗教，也是一种社会制度，是一种总体的生活方式。伊斯兰教包容一切，能够应付来自内外的一切挑战，伊斯兰国家和社会的一切问题，应纳入伊斯兰教及其法律的框架中予以思考和解决。这种普遍观点表达的是主张回归伊斯兰教以解决现实问题的思想倾向。①

---

① 吴云贵：《当代伊斯兰教法》，中国社会科学出版社2003年版，第93页。

一、伊斯兰法在当代伊斯兰国家中的适用现状

在我们把目光转入当代伊斯兰法的复兴之前，有必要对伊斯兰法在当代伊斯兰国家中的适用现状做一简单梳理，以便对当代伊斯兰法的复兴有正确认识。

近代之前，伊斯兰法一直是伊斯兰世界唯一的法律制度，在调整和规范穆斯林社会关系和社会行为方面发挥着重要作用。尽管伊斯兰世界在实施伊斯兰法的历史长河中，某些时期有着不尽人意现象的存在，特别是某些执政者法治观念淡薄，有违背伊斯兰法的行为，但广大穆斯林始终把伊斯兰法作为行为规范的准则，从未有摒弃伊斯兰法而采纳异质法律的想法。

然而，伊斯兰世界进入近代以后，由于西方列强的入侵，特别是随着奥斯曼帝国及哈里发政权的解体，统一强盛的伊斯兰世界四分五裂成许多大小不一的国家和地区，伊斯兰教与国家政权的关系也发生了深刻的变化，形成了几种不同的关系模式，进而导致伊斯兰法在不同国家和地区中的不同地位与作用，更使得伊斯兰世界的法制呈现复杂化的形式。特别是自20世纪末以来，由于全球化潮流的迅猛发展，伊斯兰法在不同的伊斯兰国家，以及伊斯兰世界各国的法律制度又有了新的变化。

如果把伊斯兰世界各国的法制现状，以及不同伊斯兰国家中伊斯兰法与其他法律制度的关系予以整体梳理，其法制现状呈现出三种主要形态：欧洲大陆法、英美法和伊斯兰法。以法国法律、意大利法律和西班牙法律为代表的欧洲大陆法系，兴盛于伊斯兰世界的许多地区，特别是阿拉伯马格里布地区。法国法律适用于阿尔及利亚和突尼斯等国家；意大利法律适用于利比亚。以英国法律为代表的英美法系，兴盛于

伊拉克、苏丹、东约旦和巴勒斯坦等国家和地区。而作为伊斯兰世界传统法律制度、曾经统治阿拉伯帝国、并对其文明作出过重大贡献的伊斯兰法,却扮演着配角,遭到了空前的冷落。其政治地位和社会作用,根据各国政教关系的实际状况而不同。

如果把伊斯兰会议组织的56个成员国统称为伊斯兰国家,其政教关系及伊斯兰法的地位大体有如下类型:一是实行政教合一制度的国家,主要包括沙特和伊朗等国。在这些国家中,伊斯兰法是国家的根本大法,统领社会生活的各个领域。作为国家的统治思想,伊斯兰法不仅是指导穆斯林民众的行为准则,而且也是实现治国安民、长治久安的根本依据。政府必须以伊斯兰法为基础,政府工作必须由伊斯兰法学家参与、指导和监护。二是实行政教分离制度的国家,以土耳其最为典型。属于或接近这一类型的国家还有受西方文化影响较深的突尼斯、阿尔及利亚等国。这些国家的基本法律制度主要是移植和借鉴西方法律,是以西方法律为蓝本的,如民法、商法、刑法和诉讼法等,而伊斯兰法在国家法律体系中居于次要地位。三是实行事实上的政教分离、但宪法未予以宣布的国家。当今大部分伊斯兰国家属于这种类型,如埃及、叙利亚、约旦、利比亚、黎巴嫩等。[①] 在这些国家宪法承认伊斯兰教为国教,伊斯兰法为国家法律的渊源,伊斯兰法仍然适用于婚姻家庭和财产继承等私法领域,而在刑法等公法领域则适用世俗法。

二、当代伊斯兰法复兴的法理依据

复兴宗教是伊斯兰教中的一个绵延不断的传统。圣训曰:"的确真

① 吴云贵:《当代伊斯兰教法》,中国社会科学出版社2003年版,第3页。

主在每个世纪初，将为伊斯兰民族派遣复兴（更新）他们宗教的人。”①按照伊斯兰学者的解释，圣训中的“人”，既指单数，也指复数。也就是说，复兴者既可以是个人，也可以是群体。具体而言，穆圣之后，伊斯兰社会出现的经训明文未涵盖的无数新事物、新问题，伊斯兰法对它们的正确认识、有效规范和法律调整，主要是通过穆圣的继承人——伊斯兰学者来完成的。因此，真主在一定时期内将从伊斯兰民族中择选一些被称为“穆占迪德”（مجدد）的复兴者与改革家，来承担和履行诠释经训、弘扬教义、创制法律、分辨真伪的责任和使命。伊斯兰历史上出现了许多权威学者，如四大法学家、艾布·哈桑·艾什尔勒、艾布·白克尔·拜格俩尼、安萨里等，他们均被后人冠之以复兴者与改革家，他们的学说和著作不但在他们那个时代起到了保障和促进伊斯兰社会发展的作用，迄今仍然影响着伊斯兰民族的思维方式和行为选择，仍然在伊斯兰民族中发挥着巨大作用，成为伊斯兰思想文化宝库中的重要文化遗产。这就从教义和法理上肯定了复兴的合法性和有效性。然而，作为基本的社会规范和社会联系的基本方式，伊斯兰法始终面临着与时俱进、顺应时代的发展要求，因此，它的复兴与更新便是理所当然。

此外，伊斯兰法中被称为“塔格利德”的“效仿”、“因袭”行为，安萨里将其概念界定为：“毫无根据地接受言词”；②其他学者解释为：“个人在了解法律规则的过程中依赖他人观点的行为。”③与“塔格利德”相对应的一词是“伊智提哈德”，即伊斯兰法的创制。从这个意义上说，法律创制本身就是一种主张托古改制、自我调节、破除墨守成规的思想。它

① 艾布·达吴德传述，参见优素福·葛尔塔维：《伊斯兰法的传统与衍新》（阿文版），贝鲁特使命出版社2001年版，第23页

② 塔雷戈·布西拉：《伊斯兰法与世俗法律间的法制现状》（阿文版），开罗东方出版社1996年版，第11页。

③ 同上，第11页。

要求法学家依据经训明文与精神及伊斯兰法的基本原则,对新的历史条件下出现的经训明文未涵盖的新生事物创制出法律规范,使之对社会关系进行有效调整,发挥伊斯兰法的社会功能。

这说明伊斯兰法在确立经训启示立法核心地位的同时,也赋予理智在伊斯兰法中的突出作用。作为启示立法总汇的经训,虽确定了伊斯兰法的基本原则、精神和宗旨,但绝大部分规定是提纲挈领的,旨在给不同时期的穆斯林特别是他们中的学者留出解读经训的空间。因此,伊斯兰法责成法学家必须运用理智对经训进行解读,以创制符合变化了的社会条件的法律规范,践行伊斯兰法与时俱进的精神。伊斯兰法是人类法律文化的组成,始终反映人类社会的客观规律。因此,如同其他民族法律一样,伊斯兰法始终面临发展更新、与时俱进的可能性与必然性。

值得注意的是,许多人视伊斯兰复兴为洪水猛兽、骇人听闻的事件,这是由西方学者对其错误解释和大肆渲染,以及人们缺乏对其真实含义了解所致。实际上,不论是复兴伊斯兰教的理论,还是实施伊斯兰法的理论,都是伊斯兰教的固有理论和原有主张,是历史上伊斯兰各个学派、哈里发政府和穆斯林民众致力实现的目标。尽管人们在复兴道路和复兴方式上意见不一,但就复兴本身却无意见分歧。以当代什叶派"伊斯兰宣传党"与逊尼派"穆斯林兄弟会"为例,二者在此问题,并无二致。早在20世纪70年代,什叶派"伊斯兰宣传党"创建人之一的穆罕默德·巴格勒·索德勒出版的名为《伊斯兰经济》、《伊斯兰银行》等专著,颇受伊斯兰世界青睐和欢迎,成为构建现代伊斯兰金融体系的主要参考理论。应科威特政府创建伊斯兰无息银行的要求,他论证和构建了伊斯兰的无息银行理论,出版了《伊斯兰无息银行》专著。[①] 当代

---

① 巴西姆:《现代伊斯兰思想趋势》(阿文版),载 www.alsaha.com/my documents,2001年1月5日。

伊斯兰法复兴的思想倾向，目的在于通过理论与实践两方面，特别是通过在某些社会领域中切实实施伊斯兰法的做法，发挥伊斯兰法的社会功能，力求使伊斯兰法满足时代需求，顺应时代潮流。

三、当代伊斯兰法复兴的基本主张

不同时期的伊斯兰复兴思想，皆有自身的时代特征和局限性。当代伊斯兰复兴的社会动因和宗教主张，也有其时代性和局限性。对此，国内外学者已做诸多论述，无须赘述。我们仅从法律的视角，探讨伊斯兰法复兴的基本主张。当代伊斯兰法复兴的基本主张，归纳起来主要有二：法制和法治的伊斯兰化；国家政权的伊斯兰化。这两点相互交织、互为依存。

1. 法制和法治的伊斯兰化

当代伊斯兰复兴的事实表明，实际上包括伊斯兰法在内的整个伊斯兰复兴思想，严格地说，在 18 世纪欧洲对伊斯兰世界全面实施军事、政治、经济和文化殖民政策和统治之前就已开始。当代伊斯兰教复兴的一些重要特征，大多初步定型于 18 世纪末。因此，从新的角度，18 世纪末—19 世纪是穆斯林社会发生重大转折和变化的世纪。[①] 其间，包括复兴伊斯兰法在内的伊斯兰复兴思想，出现在许多伊斯兰国家和地区。例如，也门著名学者穆罕默德・本・阿布都・邵卡尼的复兴思想。尽管邵卡尼本人是什叶派的宰德派，但由于受伊本・哈兹姆等人的思想影响颇深，他反对墨守成规，主张法律更新，并为此撰写了名著

① 吴云贵、周燮藩：《近现代伊斯兰教思潮与运动》，社会科学文献出版社 2001 年版，第 18 页。

《效仿法律规则之隽言》。该书中他批评伊斯兰法领域中因循守旧、故步自封的思想,阐明伊斯兰法及其创制的社会功能和现实意义。马格里布地区则出现了阿布都·嘎迪勒·杰扎爱尔和穆罕默德·本·阿里·苏乃维斯两位复兴家和改革家。他们恪守经训,主张创制,反对盲从因袭,创建了集学术研究与宗教善行于一体的苏菲教团,领导全民的伊斯兰复兴,将伊斯兰教传播到非洲中部的许多地区。

在此之后,伊斯兰世界兴起了新一轮的伊斯兰复兴浪潮。它是伊斯兰世界受西方日益加强的冲击和面临越来越严峻挑战下兴起的,是仁人志士探索伊斯兰复兴之路的实际反映。这新一轮复兴思潮主要发生在殖民地国家和地区,其中以哲马鲁丁·阿富汗尼(1839—1896 年)和穆罕默德·阿布都(1849—1905 年)为代表的伊斯兰现代主义最为典型。"二战"后,许多伊斯兰国家逐渐摆脱了西方殖民统治,反对西方法律及世俗法律、恢复伊斯兰法的呼声日益高涨。特别是伴随伊斯兰各国间的相互信任和友好往来的不断,各种官方和民间伊斯兰组织的成立,这种回归浪潮更为迅猛。

20 世纪 70 年代,中东伊斯兰国家兴起的当代伊斯兰复兴,是伊斯兰国家世俗政权全盘西化种种尝试失败的结果。在某种意义上,伊斯兰复兴是伊斯兰国家现代化道路选择的现实反映,是希望通过变法以图民族强盛的现实需要。因此,伊斯兰复兴断然采取拒绝西方法和世俗化的做法,有关废除西方法和世俗化、全面恢复伊斯兰法的呼声此起彼伏。人们普遍认为,伊斯兰国家具有基于伊斯兰原则与精神的文化传统和价值观念。伊斯兰教是信仰、法律和道德的统一体。被称为斐格海的伊斯兰法,是法学家以经训的明文与精神为指导,精心构筑的伊斯兰法律实体。它博大精深,丰富多彩,能够解决伊斯兰社会出现的问题。西方法律与伊斯兰法存在质的差异,它是西方国家特定历史的产物,只代表西方社会的经验,不具有普遍意义。同时对伊斯兰社会的现状予以批评,谴责政府西化和世俗化的改革不但没能带来人民渴望的民主政治、法律发达和经济繁荣,反而打破了穆斯林社会的优秀传统,造成政治腐败、贫富悬殊、道德沦丧等。要求政府将伊斯兰法奉为国家统一的法制形态,使其作为国家治国安邦的总章程,公民立身行事的总依据。总之,复兴思想的倡导者们以一种批判的眼光看待西方法律在伊斯兰国家中的作用的同时,另辟蹊径,致力于研究、探索伊斯兰法的复兴、更新与发展,旨在托古改制,自我更新,变法图强。可以说当代伊斯兰复兴的核心内容就是伊斯兰法的复兴。

2. 国家政权的伊斯兰化

全面实施伊斯兰法必然要以国家机器做后盾,否则伊斯兰法的实施难以进行,甚至可能是纸上谈兵。这是由法律与国家互为存在、相互依赖的一般关系所决定的。那么,如何建立确保伊斯兰法实施的国家后盾?基本的途径是实现国家政权的伊斯兰化。换言之,如果政权的伊斯兰化是实现伊斯兰法制和法治的必备条件的话,那么,建立伊斯兰政府则是政权伊斯兰化的重要内容和主要标准。因此,当代伊斯兰复兴者中的一些思想家和政治家对此进行了充分论证和理论设计,并致力实现之。他们中以艾布·艾阿俩·毛杜迪、赛义德·古图布和伊朗前宗教领袖霍梅尼的理论最为典型。

伊斯兰政府,一般来说,是指伊斯兰法必须成为国家的意识形态,统领社会生活的各个领域。作为国家的统治思想,伊斯兰法不仅是指导民众的行为准则,而且也是指导政府的行为准则,政府必须以伊斯兰法为基础,必须由伊斯兰法学家参与、指导和监护政府工作。当代,一些伊斯兰复兴者主张,伊斯兰教既是宗教,又是国家(即政治),宗教善行包括政治行为,政治行为就是宗教善行,不能把两者割裂开来。霍梅尼说道:“保卫伊斯兰共和国是头等和最大的义务之一,比任何宗教善行更为重要。”①

伊斯兰政府的本性被界定在三项基本原则之上:真主主权原则、先知权威原则及神圣法律原则。即真主是宇宙万物的创造者与主宰,对宇宙万物具有绝对的统治权,对现实世界的一切享有立法权。任何个人、阶层、政党皆不具有立法权。伊斯兰国家的政府和社会必须顺从真主的意志,必须以伊斯兰法为基础,必须奉行伊斯兰法。然而,真主虽享有绝对、终极的统治权和立法权,但在大地上实现真主意志,实施真主法律,则是由真主的使者教化人们来完成的。穆圣作为人类最后一位使者,降示他的《古兰经》及从中创制出的伊斯兰法律实体,包容了穆斯林社会信仰、道德、法律等问题的最终、最完美的解答。这种真主主权论基础上形成的先知权威论,进而又确定了各时代权威法学家的地位与作用。因为,他们是先知的继承人,发展法律和实践法律的任务历史地落在了他们的肩上。各时代权威法学家可以根据伊斯兰法的原则与精神,运用伊斯兰法的创制原则和创制模式,创制无经训明文可依事物的法律规则,为伊斯兰政府提供解决社会问题的法律方案,也从根本上为伊斯兰政府提供了解决管理国家和社会中层出不穷难题的法律方案,从而也突出了法学家的在国家政治和社会生活的中心地位和重要作用。

四、当代伊斯兰法复兴的表现形式

当代伊斯兰法的复兴与当代伊斯兰世界的总体发展不无关联,是当代伊斯兰教复兴的重要内容和有机组成。如果对当代伊斯兰法复兴

① 巴西姆:《现代伊斯兰思想趋势》(阿文版),载 www. alsaha. com / my documents, 2001 年 1 月 5 日。

的表现形式做适当分析，不难发现，尽管伊斯兰国家尤其是阿拉伯国家有着共同的宗教信仰、同源的文化传统和相似的历史命运，但经济发展、政治体制、风俗习惯及民族身份的差异，使伊斯兰法复兴在当代各国的表现形式有所不同。尽管如此，我们还是能够从中抽象和概括一些带有普遍性的表现形式，并从中看出伊斯兰法在各国法律体系中的因素与作用。当代伊斯兰法复兴的形式主要概括为两方面。

1. 各国政府对伊斯兰法不同程度的恢复和实施

当代伊斯兰国家在致力法制现代化的过程，并非将伊斯兰法完全摒弃，相反，它们努力恢复和实施古老纯朴的伊斯兰法，使它重现往日的风采。大部分伊斯兰国家的宪法明文规定阿拉伯语为官方语言，伊斯兰教为国教，伊斯兰法为国家的主要法律渊源之一，确保国家的法律条款与伊斯兰法原则相一致，穆斯林公民必须服从经训的规定。如《阿拉伯联合酋长国宪法》第7条规定："伊斯兰教是联邦的正式宗教，伊斯兰法是联邦法规的主要来源。"[①]巴基斯坦对建国时以英国法律为蓝本的宪法做了修正，加进了伊斯兰法的成分。各国在婚姻家庭、财产继承、商贸交易等民事纠纷方面主要适用伊斯兰法的同时，有些国家还依照伊斯兰法原则和规范，按照现代法典的形式编纂和颁布了一批新法，其中不仅以哈乃斐派的法律规范为主，而且在很多问题上也采纳了其他学派的观点和规范。1971年10月28日，利比亚政府向全民宣布恢复伊斯兰法，废除带有西方法律色彩的民法、婚姻法、刑法和继承法等。1979年，革命成功后，伊朗建立了新型的伊斯兰政权，规定伊斯兰法为国家的法律，1982年8月23日，伊朗最高司法委员会下令废除伊斯兰革命前的法律，恢复伊斯兰法。1983年，苏丹尼迈里执政时期，废除了

① 《阿拉伯联合酋长国宪法》(阿文版)，迪拜出版社1996年版，第3页。

此前颁布的有悖伊斯兰法的《民事诉讼法》、《刑法典》、《刑事诉讼法》、《买卖法》和《代理法》等。这些国家恢复和实施伊斯兰法的做法,为其他国家做出了积极榜样,并在全球引起反响。[①] 在司法方面,尽管伊斯兰法院在各国司法系统中的地位不尽相同,但它是国家司法系统的形式之一,发挥着不可替代的作用。一些国家除有隶属国家司法系统的审理穆斯林婚姻家庭案件的伊斯兰法院(即沙里亚法院)外,还有隶属其他宗教组织的审理非穆斯林婚姻家庭案件的宗教法院。较之其他宗教法院,伊斯兰法院的权限较大。

2. 学界对伊斯兰法的理论创新

当代伊斯兰法的复兴和实施在全球伊斯兰学术界引起高度关注,成为伊斯兰学者和现代法学家关注的重要学术范畴,表现出如火如荼、方兴未艾的研究走向和发展趋势。除本书九至十五章将要论述的问题外,还概括为:

第一,法学家要了解社会,法律创制要关注现实。众所周知,每个时代会出现具有时代特征、反映时代面貌的事物。法律创制作为对社会现实的反映,就必须要求法学家了解和研究社会现实,洞察时代的发展趋向和社会的基本要求,这样才能保证法律创制的实用性、有效性和社会性。因为,法作为社会关系的调节器,不是通过对人们思想的调整来调整社会关系的,而是通过调整人的行为才实现对社会的调整的,因为,人的活动和行为,才使人与人之间的关系得以建立和存在。法律达到对社会控制的有效途径,是通过对人们行为的调整进而对社会进行调整的。此外,法的社会性特征,决定了一部分法要承担社会公共事务管理的职能。法作为社会控制的手段,有时存在以社会公共利益为本

---

① 高鸿钧:《伊斯兰法:传统与现代化》,社会科学文献出版社 1996 年版,第 219 页。

位的必要，在国家利益与个人利益之间找到一种平衡关系的基点，即社会利益。加之全球交往的不断深入发展，伊斯兰国家与其他国家在各领域里的联系不断增加，由此增加了伊斯兰法中的现实性，以适应全球化时代伊斯兰国家发展的需要。

当代著名学者哈桑·图拉比说："不知道伊斯兰法律知识的人，无权进行伊斯兰法的创制，同样，不掌握一定人文科学和自然科学知识的人，也无权进行伊斯兰法的创制。因为人文和自然科学知识，能帮助我们了解和掌握社会现实及其发展规律。不论我们掌握的宗教知识多么渊博，能够解决多少矛盾和问题，还必须深入社会，关注现实，从社会现实中寻找问题的症结，继而从伊斯兰法中开出诊治这些症结的良方，这样才能更好地履行宗教义务。"①当代著名学者优素福·葛尔塔维指出："如果法学家或穆夫提不懂得诸如生命、基因等现代科学技术，那么，他如何在这些领域中进行法律创制。倘若伊斯兰研究要与现代科学技术完全脱离，其研究者就不会成为具备创制资格的学者。"②类似的观点几乎成为当代伊斯兰学者们的共识，即法律对事实的规范取决于对事实本身的了解和认识。此外，由于现代社会关系的复杂性和多样性，使得法学家在对各类知识全面了解和认识的同时，还应该对某一领域进行专门研究，使之成为法学家的同时，还成为经济学家，或政治学家，或基因工程学家。

把人文和自然科学知识作为伊斯兰法创制的必备条件，有助于法学家认识和揭示伊斯兰法的宗旨，有助于有效进行法律创制活动。要求法学家在掌握经训内涵、伊斯兰法精神，特别是它们与现实问题的联系的基础上，对现实问题做出客观公正、正确有效的裁决，以免伊斯兰

① 阿玛勒·塔利布：《伊斯兰法的简化与革新》(阿文版)，载 www.taghrib.org/arabic。
② 同上。

法与社会生活相脱离和滞后于社会的发展。正是基于这种认识,许多伊斯兰国家从社会公共利益出发,结合本国的实际情况,吸取其他国家法律制度和立法经验中与伊斯兰法原则和精神不悖的有益成分,创制了一些新的伊斯兰法律制度,如知识产权法、大气污染法、环境资源法等。

第二,法学研究采用比较方法。运用比较方法是当代伊斯兰法研究的形式之一,藉以揭示伊斯兰法的丰富内涵,阐明伊斯兰法的深厚根基,展现伊斯兰法的精湛思想,证明伊斯兰法的包容性与适应性。比较方法是从两个方面进行的:

一是在伊斯兰法内部进行比较研究。即对不同学派的法律理论、法律观点、创制模式、创制依据进行比较研究,阐明彼此的共同点与不同点,并对共同点加以融合,对不同点予以调和,由此总结出较为正确、符合时代的观点和主张,作为法律适用的根据。当前,伊斯兰法的比较研究,除了在四大伊斯兰法学派范围内进行比较外,也已扩及到扎希里派和什叶派的宰德、贾尔法尔和艾巴德派中进行。这种比较研究的必要性和重要性在于使人们了解和认识各学派产生的历史、所依赖的立法渊源、所持的不同主张和观点以及不同的创制模式;有助于淡化人们因袭守旧、墨守成规的思想;有助于校正人们只认为自己尊奉学派唯一正确完美的错误思想;有助于增强法学家的创制意识和开阔法学研究者的视野。它是当今任何一位准备创制法律的学者应具备的条件。正如前辈学者所说:"不了解法学家之间分歧的人不是法学家。"①

二是伊斯兰法与其他法律间的比较研究。即伊斯兰法与不同国家、地区、民族和法系的法律的比较研究。通过这种研究,吸纳其他民

① 优素福·葛尔塔维:《伊斯兰法的传统与衍新》(阿文版),贝鲁特使命出版社 2001 年版,第 36 页。

族法律文明的优秀成果，推动伊斯兰法的发展。这一领域十分广泛，不仅包括伊斯兰法与不同地区、民族、法系的当代法律的比较，甚至包括不同地区、民族、法系历史时期的法律，特别是与罗马法和日耳曼法的比较。这种比较研究，不仅包括宏观比较，即伊斯兰法与其他民族法律文化的总体的比较，而且也包括微观的比较，即伊斯兰法与其他法律文化某些具体制度、原则、概念等所作的比较研究。

运用比较方法研究伊斯兰法的意义显而易见：有助于认识伊斯兰法的真谛，凸显伊斯兰法的独特性和优越性，澄清某些东方学者所谓的伊斯兰法是在罗马法基础上形成的谬论；有助于体现伊斯兰法文化的博大精深和深邃奥义，证明伊斯兰法是能够顺应历史发展和时代变迁的，能够解决世俗法律能解决的所有问题；有助于了解其他国家的立法现状及其学者的法律理论，以弥补因伊斯兰学者尚未关注和涉足而导致的伊斯兰法的不足和空白，敦促伊斯兰法更加关注现实；有助于为国际比较法学提供新的内容。因为，伊斯兰法的发展历程及其经验教训，对于其他国家和民族的法制建设，特别是在处理宗教与理性、物质与精神、传统法律与现代法律、本土法律与外来法律等方面皆有重要的借鉴价值。

第三，编纂现代伊斯兰法学百科全书。它是对伊斯兰法的现代诠释和大力弘扬，是对传统法律典籍的明晰和简化。较之传统法律典籍和法学著作，现代法学百科全书的特点是效仿其他现代百科全书的形式，按照一定的标准，使用通俗易懂、言简意赅的法律术语和法律语言，分门别类，分章按节地加以编辑的。现代生活节奏日益加快，凡事讲究快捷方便，法学百科全书的编纂解决了法学家尤其是普通民众简捷方便查阅和学习的需要，这是 1951 年巴黎伊斯兰法学研讨会上提倡编纂现代法学百科全书的意义所在。此后，一些伊斯兰国家和法学研究机构进行了大胆尝试，并取得可喜成果。

1956年,由大马士革大学伊斯兰法学院编纂的《伊斯兰法学百科全书》的出版,是这项工程的标志性成果。埃及与叙利亚统一后,现代法学百科全书的编辑工作进一步得到加强。但随着埃叙的分离,编辑工作在叙利亚停止,在埃及仍然进行。隶属"埃及伊斯兰事务最高委员会"的"伊斯兰法学百科全书编辑委员会"出版了约30册的百科全书。遗憾的是由于各种原因,编委会最终没能完成这项工作。科威特也曾尝试编纂现代法学百科全书,并授权叙利亚著名法学家穆斯塔法·泽勒葛负责这项工作。穆斯塔法·泽勒葛领导的编辑委员会编辑出版的新的百科全书主要采用四大法学派的观点和裁决。不同类型和版本的现代伊斯兰法学百科全书的编纂工作,在伊斯兰世界的大学和研究机构的合作下仍然在进行,相互协作将保证编辑和出版工作的有效进行和完成。值得一提的是,如果伊斯兰世界协调相关机构,齐心协力地出版一部较为全面的现代法学百科全书,并将它翻译成世界主要语言,要比编纂良莠不齐的多部著作更加有益。

第四,重新修订、诠释和出版传统伊斯兰法律典籍和法学名著。在丰富多彩、源远流长的伊斯兰文化宝库中,法律文化遗产占有很大比例和显赫地位。这些法律典籍和法学名著中包含着前辈学者深邃的法学观点和精湛的法律思想,它们在特定时代起到了保障和促进社会发展的作用,之后仍然在法律文化和法律创制方面对后世发挥影响,具有参考和借鉴价值。这些法律典籍和法学名著,认真严肃地集中了当时学者在该著述所涉猎领域掌握的历史的和现实的知识和经验,并把它上升为理性认识。这些法律典籍和法学名著之所以被后人尊崇为代表了一个时代的法典,主要是它们所包含的知识和经验中有许多是具有真理性和规律性的,因而,至今还大放异彩。当代学者除了发表将伊斯兰法与现代法律融为一体的研究成果外,还对历史上遗留的法律典籍和法学名著加以修订、注疏和出版。主要做法是:通过对原始手稿的考证与校订，确定法律明文的真实涵义；给一些具体问题附加标题便于读者查阅核实；解释晦涩的语言，完善残缺的部分，使原则问题具体化，一般问题细则化，并对各派观点进行比较；注释经训原文的出处，说明圣训的级别；按阿拉伯文字母的顺序分门别类地做出全书目录等，旨在使这些传统法学经典名著重现往日风采，发挥现实价值。

第五，伊斯兰法研究采取灵活多样的方式和方法。一些国家和有关伊斯兰组织成立了专门的伊斯兰法研究机构；定期或不定期举办世界性的伊斯兰法研讨会；许多国家的国立大学恢复或新建了伊斯兰法(学)院。诸如此类的工作，是在以重新解释伊斯兰法，以及以新的眼光看待伊斯兰法在现代社会中的地位与作用这一基础上进行的。

综上所述，自20世纪70年代以来，包括法律在内的伊斯兰文化复兴，代表着伊斯兰民族的文明觉醒和文化自觉。它是伊斯兰世界的仁人志士探索民族复兴之路的实际反映。就法律复兴而言，其产生的根源是复杂的，其表现形式是多样的，但有一点是共同和确定的，即反对伊斯兰法领域和社会现实中存在的盲从因袭、抱残守旧的现象，主张正本清源、托古改制、变法图强的复兴思想，使伊斯兰法顺应时代潮流，适应社会的发展，发挥为穆斯林趋利避害的功能。

五、全球化背景下伊斯兰法的发展趋势

全球化已是我们这个时代的显著特征。作为不可逆转的世界浪潮，全球化以雷霆万钧之势震撼了世界的每一个角落，世界各国，乃至每个地区，自觉或不自觉地被全球化的浪潮所席卷，彼此相互依存，相互制约。由于全球化带来的各种影响，使具有伊斯兰教悠久历史和深厚传统的伊斯兰世界备受困扰，面临着比历史上任何一个时期更大的机遇和挑战。对于全球穆斯林而言，最重要的甚至可以说是第一优先

的课题是:在突飞猛进的全球化浪潮中,如何保持并发展古老淳朴的包括法律在内的整个伊斯兰文化,以决定在多大程度上,以及以何种方式弘扬 14 个世纪以来积累的伊斯兰文化,从而适应全球化的发展历程。

全球化的发展必将导致世界各国和地区的相互依赖,相互作用,它把世界的各个部分联系在一起,从而实现了某种程度的整合。"全球化是社会之间联系性日益增强的一种过程,比如世界某一部分地方的活动越来越多地影响其他地方的人民和社会。全球化的世界是一个政治、经济、文化和社会活动越来越密切联系的社会……在每一个方面,世界正变得越来越小"。① 同时,作为一种多维运动,全球化的内容是极为丰富的,其中包括法律的全球化。伊斯兰法作为世界重要法系之一,在全球化浪潮中不可能独处一隅,不被全球化浪潮所影响,而是其发展深受全球化浪潮影响,并显现出一些发展特征及趋势。

第一,全球化的发展加速了伊斯兰法的现代化进程。现代化作为一个世界性的历史进程,乃是从传统社会向现代化社会的转变和跃进,是特定社会的现代性因素不断增加的过程。伴随着社会由传统向现代的转变,法也同样面临着一个从传统型向现代型的历史变革。当今世界,由于经济全球化的不断加深,伊斯兰各国经济贸易的交往频繁地跨越国界,把伊斯兰各国与世界各国更加紧密地联系在一起。同时,全球性的经济贸易为了使从事经济贸易而走到一起的人们遵循共同的交易规则,加速了伊斯兰法律制度与世界其他国家法律制度的交流,促进了伊斯兰法制现代化的发展,今天期望加速这一进程的要求愈益增加。

然而,伊斯兰世界的法制现代化该走一条什么样的道路,无疑是摆在伊斯兰国家政府和人民面前的大事。是不是全球化进程中移植和借

---

① Cf. John Baylis and Steve Smith (eds.), The Globalization of World Politics, Oxford University Press, 1997.

鉴西方法律制度,是伊斯兰世界法制现代化改革的唯一方式?因为,目前有关全球化内涵的争议中,"西方主导论"是对其认识的观点之一,即把全球化看作是一个与西方主导的现代化同步演进的过程,是西方国家有意操纵的过程,其实质是实现全球的西化。"全球经济的紧密联结绝对不是一种自然而然的结果,而是由于有意识推行追求既定目标的政策所造成的结果。"①

实际上这种观点和做法是片面和错误的。相反,应该认为,具有伊斯兰悠久历史和深厚传统的穆斯林各国法制现代化道路的抉择,不能不切实际地完全脱离伊斯兰法作为民族主体法律文化及其在国家政治、经济、社会中的主体地位这一固有传统。因为传统法律文化是每个民族长期思维方式、价值观念和法律实践的结晶,是现代法律文化的源头,现代法律文化只是它的繁衍和赖以生存发展的基础,两者如同树根与树枝的关系,传统法律文化的生长与不灭自有其内在依据。故伊斯兰各国应以科学态度,本着人类文明互补的精神,在弘扬本民族优秀法律文明的基础上,通过伊斯兰法渊源筛选净化、整合定型的机制,②理性地吸纳外域先进法律文明成果,将现代法律因素与传统法律因素有机融合,走自己的路,不然只会陷入山穷水尽的地步。因为,历史反复证明,在伊斯兰社会中任何法律变革,须以经训为根本,以伊斯兰法原则为依据,否则就会失去合法的社会地位。"二战"以来,伊斯兰各国屡经坎坷和挫折的现代化发展道路,尤其是西方化与世俗化种种尝试的失败已深刻地说明了这一点。

第二,全球化的发展促进了伊斯兰法文化与其他法文化的交流和传播。一般来说,有文化就有文化的传播。法律全球化的产生首先从

① 胡永广、王宏伟:《全球化:当代中国法治化的历史新境界》,载《政治与法律》,2002年第6期。

② 马明贤:《伊斯兰法渊源的整合机制》,载《西亚非洲》,2002年第2期。

法律文化的传播开始,法律文化的传播为法律全球化的形成提供了可能[①]。但在不同历史时期,文化传播的深度和广度是大不一样的。全球化背景下文化的传播达到了前所未有的程度。

全球化背景下伊斯兰法文化与其他法文化的交流及传播主要表现为:一是促使了伊斯兰法与国际法的进一步交流。法律全球化是主权国家共同行为的结果,它与伊斯兰各国家的努力推动是分不开的。对于伊斯兰国家而言,一方面要履行所缔结和加入的国际组织及其条约规定的国际义务;另一方面又要维护本国利益采取相应的政策。因此,伊斯兰各国在尊重和保护伊斯兰法律文化的同时,都日益重视在实现本国国家战略和外交政策的国际活动中对国际法的了解和运用,同时,发达国家在国际公法、商事法、涉外经济法和程序法等领域中的一些具有普遍价值的、并与伊斯兰法原则和精神不悖的特征,或多或少为伊斯兰法所借鉴和吸纳;二是伊斯兰世界人口的迁移与流动的速度和规模已超过以往任何历史时期,特别是随着各国穆斯林移居欧洲各国数量的增多,促进了伊斯兰法文化的迁移。那些从伊斯兰国家主要聚居区迁移到世界其他地区的穆斯林群体,将伊斯兰法文化携带到移民地,极大地促进了伊斯兰法文化的全球性传播和交流。因为,在迁移者的所有家当中,文化是最易携带、而且是最难丢弃的东西;三是伊斯兰世界与其他国家进行的形式广泛、内容丰富的学术交流,如互派留学生、学者互访、译介伊斯兰法学书籍、因特网的使用等,对伊斯兰法文化的传播起到了积极的推动作用,拓宽了伊斯兰法文化与其他法文化交流。

第三,全球化的发展促使了伊斯兰法出现了一股以市场为导向的改革趋向。经济的全球化、一体化、非国家化不单纯是经济领域里的孤

① 汪俊英:《试论法律发展的全球化》,载《学习论坛》,2005 年第 4 期。

立现象，它必然要以国家的政策、法律的衍新为先导，同时又进一步推动了国家政策与法律的衍新①。全球化时代，有没有健全的法律保障系统，已经成为判断是否具有良好的市场发展、投资环境的关键因素之一。为此，许多伊斯兰国家从传统伊斯兰法学典籍中挖掘有利于市场发展的资料，并借鉴和吸纳西方现代法律中与伊斯兰法律原则和精神不悖的先进法律概念和立法技术，走出了一条既符合本国历史传统和基本国情，又具有现代化性因素的以市场为导向的法制改革道路。它们相继制定、修改或重新制定了贸易法、合同法、公司法、税法、金融法、保险法等，以尽量满足投资者的要求。

例如，在保险制度方面，许多伊斯兰国家除对一些不符合伊斯兰法律原则和精神的特殊事项限制外，尽可能地放弃对社会保险活动的限制。保险形式包括社会福利保险、运输保险、船舶保险等，这些保险普遍适用于各种商业领域；在税收制度方面，除传统的天课制度外，伊斯兰国家通过对伊斯兰法的灵活运用，采取了灵活多样的税收法律调节方法，发展了土地税、产品税、所得税、增值税等税收形式，特别是对伊斯兰法中无据可查的"新形式财富"由国家确定税率，并规定资本与个人所得法定最高限额等。例如，巴基斯坦于1980年制定了《天课和什一税法》，恢复了传统伊斯兰法的内容，把天课变为一种强制的税收制度，并于1984年颁布了《金融法》和《银行法》。这些以市场为导向的法律改革的根本目的，就是增加法的可预测性、可计算性和透明度，即实现法治，以保证资本的自由流动、贸易自由和市场的有效运作。

第四，全球化的发展将会更加使伊斯兰法成为部分伊斯兰国家的多元法律文化中的重要一元。法律全球化并不意味着全球的法律走向统一，最后合而为一，出现一种具有普遍适用性的"世界法"。实际上法

① 朱景文：《关于法律与全球化的几个问题》，载《法学》，2005年第3期。

律全球化是沿着两种趋势发展的:一体化(一体化并非是单一化、简单化,或者说是万宗归一)和多元化。法律全球化意味着原来彼此孤立的法律体系开始交流,能联为一体,或具有某些共同的特征,并不意味着它们之间的差别已不存在,或它们的独立性已完全丧失。这就决定了伊斯兰法将依然是前文述及的实行政教分离制度的国家,以及实行事实上政教分离、但宪法未予以宣布的国家多元法律文化中的重要一元。

由于不同程度的借鉴和移植了西方法律制度,使许多伊斯兰国家原有的伊斯兰法律制度与被移植的法律制度相互交织,混为一体,形成了"混合型"的制度形式。即当代有些伊斯兰国家的法律制度大多不是单一的,而是由多个国家或民族的法律文化之因素混合而成。尽管如此,作为传统法律文化,伊斯兰法是伊斯兰民族价值观念、思维方式和法律实践的结晶,具有深厚的历史底蕴和顽强的生命力,深深影响着穆斯林的市民社会和政治国家,对伊斯兰国家整体法律制度的影响是不容改变和忽视的,这就确定了伊斯兰法的生长与不灭有其内在依据,以及它是有些伊斯兰国家多元法律文化中重要一元的原因所在。

此外,法律的全球化既是一个世界性的历史进程,又是一个国度性的历史进程。从法律全球化的发展历史看,法律的全球化是一个世界性的历史进程,世界各国的法律发展或迟或早要走向这条道路,因而它具有普遍性的世界意义。但是,现代世界又是一个主权鲜明的世界,各国之间都有不同的社会发展和法律发展历史,因此,法律的全球化又具体地表现为每个民族、主权国家和社会的法律全球化的历史进程。正是从这个意义上,全球化背景下,伊斯兰法的发展是一种既有普遍性(世界性)、又有特殊性(国度性)的发展模式。普遍性表现在它的发展是一个世界性的历史进程,具有与法律全球化发展的趋同性;而特殊性表现在它的发展始终是与伊斯兰民族的信仰、语言、历史、文化、传统紧密联系,反映的是伊斯兰民族的社会发展和法律发展历史,反映的是伊斯兰国家和社会的法律全球化的历史进程，反映的是伊斯兰民族在一定社会环境、历史条件下的生存智慧和生活方式的规则形式。这种特殊性经过历史之轮的砥砺，产生的具有全球化特征的法律，与伊斯兰民族情感和民族意识逐渐调试与融和，从而赋予了具有全球化特征的法律以功用与价值，而这种具有全球化特征的法律的功用和价值，也正在于表现伊斯兰民族情感和民族意识，由此会走出一条法律全球化的伊斯兰民族化之道路。

第五，全球化的发展为伊斯兰法的再度复兴与发展提供新的契机。全球化进程在对伊斯兰各国产生极大影响，进而对伊斯兰法提出挑战的同时，更为伊斯兰法的再度复兴与发展带来空前机遇。作为一种涉及方方面面的现象和过程，全球化的深入发展，将会对伊斯兰各国原有的社会结构、生存方式产生很大冲击，进而会影响伊斯兰法律制度。因为，无论怎样界定全球化的内涵，其实质是人类社会交往的扩展。它集中表现在交往主体的多元化、交往范围的扩展、交往内容的增加及交往手段的改变。这一切已完全不同于前全球化时期的交往状况，这就需要新的制度（新的交往规则体系）对此加以调整和控制。概言之，随着人类社会交往的全球化趋势，作为伊斯兰社会交往的规则体系，伊斯兰法律制度必将发生很大的改变，掀起伊斯兰历史上又一次复兴与发展的高潮。

第九章　法学史上的永恒命题：伊斯兰法的创制

伊斯兰法的创制是个既传统又现代的问题，伴随当代伊斯兰法的复兴，这一问题再度被提起：有关现代社会条件下如何发挥法的创制的作用、如何看待法的创制的价值，以及创制大门的关闭与否等，在伊斯兰世界引起普遍关注和广泛讨论。同时法的创制在我国学者的著述中也频频出现，学者们从不同角度使用和谈论这一概念。然而，受客观条件限制，在我国对这个专业性很强问题的认识和研究还不够全面。鉴于此，本章从法的创制的概念与特征、依据与范围、价值选择、创制大门的关闭与否，以及时下提倡的“集体创制”五方面来阐释这一问题。

一、伊斯兰法中“创制”的概念与特征

伊斯兰法的“创制”一词，阿拉伯语读作“伊智提哈德”(الاجتهاد)，语意为“努力”、“竭尽全力而为之”，引申为“创制”、“个人判断”。作为专门术语，“伊斯兰法的创制”是指“伊斯兰法权威(即穆智台哈德)创制法律付出的努力。”①具体而言，它是具备创制资格和条件的法学家依据经训的明文与精神及伊斯兰法的基本原则、法律渊源、创制规程，运用理智推理和比较判断等方法，对传述系统相对正确、字面含义或然的经

① 穆罕默德·布退：《文明对话》(阿文版)，大马士革统一出版社 1990 年版，第 144 页。

训明文，以及新的历史条件下出现的经训明文未涵盖的新事物、新问题创制出与经训明文与精神及伊斯兰法宗旨并行不悖的法律规范的活动。与现代法的创制相比，伊斯兰法的创制具有如下特征：

第一，具有鲜明的伊斯兰价值观。称为“伊智提哈德”的创制，其语意为“奋斗、竭尽全力”。因此，伊斯兰法的创制不是单纯创制法律的活动，而是法学家以坚韧不拔、不懈努力的精神实现自我价值，是对伊斯兰信仰的忠诚，对伊斯兰命令的服从，是理解和阐释经训明文的特殊方式。

第二，伊斯兰法的创制活动始终是围绕着经训明文与精神进行的。经训的至高无上和绝对权威的地位，决定了伊斯兰法的创制形式和创制结果若有悖经训明文与精神，便不被接受的事实。正如沙斐仪所说：“任何人无权将某一事物裁断为合法与非法，唯有通过知识的渠道。知识的渠道只是经训、众议和类比”。[①] 然而，作为伊斯兰价值判断依据的经训，具有高度概括性与原则性的特点，其法律规范的内容——特指《古兰经》——几乎是以提纲挈领、提要钩玄的方式表述的，加之某些经训明文的传述系统与字面含义具有或然性（具体含义容后详述），因此，对它的传述系统与字面含义需要考订和解释，以及对新的历史条件下出现的经训明文未涵盖的事物必须创制与之不悖的法律规范，以满足社会生活的需求。如果法的创制被允许超出经训明文与精神，则意味着伊斯兰法将会被全部废除或取而代之。[②] 著名法学家沙退比说：“假如允许理智可以超越经训，实质上是允许理智可以废除法律了，这是荒谬的、绝不允许的。因为，法律是对人们的行为、语言和信仰的界定和规范的总和。倘若允许理智超越一种界限，实质上是允许它可以超越所有界限，倘若允许理智废除一条法律，实质上是允许它可以废除整部

① 穆罕默德·布退：《文明对话》（阿文版），大马士革统一出版社 1990 年版，第 145 页。
② 同上。

法律,这是因为对一件超越界限行为的肯定,则意味着可以允许它超越所有界限。显然,任何人都不会说出这样的话来。”①

第三,伊斯兰法的创制由伊斯兰法学家完成。如前所述,伊斯兰认为真主是宇宙万物的创造者,对现实世界享有绝对立法权,②然而在大地上建立其法度,则是由他的使者及以后的学者们从事教化来完成的。这种真主主权论基础上形成的先知权威论,确定了时代权威学者的地位,因为他们是先知的继承人,发展法律的任务历史地落在了他们的肩上,他们在信仰、道德和法律事务上是社会的代言人,他们创制的法律,一般而言,是对经训内容绝对无误的表达,是伊斯兰法的构成内容。因此,在传统伊斯兰法中包括政府在内的任何组织或团体不享有法的创制权力,除经训外,也没有以政府或组织名义颁布的法律规章,人们适用的是他们尊奉的各派法学家的观点与裁决,伊斯兰法是人类法律文化史上“法学家法”的典型。③

正因如此,为保证法律创制的严肃性与有效性,避免随意性与错误,伊斯兰法对法学家创制法律提出了极高条件和严格标准:熟谙《古兰经》的内容及相关知识;精通圣训及圣训学;深知经训中有关废止与被废止的经文,以免把被废止的经文当作未废止的经文适用;掌握通过公议确定的法律问题,以免作出与此相悖的判决;精通类比适用的各种方法;精通阿拉伯语及其语法、词法、句法和修辞,借以正确理解经训的含义;熟悉伊斯兰法理学,以便按其原理和规程创制法律;了解伊斯兰法的宗旨,因为对经训的正确理解和实施取决于对法宗旨的正确理解。④ 故

① 穆罕默德·布退:《文明对话》(阿文版),大马士革统一出版社 1990 年版,第 146 页。

② 现代法学中立法权和创制权属同一概念,但这对概念在伊斯兰法中有严格区别:立法权专属真主,法学家不拥有此权力,而只拥有创制权,即“伊智提哈德”的权力。

③ 高鸿钧:《伊斯兰法:传统与现代化》,社会科学文献出版社 1996 年版,第 104 页。

④ 沃哈布·祖海里:《伊斯兰法理学》(阿文版),大马士革思想出版社 1986 年版,第 1044 页。

从严格意义讲，被称为“穆智台哈德”或“富格哈”的法学家，是指那些具备创制条件和资格、有能力创制法律的学者。至于那些无能力创制，却对伊斯兰法颇有造诣，能熟记许多法律条款的学者，一般不能称之为“穆智台哈德”。①

二、伊斯兰法的创制依据与范围

伊斯兰法的创制除了对经训中或然含义节文的创制及圣训传述系统的考订外，更是把现实客观需要上升为法律，形成为抽象的、一般的法律规范的活动。《古兰经》肯定了法的创制：“我降示你包含真理的经典，以便你据真主所昭示你的[法律]，而替众人判决。”②经文肯定了运用类比创制法律的合法性。③ 穆圣运用并肯定门弟子的创制行为，并说：“法官裁决时，应努力创制，若创制正确，获两种报酬；若创制错误，则获一种报酬。”④两种报酬是指创制行为及正确的创制结果，一种报酬仅指创制行为，而不负创制错误的罪责。四大哈里发及以后学者遵循经训的教导，都曾运用创制方法解决有关法律问题。哈里发欧麦尔给艾布·穆萨·艾什阿里的信中写道：“我今日的裁决，切勿制约你，你应参考你的意见，然后审视正确与否，真理永远是真理，审视真理胜于固执错误”；马立克说：“除真主的使者外，任何人的观念可以采纳，也可以放弃”；艾布·哈尼法说：“前辈是伟人，我们要像他们那样创制法律。”

---

① 阿布都·克雷姆·宰达尼：《简明伊斯兰法理学》(阿文版)，贝鲁特使命出版社 1987 年版，第 401 页。

② 《古兰经》，易卜拉欣章，105 节。

③ 沃哈布·祖海里：《伊斯兰法理学》(阿文版)，大马士革思想出版社 1986 年版，第 1039 页。

④ 同上。

那么,对于具备创制资格的法学家,创制法律对他们是一种怎样的义务？对此法学家的观点不尽相同,但一般认为:一是法雷兑·艾因(主命或个人义务)。这一法定义务适用于两种情况:某一问题需法律裁决时,除创制者之外,再无其他创制者,如果对此不及时裁决,就会失去法律对它的有效规范,这时创制者必须创制;某一问题需法律裁决时,创制者有能力创制规则,则必须创制。二是法雷兑·基法叶(集体义务或主命),即某一问题需法律裁决时,除创制者之外,还有其他法学家,并不及时裁决不会影响法律对它的有效规范,如其中一人创制了规则,其余人可免去创制责任;若无一人从事创制,大家须共担责任。三是曼杜卜(嘉许行为),对一件尚未发生的、是否被人问起的事物,创制者进行的创制。四是哈拉姆(禁止或非法的),即有悖于含义明确经训明文或公议原则的创制。①

尽管伊斯兰法把法律创制规定为法学家的义务,但法的创制并非漫无边际,相反要受到规程、技术和范围的严格限定,这样才能保证法律创制结果的有效性和实用性,故伊斯兰法将法的创制界定在四种范围:

第一,对新的历史条件下出现的经训明文和公议原则未涵盖的新情况、新事物,依据经训核准生效的类比、择善、公益、习俗和圣门弟子的主张等法渊源,创制出与经训精神及伊斯兰法宗旨并行不悖的法律规范。如穆圣归真后,有关哈里发的人选问题无法从经训中找到明确和具体的答案,故穆斯林大众通过协商及类比方法进行创制。他们把哈里发的产生与穆圣病重期间命令艾布·伯克尔替他领拜的事加以比照。认为既然穆圣同意和支持艾布·伯克尔领导宗教事务,就可以让

---

① 拜德兰·艾布·艾尼·拜德兰:《伊斯兰法理学》(阿文版),亚历山大大学青年出版社 1978 年版,第 482 页。

他来领导穆斯林的现世事务。最终,他们一致推举艾布·伯克尔担任哈里发。①

第二,有些事物虽有经训明文依据,而且该明文的传述系统确凿无疑、绝对正确,但其字面含义是或然性的。如《古兰经》有些明文的字面含义有广义、泛指、命令、禁止、明意和隐喻等区别。那么,广义的明文可否另有明文使其变为狭义;泛指的明文可否另有明文使其变为确指;以命令式词形的明文为根据的积极作为的义务性规范(法雷兑),可否另有明文使其变为嘉许的法律规范(曼杜卜);以禁令式词形的明文为根据的消极不作为的义务性规范(哈拉姆),可否另有明文使其变为厌恶的法律规范(麦克录哈)等等问题,要想掌握这些问题的真正含义,则需要法学家对此认真解读和系统研究,以便创制出符合该明文真实含义的法律规范。如"你当与他们商议公事"这段《古兰经》节文。该节文传述系统确凿无疑,但以此为依据引申出的伊斯兰政治协商制度的法律规范,对伊斯兰国家政府和民众是项积极作为的义务性规范,还是嘉许的法律规范,法学家为之进行探究,努力创制。他们认为,节文中承载"商议"含义一词是用命令式动词表达的,按法理学原理,凡命令式动词表达的《古兰经》明文,若是指善行,其行为是积极作为的义务性规范,除非另有使其转换为嘉许行为的明文。此节明文没有使其转换为嘉许行为的明文,故协商是伊斯兰政治制度中的一项积极作为的义务。

第三,有些事物虽有经训明文可依,而且该明文的字面含义断然明确,但传述系统相对正确,并非确凿无疑。这一类仅限于圣训方面。如"五个骆驼应出一只羊"的圣训②。这段有关骆驼应出多少天课的圣训。该圣训字面含义明确断然,而其传述系统属"单传"系统,未达到确

① 拜德兰·艾布·艾尼·拜德兰:《伊斯兰法理学》(阿文版),亚历山大大学青年出版社 1978 年版,第 472 页

② 同上书,第 474 页。

信无疑的程度。法学家对类似的圣训明文进行创制，必须研究和审核该明文传承系统中每个传述人的生平、公正、诚实等状况，得出该传述系统的品位，进而确定圣训的品级。

第四，有些事物虽有经训明文可依，但该明文的传述系统与字面意思皆具或然性，并非断然明确。这一类型包括了上述二、三种类型的特点。对类似的明文法学家首先考证传述系统，继而考究其字面含义，以创制出与其真实含义不悖的法律规范。如"婚姻只有得到监护人的同意方能成立"的圣训①。该圣训的传述系统属"单传"系统，故传述系统相对正确，而且字面含义也非断然明确，有两种意思的可能：一是婚姻只要得到男女双方各自中的任何一位监护人的同意，就可成立；二是婚姻必须得到男女双方各自特定监护人的同意，方可成立，对此法学家的观点不尽相同。

伊斯兰法确定的这四种创制范围，皆是环绕着经训这一枢轴转动的。② 第一类型虽无经训明文可依，但它以经训精神为基础，所创制法律规范的内涵最终归于经训的原则和精神。因为，这一类型的任何一项法律规范的生效，都必须以公议、类比、择善、公益、习俗和门弟子的主张等法渊源为依据，而这些法渊源的确立和生效是以经训明文和精神为基础和保证的。若无经训赋予这些法渊源以权威性，则任何一项依这些法渊源生效的法律规范无据可循，不能生效。至于后三种完全

---

① 沃哈布·祖海里：《伊斯兰法理学》（阿文版），大马士革思想出版社 1986 年版，第 208 页。

② 这四种法的创制范围，第二范围限于《古兰经》和"穆特瓦提勒"的圣训（"众传"圣训即该圣训传述系统各个层次的传述人是一伙人）。由于此类圣训传述系统各个层次人数的较多，排除了传述过程中伪造、掺假的可能。《古兰经》更是如此，它由伊斯兰民族整体性代代传承，期间绝不会有增减的可能，故这两类明文的传述系统确凿无疑，毫无差讹。至于第三、四范围限于"阿哈迪"的圣训（"单传"圣训，即该圣训传述系统各个层次的传述人，达不到"众传"圣训传述系统各个层次的人数），此类圣训的品位和法律效力不尽相同，学者们对此给予了大量的论述。请参阅相关著作。

是围绕经训明文进行的。须特别指出的是：对传述系统确凿无疑、字面含义断然明晰的经训明文，包括法学家在内的穆斯林大众只有遵守和实施的义务，没有进行创制的丝毫权力，如天课制度、严禁偷盗杀人、侵吞他人财产等。因为，传述系统的确凿无疑排除了对它进行考证的可能；字面含义的明晰断然，使其法律规范一目了然，无需再加创制。

三、伊斯兰法的创制价值

自然科学与人文社会科学研究方法的区别在于：自然科学因其本质范畴，决定了它的研究必须用科学实验的方法。因此，自然科学难以反映一个国家和民族对行为价值的认同或排斥，对社会关系的价值定位以及人们对社会道德观点和价值取向的要求。而作为人文社会科学的伊斯兰法把价值目标作为法律创制致力于实现的目标。[①] 这是因为伊斯兰法作为一种社会规范和价值体系，是对人们意志行为的判定，它通过对各种意志行为模式的规定，指引着人们的意志行为。依照伊斯兰法的指引，人们可以采取合法或不违法的行为方式。进而言之，既然法律行为是人们的意志行为，"是主体（个人、集体、社会构成）受其意识和意志支配的，由法律规范的，能够引起法律后果的，具有社会意义的行为"，[②]因此，法律行为具有目的性和价值倾向性。而这种具有目的性与价值倾向性的法律行为的范围、量度和边际等，必须受到法律的严格界定，这就决定了价值目标成为伊斯兰法的创制价值的理由。

---

① 法特哈·杜莱尼：《现代伊斯兰思想研究》（阿文版），贝鲁特中心出版社 1988 年版，第 13 页。

② 孙国华、朱景文主编：《法理学》，北京中国人民大学出版社 1999 年版，第 381 页。

所谓伊斯兰法的创制价值,通常不是指法律创制的作用或创制的有用性,而是指法学家的需要与创制对象(法律所要调整的对象)间的相互关系,表现为法学家通过法律创制活动所要追求实现的道德准则和权益①。

如果说伊斯兰法的创制价值是通过法的创制对生活中的各种意志行为进行规范和判定,藉以实现社会正义和保护各种权益的话,那么,伊斯兰法的创制模式与创制规程是由创制价值决定的。因此,被称作"乌苏里·斐格海"的伊斯兰法理学的实质是法学家基于对法律明文(即经训明文)的理解与解释,而构筑的伊斯兰法哲学体系。这一法哲学体系不是基于单纯的阿拉伯语及其语法、修辞规则的,它是一个由多个要素组成的完整系统,这里面除了阿拉伯语言及相关知识外,更有法的创制价值的存在②。这一法的创制价值不仅是法学家通过法的创制谋求实现的道德准则——正义、公平、自由等,同时也是法律创制外在的权益形式。这种正义与权益的结构,构成了伊斯兰法的创制价值不可分割的两方面。③

正义是人类社会一种最基本的价值理念,人类自始以来从未停止过对它的追求。正义也与伊斯兰法始终相伴随,并内含于其中的基本价值。正义从社会的角度引导着伊斯兰法的发展,规制着伊斯兰法的创制,维护着伊斯兰法的形态,成为伊斯兰法发展与变化的灵魂与精神,是伊斯兰法的创制价值的性质、内容和目的,是穆斯林追求社会生活合理的实质、质量和理想。有关正义的经训节文不胜枚举。"真主的

---

① 李林:《论立法价值及其选择》,载《天津社会科学》,1996年第3期。

② 法特哈·杜莱尼:《现代伊斯兰思想研究》(阿文版),贝鲁特中心出版社1988年版,第637页。

③ 李林:《论立法价值及其选择》,载《天津社会科学》,1996年第3期。

确命人公平、行善、施济亲戚，并禁止人淫乱、做恶事、霸道；他劝诫他们，以便你们记起教诲。”[①]圣训也肯定正义的重要性，使正义与公正成为最强的善行。“一个时辰的公正胜过四十年的善行。”[②]

如果说正义是伊斯兰法的创制的内在价值，是法的创制价值的本质属性的话，那么正义的外在形式就是公平的权益。与正义的内在、抽象特性相比，权益却显得比较具体，它是伊斯兰法的创制的外在价值。“法律的制定以人们的权益为基础和因由”，这是自古以来法学家创制法律恪守的一项基本原则。因此，不论是从经训明文直接产生的，还是依公议、类比、择善、公益等法渊源所创制的法律，始终是以为人类社会趋利避害及保障各种权益的合理存在与良性发展为根基的。同时法学家从经训中创制了各种法渊源，以保障社会生活中经训明文未涵盖的层出不穷利益的合理享受，其最具代表性的如“公益”和“择善”两个渊源[③]。这种以正义为精神内核，以权益保障为外在形式的法的创制价值是法学家法律创制活动中始终不渝遵循的准则。伊玛目安萨里指出：“最强的知识是将意见（即法的创制）与法律（即创制价值）连贯一起，将理性与启示融为一体。这种知识是从理智的精华与启示中产生的，它既不是启示难以接受的理性活动，也不是理智无法确认和证实的盲从因袭。”[④]

因此，在伊斯兰法中法的创制与创制价值从理论到实践协调统一、互为作用，两者相合而成为一个完整的系统。创制价值是法的创制的首要基础和理性要素，是法律创制活动中应遵循的指导方针、行为准则

---

① 《古兰经》，蜜蜂章，90节。

② 引自穆罕默德·穆巴拉克：《伊斯兰制度—政治与国家》（阿文版），大马士革思想出版社1989年版，第45页。

③ 法特哈·杜莱尼：《现代伊斯兰思想研究》（阿文版），贝鲁特中心出版社1988年版，第641页。

④ 同上。

和价值追求。而法的创制恰恰是在社会生活中实践和发展创制价值的基本手段,是遵循并再现创制价值的具体活动,两者是手段与目标之关系。伊斯兰社会中的个体和群体如没能较好地遵循和实践法的创制,必将导致法的价值在社会实践中的丧失。手段的丧失意味着目标的失败,继而造成生活的紊乱与无序,这是伊斯兰法绝对禁止的。

四、伊斯兰法创制大门的关闭与否

公元 11 世纪之前,伊斯兰法的创制是一项基本且无可非议的原则,解决了伊斯兰社会无数经训未涵盖的宗教、法律和社会问题,使伊斯兰法学体系得以定型与完善。然而,在这之后由于伊斯兰国家四分五裂,民族日趋衰弱,学术气氛淡化,学者因循守旧某一学派,缺乏独立和个性的学术思想等原因,法的创制便成为伊斯兰世界颇为复杂的问题,由此导致了法的创制大门关闭与否的争论。

主张创制大门关闭者认为:伊斯兰法理论和体系基本定型;法学学派已确立;各种法学典籍均已成书;法学家的主要职能由法律的创制转向鉴别和比较各学派的观点与主张;后辈的学者不论学识,还是宗教修行,皆无法与前辈的学者相提并论,加之许多不具备创制资格和条件的人随意创制法律,他们“创制”出的错误法律对人们的宗教信仰和社会行为造成了不利影响等。诸多原因使他们主张创制大门在伊历 4 世纪中叶已关闭,以维护伊斯兰法的严肃性和实用性。

但什叶派和逊尼派中的一些学者则持反对态度,主张创制大门始终敞开,并对上述学者的观点发出质疑:是谁有权关闭创制大门;创制大门关闭的法律根据是什么;谁敢妄言权威学者仅限于前辈学者,而后辈学者中则无?故他们积极主张创制大门始终敞开,认为创制大门关闭的学说实不可取,它会削弱法学家的独立思考和判断精神,助长因袭守旧的风气,制约伊斯兰法的发展,终将使伊斯兰法失去应有的社会功能和现实价值。哲拉鲁丁·苏尤退说:“有些人愚昧无知,固执己见,肆意夸张法的创制问题,视其为厌恶之事。这些愚昧者岂知法的创制是各个时代的集体义务(法雷兑·基法叶,即集体主命)、每个时代每个地区的部分人必须履行这一义务。”①也门萨那现代主义法学家穆罕默德·本·阿布都·邵卡尼指出:“一个人若将真主的恩泽局限在一些仆人之上,将伊斯兰法的理解局限在他之前的时代之上,的确是对真主的胆大妄为,是对真主规定给仆人的法律的胆大妄为,是对真主命令遵循经训的仆人的胆大妄为。”②

近代以来,由于西方殖民主义对伊斯兰世界的军事侵略、经济掠夺及西方思想意识形态的流行和影响,伊斯兰国家在各个方面发生了根本转变,基于伊斯兰价值的政治、经济、法律制度受到外来殖民文化的冲击与破坏,伊斯兰世界陷入危机之中。面对危机,特别是伴随当代伊斯兰法的复兴,伊斯兰世界的政治家、法学家和思想家们做出积极反应。法的创制大门的问题再度被提起,许多逊尼派学者纷纷著书立说,批判伊斯兰法领域存在的因袭守旧、故步自封的思想。认为社会在发展,时代在变迁,我们生活的科技信息时代,出现了许多亟待解决的问题,而解决这些问题的途径,唯有通过创制手段。如果将创制大门关闭说视为定论,会使伊斯兰法的发展滞后于社会发展,迫使人们在有关法律问题上借助西方法律制度,这不仅使伊斯兰社会制度和文明制度发生转化,更加会使伊斯兰的价值观念、历史传统和法律原则发生变质。人们就会单凭理智及所处的社会环境解释经训,随心所欲地创制法律,

---

① 沃哈布·祖海里:《伊斯兰法理学》(阿文版),大马士革思想出版社 1986 年版,第 1034 页。

② 同上书,第 1035 页。

以满足各种利益需求。因此,他们极力主张重启创制大门,以托古改制,自我更新,恢复伊斯兰法的活力,使它重现往日风采,达到与现代社会发展相适应的目的。

实际上,关于创制大门关闭与敞开的争论,并非绝对的相互对立、难以融合。学者们认为两种观点皆具道理。他们从伊斯兰法的创制形式的角度,对两种观点予以了折中与调和。

伊斯兰法的创制形式具有多样性。其中按照法学家是否具有独立创制法的创制原理、创制模式、创制规程等标准,可分为“独立创制”(الاجتهاد المطلق)和“学派创制”(الاجتها فى المذهب)。所谓“独立创制”又称“绝对创制”,是指法学家凭借自己掌握的阿拉伯语、经训、伊斯兰法宗旨及法律规范等渊博知识,不仿效他人而能够独立地从经训中创制演绎、剖析总结出法的创制原理、创制模式和创制规程的创制。这类法学家如:圣门弟子中的所有法学家、再传弟子中的赛义德·本·穆赛比、伊布拉欣·奈黑尔及其后的艾布·哈尼法、马立克、沙斐仪、罕百里、苏福杨·骚里、奥扎尔等。[①] 所谓“学派创制”是指遵循并按照本派伊玛目(即独立创制者)规定的创制原理、创制模式和创制规程,进行具体问题(即具体法律规则)的创制。即这一品位的法学家没有直接从经训中创制、剖取创制原理、创制规程和创制模式的能力,却能够较好地把本派伊玛目的创制模式与创制规程运用在具体问题的解决之中,以求出法律结论。

这两种创制形式,前一种已在公元11世纪(伊历4世纪)基本定型。除什叶派和逊尼派中的罕百里派之外,大部分学派及其学者的基本观点是,这一类型的创制大门在公元11世纪已经关闭[②]。这一范畴

---

① 穆罕默德·艾布·祖哈勒:《伊斯兰法理学》(阿文版),开罗阿拉伯思想出版社1958年版,第389页。

② 同上书,第32页。

中有法学家一致认可的方面,也有意见分歧的方面。主要表现在哈乃斐、马立克、沙斐仪和罕百里四大学派的体系中。其后在各个历史时期出现了许多杰出法学家,如恩兹·本·阿布都·赛俩目、安萨里、格拉费和托哈维等,尽管这些学者学识渊博,具备创制能力,但皆隶属或遵循某一学派,他们虽在许多具体法律问题上没有效仿、因袭本派伊玛目(独立创制者)的裁断,甚至与他们有较大分歧,但在创制过程中始终以本派伊玛目的创制理论和创制原理为基础,始终将本派伊玛目的创制模式和创制规程运用在自己具体问题的法律创制上,他们创制的法律规则代表着一种新的法律观点,故称其为学派创制者。① 因此,学者们指出:学派创制始终不断,大门永不关闭,法学家源远流长,各时代有之②。当代著名伊斯兰法学家、大马士革大学伊斯兰法学院教授沃哈布·祖海里博士说:"在各种知识成书、著作种类齐全、真伪明晰可辨之后,完成法的创制条件已不是困难之事。但不可否认的是,创制新的创制原理和创制规程的领域今天已不复存在。法学家们已指明了它的正确性与完美性,我们只有以他们的引导,并运用他们创造的这一锐利武器,挖掘和处理社会中的一切问题。"③

当代著名伊斯兰思想家、大马士革大学伊斯兰法学院教授穆罕默德·布退博士认为:运用学派创制的形式创制法律,以解决伊斯兰社会的客观需求,是穆斯林社会一项义不容辞的责任,应积极履行。他在所著《文明对话》一书中深刻批判了当今伊斯兰世界一些追求西方文化及价值观念的人们,只为求得伊斯兰文明与西方文明的融合,不顾伊斯兰

① 穆罕默德·布退:《文明对话》(阿文版),大马士革统一出版社 1990 年版,第 128 页。

② 穆罕默德·艾布·祖哈勒:《伊斯兰法理学》(阿文版),开罗阿拉伯思想出版社 1958 年版,第 321 页。

③ 沃哈布·祖海里:《伊斯兰法理学》(阿文版),大马士革思想出版社 1986 年版,第 1088 页。

法的创制原则与条件,滥用法的创制的情况后说道:"诚然,这痛苦的现实(即追随西方文化及滥用法的创制)无法使穆斯林放弃对这个时代及价值与传统发生变化后出现的新问题、新事物研究的必然性。相反,应当以严肃认真、诚心敬意的态度研究这些问题无疑是我们的义务。今天我们倡导的法的创制是此种意义上的创制,它是一项刻不容缓的义务,穆斯林的专家学者和有识之士不应怠慢这一义务。"他强调:"应当突出法的创制,使其得到更进一步的加强,并利用报纸等一切可利用的宣传媒体,不偏不废地将创制的结果公布社会。履行这一基本义务的同时,应该建立有关组织和法律机构,将那些品学兼优的穆斯林学者吸纳进来,让他们对各种需要用伊斯兰法正确解决的已出现或正出现的新生事物,以及对一些待以重新研究、确定的创制原理与规程进行研究和创制,以实现此义务。履行这一义务的最好方式是:成立伊斯兰法学会。它应当由品学兼优的穆斯林学者组成,且不屈从阿拉伯和伊斯兰世界任何国家的权势,也不受不同政治主张的影响,否则它会被利用成传播特定政治倾向和支持特定思想派系的工具。"①

五、当代伊斯兰世界倡导和实施的集体创制

个人创制是伊斯兰法史上一以贯之的方式。历代法学家运用个人创制的方式,创制出了不计其数的法律规则,发展和完善了伊斯兰法体系,为伊斯兰民族作出了不可磨灭的贡献。所谓个人创制,如前所说,是指凡具备创制资格和条件的法学家,依据经训的明文与精神及伊斯兰法的基本原则、法律渊源、创制程序,运用理智推理、比较判断等方法,对传述系统相对正确、字面含义相对明确的经训明文,以及新的历

① 穆罕默德·布退:《文明对话》(阿文版),大马士革统一出版社 1990 年版,第 177 页。

史条件下出现的经训明文未涵盖的一切新事物、新问题创制出与经训明文和精神及伊斯兰法宗旨并行不悖法律的活动。这一创制形式的最大特点在于:其创制范围涉及伊斯兰法调整的全部领域,不限于某一特定领域和方面,故又称为“普遍创制”。

然而,由于社会的发展,时代的变迁,科学技术的日新月异,伊斯兰社会出现了具有时代特征且无经训明文可依的许多问题,使法的创制面临多样性和复杂性问题。创制范围涉及宗教、政治、经济、科技、教育、卫生、商贸、工农业等各个领域。加之当代学者难以实现前辈学者制定的严格创制条件,阻碍了个人创制的正常进行。诸多原因使得学者们主张,当今伊斯兰世界的法的创制在个人创制的基础上,应该积极提倡“集体创制”(اجتهاد الجماعة)的方式,以解决伊斯兰社会问题。

所谓集体创制是指对某一法律调整领域知识完备和经验丰富且具备创制资格的时代法学家们,在该法调整领域中的具体问题上,大家共同参与,各抒己见,相互交流,共同创制,最终以他们达成的一致或大多数人的意见为法律规则。集体创制思想在当代伊斯兰世界已得到较大认可,在一些范围内逐渐得以实施,日益显现出不可忽略的作用,其运作方式主要有两种:

一是采用法学家协商与会同的方式。即成立由熟谙经训、精通阿语和伊斯兰法的权威学者,以及包括各类专家学者和工程技术人员在内的社会各界代表组成专门机构,就有关法律创制的问题,大家相互交流,彼此协商,共同创制,最终以他们一致或大多数人的意见为法律规则,予以颁布,要求遵循。1963 年,爱资哈尔大学举行的首届“伊斯兰教研讨会”上,就提出运用集体创制解决伊斯兰世界层出不穷问题的设想。此后,一些学者就集体创制的概念、程序和技术等问题发表和出版了许多文章和专著。1964 年,圣城麦加举行的“伊斯兰世界联盟”会议上,叙利亚著名伊斯兰法学家穆斯塔法·泽勒葛就集体创制的概念及其运作程序、方式和技术等向大会提交议案。他认为“实施集体创制的最佳方式是成立伊斯兰法研究机构。研究机构应当由伊斯兰世界品学兼优、刚正不阿的伊斯兰学者及各类学科的专家学者组成,其基本职责和任务是:就当代伊斯兰世界出现的政治、经济、科技、医学等问题进行深入细致、全面整体的研究,以便创制出法律规则,作为伊斯兰国家和穆斯林个人应遵循的行为准则。”①伊盟同意了穆斯塔法·泽勒葛的建议,组建了“伊斯兰法学会”。学会定期举行会议。会议期间,法学家同其他学者一道,就当前伊斯兰国家和社会出现的问题进行法律创制。

1998 年苏丹国民议会通过一项法律:“允许建立‘苏丹伊斯兰法学会’,学会属独立机构,学会主席从苏丹著名伊斯兰学者中产生。主席除主持学会正常工作外,还担任国家总统的伊斯兰事务顾问。这种双重身份旨在协调学会与总统间的关系。因为,学会以其独立机构之身份,有权创制法律及公布法律,国家总统在与伊斯兰法相关的政治、经济等事务中也需要来自学会的法律援助”。② “苏丹伊斯兰法学会”由 40 位苏丹著名法学家及阿拉伯语、自然、医学、工程、生物、心理、经济等方面的专家组成。来自社会各界的专家学者虽是本学科领域的权威学者,但均了解和掌握一定的经训和伊斯兰法知识。他们与法学家的合作,增强了学会的活力,解决了许多单凭法学家难以解决的问题。学会自创建后制定和公布的法律法规的数量已 165 多项,内容涉及各个方面。

苏丹法学会的职责,如同法学会章程所说的,利用一切正确合法的方式,致力于实现法学会的职责和目标,具体包括:依据伊斯兰法原则,

---

① 阿布都·艾米尔·哥白俩尼:《关于伊斯兰法的分门别类》(阿文版),载 www.taghrib.org/arabic。

② 阿布都·勒嗨姆·阿里·穆圣·伊布拉赫姆:《集体创制与伊斯兰法学会》(阿文版),载 www.taghrib.org/arabic。

运用科学合理的方式，发布有关法律规则和裁决；对当今社会出现的各类问题予以分析研究，阐明伊斯兰法对它的规范；同国内外的大学、研究中心及法律机构合作，就时下出现的新事物、新问题进行科学化和专业化研究；协调与各类监督、金融机构间的关系，并在相关的研究领域、统一法律规则等方面加强合作；向有关组织在选择和适用法律上给予最良好的指导，向他们提供有利于国家和自身发展的良好建议和法律援助。

苏丹伊斯兰法学会由五个专门委员会组成：(1)指导委员会。负责研究民族目标实现的总体方针和基本纲领，通过对个人、国家和社会相关事务的关注，来研究国家的政治、经济、教育、宣传等方面的理论构建和发展模式。(2)宪法和法律事务委员会。负责研究各种法律制度的制定，以及伊斯兰国家与其他国家和国际组织间的关系，对穆斯林的宗教事务、个人身份方面的问题予以裁决和提供法律援助。(3)经济事务委员会。主要负责在伊斯兰法原则下研究有关现代经济、伊斯兰经济、金融、公司、国际经济关系以及与经济有关的问题。(4)社会与文化事务委员会。研究和制定符合伊斯兰法原则的社会制度，指导社会、部落、公民，特别是妇女、儿童、家庭的行为及社会公共文化事业。(5)自然科学与应用委员会。主要研究当今自然科学领域中出现的需要伊斯兰法加以规范的事务，研究现代文化对人们产生的影响，以及现代社会人们的衣食住行等问题，同时也研究和挖掘自然科学领域中的伊斯兰文化遗产，阐明伊斯兰学者对它的贡献。

伊朗就如何进行集体创制也作过同样尝试。哈梅内伊曾颁布一项成立伊斯兰法学会的命令。学会由著名伊斯兰法学家组成，其基本职责是：就当今伊斯兰世界面临的问题进行正确的科学研究，创制法律规范。此前，伊朗学者们力主集体创制。在他们看来，学者们在任何领域中的相互探讨和意见交流，是繁荣学术、发展法律的重要因素。

二是采用划分专业、分门别类的创制方式。集体创制在法学家协商和会同形式的基础上,还仿照现代自然、社会科学划分学科和专业的方法,将伊斯兰法按照法律规则调整的社会关系和法律规则的调整方法两个标准,分门别类,设立一些调整不同社会关系的最基本的法律部门,例如民法部门、刑法部门、经济法部门等。这些法律部门分类组合,从而形成一个门类齐全、结构严密、内在协调的法律体系,使不同专业的法学家在其专业范围内进行研究和创制,以保证研究和创制结果的有效性和实用性。对此,有学者认为"伊斯兰法的复兴和发展与其他学科的复兴和发展没有什么两样,在当代唯有通过学科分类、专业划分的方式才能实现。划分学科是现代大学学科体制形成的基本方式,这是由当今学科种类繁多、领域扩大决定的。"①

由此可见,当代伊斯兰世界主张重启创制大门和提倡集体创制思想已成主流。这是由伊斯兰法的社会属性和功能决定的,也反映了人们要求伊斯兰法顺应历史发展和时代变迁的紧迫感和责任感。

① 阿布都·艾米尔·哥白俩尼:《关于伊斯兰法的分门别类》(阿文版),载 www.taghrib.org/arabic。

第十章　传统规则的现代化尝试：伊斯兰法的法典化

近代以来，伊斯兰世界在内外压力的冲击下接受了西方法律制度，由此造成借鉴和吸纳西方法律是近代以来伊斯兰世界法制改革唯一方式的观点。实际上这种观点有失偏颇。[①] 近代以来，尽管伊斯兰法的遭遇史无前例，但伊斯兰世界的政治家、思想家和法学家们并未对伊斯兰法弃之不顾，相反，他们始终在探索伊斯兰法的衍新，通过对传统伊斯兰法的改革，构筑其现代体系。伊斯兰法的法典化是这一改革的主要内容与独特形式。即近代以来，伊斯兰世界进行的把传统伊斯兰法律观点和法律规则，按照现代法律的规范形式系统化、明确化和条款化地编纂成统一法典的尝试和探索，经过长期努力，已取得令人瞩目的成就。

一、历史上伊斯兰法未被法典化的原因

法典是人类整个法律系统化的最高形态，是人类法律制度文明乃至整个制度文明最集中最权威的典籍，是我们能够以近距离或直接而真切地观察某种法乃至某种法律制度文明的主要钥匙。[②] 这里所说伊

① 必须说明的是借鉴和吸纳西方法律制度不是伊斯兰世界近代以来法律改革的唯一方式。

② 周旺生：《法典在制度文明中的位置》，载《法学论坛》2002年第17卷第4期。

斯兰法的法典化(تقنين الفقه الاسلامى),亦即伊斯兰法的法典编纂,是指把零星的、散见于伊斯兰法律典籍和法学著作中的有关民事和商事等法律观点和法律规则,按照现代法律的规范形式,成文化、系统化、类别化和条款化地编纂成统一法典的法律创制活动。这项活动包括:整理已有的法律规范,废止和修改不适宜的部分,消除内部矛盾,制定新法律规范,增补空白,进行规范协调等具体工作,以使伊斯兰法律部门的全部规则形成一个基于共同原则、具有内在联系的统一体,以满足业内人士尤其是普通群众简便快捷地适用法律的需求。

在西方法典编纂历史悠久,地位显著,早就有《法国民法典》和《德国民法典》等著名法典。而严格意义上的法典编纂在伊斯兰法制史上只是近代以后的事,在此之前,法典编纂总是没能引起足够重视,究其原因主要有如下几点:

第一,经训的至高无上地位。经训是伊斯兰教的基本经典,是整个穆斯林生活环绕转动的轴心,是伊斯兰国家和社会信仰原则、哲学思想、伦理道德、政治经济、法律创制和司法实践的权威准则和第一源泉。经训的至高无上地位,决定了历代哈里发和法学家不能超越经训而把伊斯兰法编纂成一成不变法律条款。因此,法学家在无经训明文可依的问题上,倾向适用类比等方法解决问题,旨在保持创制规则和法律裁决与经训明文与精神的一致性。

第二,法律创制自由。法律作为一种行为规则,具有一般规范和原则规范的特征。世界上任何国家的法律制度皆不可能对社会生活中发生的或尚未发生的事做到详尽的法律规定。伊斯兰法也符合法的这一发展规律。经训在伊斯兰法中是最高法律效力的法典,有着抽象性与原则性的特征,它只是概略了伊斯兰法的基本原则、理论基础和法律宗旨等,但没有对社会生活中层出不穷的所有问题做出详尽规定,旨在给社会以回旋余地,为法学家留出解读经训的广阔空间,充分发挥主观能动性和个人才华创制法律，满足时代与社会的客观要求。因此，法的创制是伊斯兰法富有生机活力的保证，是伊斯兰法永葆青春的主要因素，是建立伊斯兰秩序的必备途径。尽管把某一学派的法律规则按照现代法律形式编纂成书，有助于法律规范的明确性和条款化，有助于人们通过法律条款直接了解他们在社会关系中的权利和义务，有助于执法和司法的有效实施，但它会削弱法学家的法律创制精神，助长因循守旧、墨守成规的风气，制约伊斯兰法的良性发展，使之滞后于社会生活。

第三，伊斯兰法律主要是以法律学说的形式存在①。现代国家的法的创制，是国家实现政治权力和社会管理职能的重要手段，是一定的国家机关依照法定职权和法定程序制定、修改或废止法律和其他规范性法律文件的一项专门性活动。伊斯兰法则不然。传统上它的创制不是以国家的名义完成的，也不是一定国家的专有活动，而是由法学家完成的，法学家在法律创制过程中发挥着不可替代的作用，人们适用的是他们遵循的各学派及其法学家的法律观点与法律规则。法律主要是以学者们的学说的形式存在和发展，这就使伊斯兰法律难以形成条款化、系统化、明确化、统一化的法典。

第四，宗教信仰自由。阿拉伯帝国形成后，帝国内除穆斯林外，还有犹太教和基督教等宗教信仰的人们。穆斯林对他们的一贯原则是：如果愿意改信伊斯兰教，就成为穆斯林，享受穆斯林的权利，履行穆斯林的义务；如果不愿意改信伊斯兰教，却能与穆斯林立约（苏勒哈），就会成为“受伊斯兰教保护的人”。依“宗教绝无强迫”②的原则，伊斯兰教允许他们保持原有的宗教信仰和适用他们原有的相关宗教法律和法院。如果伊斯兰国家把某一伊斯兰法学派的法律规则编纂成册，规定

① 高鸿钧：《伊斯兰法：传统与现代化》，社会科学文献出版社 1996 年版，第 105 页。
② 《古兰经》，黄牛章，256 节。

为国家的统一法律,适用于所有的人,会给其他宗教信仰的人们带来法律适用的不便。[①]

二、伊斯兰法法典化的历史发展

正因上述伊斯兰法的独特渊源和体系结构,一直以来,法律的法典化在伊斯兰学界是个颇有争议的问题。赞同者和反对者皆引经据典阐释主张,说明观点。尽管如此,法律的法典化在伊斯兰法制史上古已有之,不同时期和地区均产生了代表一定法制进程的优秀法典。伊斯兰法法典化的历史演进大致经历了如下阶段:

第一,拟确定某一学派为国家适用法律的正式学派。这一阶段起始于公元 8 世纪左右,是伊斯兰法法典编纂的初创与尝试阶段。尽管这一阶段的法典编纂没有成功,但它为以后的法典编纂产生了一定影响。

公元 8 世纪,正值阿拔斯王朝的全盛时期。为调整各种社会关系,维护国家统一和社会安定,哈里发政府十分重视法律的发展。当时著名法学家阿布都拉·穆格弗尔看到帝国境内学派林立,造成法律适用的非统一性时,建议哈里发贾尔法·曼苏尔制定一部以经训为渊源、以某一学派法律规则为基础的法律,通用于帝国全境,以统一国家的法律。他在给哈里发贾尔法·曼苏尔的名为《圣门弟子服从权力》的信中说道:"帝国各个行省和地区法律适用的差异和混乱,是非同小可之事,信士的长官应当高度重视。信士的长官应当责成每个行省和地区依照本地已有的圣训或运用类比制定各自的法律,并将其禀报于信士的长

① 苏布哈·穆哈米萨尼:《伊斯兰法复苏绪论》(阿文版),贝鲁特知识出版社 1962 年版,第 103 页。

官。信士的长官对各地区禀报的法律分析和审视后,应将它们编纂成统一法典,通用于全国。"①很显然,阿布都拉·穆格弗尔试图说服哈里发把某一学派确定为国家法律适用的正式学派,这一历史事件被认为是伊斯兰法法典化的历史起端。遗憾的是,阿布都拉·穆格弗尔的设想没能实现。因为,哈里发曼苏尔于公元755年和公元775年两次麦加朝觐期间,要求居住麦地那的圣训派创始人马立克·本·艾奈斯将其编纂的《穆宛脱圣训集》及该派的法律观点和法律规则,作为帝国全境法律适用的正式学派时,被马立克婉言谢绝。

尽管把某一学派作为国家法律适用的正式学派在学界有不同看法,得不到广泛认同。但这种做法在许多国家早已存在,它们通常在司法和行政实践中侧重和倾向某一学派的观点,总是把某一学派的规则作为法律裁决依据,从而对该学派的发展和传播起到积极的促进作用。今天各个学派在不同国家和地区的存在现状及其尊奉人数深刻地说明了这一点。例如,阿拨斯王朝特别是艾布·哈尼法及其弟子艾布·优素福担任巴格达大法官时期,哈里发政府倾向适用哈乃斐派的规则,支持该派在帝国内的发展和传播,使该派在伊拉克及周边地区得以广泛传播。法图麦王朝支持伊斯马仪派在埃及和马格里布地区的传播,直到11世纪该派被马立克派取代。此后,安尤布王朝又在埃及推行沙斐仪派。奥斯曼帝国更是如此,它们始终把哈乃斐派作为帝国法律适用的正式学派,帝国伊斯兰长老及其助手的人选也从哈乃斐派学者中产生。因此,16世纪初奥斯曼素丹塞利目一世发布敕令,宣布哈乃斐派为国家适用法律的正式学派,除五功等宗教礼仪人们可以尊奉各自学派的法律规则外,其他方面皆须依哈乃斐的法律规则。安尤布王朝时

① 苏布哈·穆哈米萨尼:《伊斯兰法复苏绪论》(阿文版),贝鲁特知识出版社1962年版,第103页。

期,埃及主要适用沙斐仪学派,时而也采用哈乃斐、马立克和罕百里三大学派的法律规则,但埃及被奥斯曼帝国统治后,其司法主要是以哈乃斐派为主。突尼斯自16世纪被奥斯曼帝国统治后,除现在仍然作为马格里布地区主要学派的马立克派作为辅助外,国家法律主要以哈乃斐派为主。今天罕百里派是沙特阿拉伯王国的正式学派。宰德派是也门的正式学派。那些曾被奥斯曼帝国统辖国家的《穆斯林个人身份法》除吸取现代法中的某些因素外,仍以哈乃斐派为主,如埃及、叙利亚、约旦和黎巴嫩等。

第二,选择同一学派不同观点的法律规则编纂统一法典。前文所述,伊斯兰法制史产生了风格迥异、自成体系的学派。就逊尼派内部而言,主要派别有十几个,其中最有影响的是四大法学派。四大法学派的法律观点和法律规则一直是伊斯兰各国和地区法律适用的根据和准则,从而决定了伊斯兰法律观点和法律规则分散于各学派的法学著作而未被编纂成统一法典的历史。各学派的法学著作因作者创制模式、创制规程、史料征集、学术品位、研究方法等差异,导致学派与学派及本派内部之间的观点与规则不尽相同。对法学著作中包含的大量法律规则及其正确性的解读,则由受过专门法律训练、具有一定法律知识的人来完成,从而给伊斯兰法的普遍适用带来诸多不便。为伊斯兰法得以普遍和有效地适用,确保伊斯兰法的社会作用和社会功能,一些国家的政府和穆斯林学者开始从同一学派的法学著作中整理、编纂统一法典,以满足社会法律适用的需求。16世纪中叶,被称为"立法苏莱曼"的奥斯曼帝国素丹苏莱曼一世授权大穆夫提艾布·苏欧迪选择同一学派的观点和规则编纂法律。艾布·苏欧迪为完成素丹的命令,编纂出《素丹苏莱曼总法典》。同时,素丹苏莱曼还授权穆罕默德·汗清真寺教长艾哈默德·哈勒布整理、汇集简明通用的伊斯兰法律规则。艾哈默德·哈勒布从哈乃斐派四部法学著作(即古都勒、姆哈塔勒、维嘎叶、堪兹)

中汇编成一部名为《大海焦聚》的法学典籍。该部典籍虽未按照法律条款的形式编纂,但简明扼要,言简意赅,是本很好的教科书,基本满足了当时社会的法律需求。

出于同样的目的,17 世纪印度皇帝穆罕默德·阿兰克雷看到适用于印度地区的哈乃斐派阿拉伯文手抄本法学著作体系庞杂、观点零乱、使用不便时,责令组建一个由 5 位著名印度学者组成的法律委员会,负责编纂法律。委员会从哈乃斐权威法学著作中摘取和整理出该派伊玛目们一致认可的法律规则,汇编成册,将其命名为《印度裁决》或《阿兰克雷裁决》。[①] 前者以印度地名命名,后者则以国王穆罕默德·阿兰克雷的名字命名。这部 6 卷本法学著作的最大特点在于许多观点和规则均来源于哈乃斐权威法学著作中有关艾布·哈尼法及其弟子穆罕默德·哈桑·谢伊巴的观点和裁决。这部著作既包括五功等宗教规范,又包括社会行为规范;既包括法律理论,又包括司法实践;既包括法律条文,又包括明文的解释,体系也不像现代法律的规范形式,最终未成为通用全国的法典。

第三,按照西方法律规范形式编纂适用于全国的正式法典。这一阶段是伊斯兰法法典编纂的重要时期,是前两阶段的必然结果。这就是近代著名的奥斯曼帝国法典编纂。

18 世纪以来,在奥斯曼帝国内外交困的处境下,在帝国占主导地位的伊斯兰法有了深刻的变化。伊斯兰法为帝国的主要法律外,还增添了世俗法和世俗法院。但是,由于奥斯曼帝国的世俗法院中许多非伊斯兰法专业的法官对伊斯兰法律知识的欠缺,许多与伊斯兰法相关的控诉案件在提交世俗法院审理前,先要经过伊斯兰法院的审理。[②]

---

① 此部法律汇编在我国一些地区的伊斯兰经堂教育中被使用。

② 穆苏塔法·泽勒嘎:《伊斯兰法入门总论》(阿文版),大马士革思想出版社 1967 年版,第 53 页。

这种状况迫使奥斯曼帝国素丹必须简化伊斯兰法律,从汗牛充栋、浩如烟海的伊斯兰法学著作中提取和整理较为正确且符合当时社会条件的法律观点和法律规则,并使之具体化和条款化,满足一般法官和普通群众无需对伊斯兰法做潜心研究就能掌握法律规则的要求,加之受西方法律编纂思想的影响,奥斯曼帝国于 1869 年成立了由 7 名著名法学家组成的法律编纂委员会着手法典编纂。该委员会由艾哈默德·骄德负责,基本任务是编纂一部以哈乃斐派的法律规则为基础,兼顾当地习惯,并无意见分歧和便于查阅的民法典。经过 7 年努力,委员会于 1876 年编纂出了奥斯曼帝国著名民法典——《通用法律大全》(مجلة الأحكام العدلية又译《奥斯曼民法典》,以下简称《大全》)。这部法典是伊斯兰法史上第一次,也是唯一一次赋予"麦坚莱"(مجلة majalat 其含义泛指文集)以"戛努尼"(القانون al-ganuu 即法律)的含义,此后伊斯兰世界编纂法律皆以"戛努尼"冠之。

《大全》包括一篇序言和 16 篇正文,总计 1851 条。序言包括 100 条,第一条是有关界定伊斯兰法学即"斐格海"的概念及其分类的;其余 99 条主要是以伊本·努杰米《相似与类似》和苏尤退的《相似与类似》著作为依据①,阐释了有关伊斯兰法律原则即"格瓦尔都·斐格海"(القواعد الفقهية)的问题。这些法律原则是构成伊斯兰法律规则的综合性和稳定性的原理和准则,对制定和理解伊斯兰法律规则具有指导意义。16 篇正文包括:贸易、租赁、担保、债务转移,抵押、信托和受托管理、赠与、非法占用和毁灭、制止、限制、先占和司法行政等。

《大全》是一部民事法律汇编,是 19 世纪伊斯兰世界最重要的法制改革。在形式上,它采用了西方国家法典的篇、章和条目的结构。但与

① 伊本·努杰米和苏尤退两学者均在阐述伊斯兰法律原则方面有代表作,两本书名均以《相似与类似》命名。

西方国家法典不同的是，《大全》中的有些条款附加了一些例子和细则，旨在对条款做进一步详细说明和解释。因为，这部法典是伊斯兰法制史上第一部按照现代西方法律形式编纂的，对条款详细明确地注释，有助于法官、律师和普通学者对它的使用。[①] 从内容和实质上，它是一部以哈乃斐派创始人艾布·哈尼法及其两弟子艾布·优素福和穆罕默德·谢伊巴的被称为扎黑勒·雷瓦叶（ظاهر الرواية）[②]的法律观点和法律规则为基本内容的民事实体与程序法律。但它改变传统法学著作中把各种不同观点和规则汇集一起的做法，而是将所有的法律规则确定为明确具体的条款，即便是三位伊玛目在有关问题上有所分歧，《大全》也是界定其中一种较为符合大众利益和时代要求的法律观点和法律规则。如“禁止意志不成熟者支配个人财产”和“订立契约”两个法律问题上，前者采纳了两位弟子的裁决；后者则采纳了艾布·优素福的裁决。同时，因受社会条件变化的影响，《大全》在个别问题中放弃三位伊玛目的法律规则，采纳其他学者的规则。[③] 从效力上，“它并不像欧洲大陆国家法典那样排斥对先前存在的同一内容的法律规则，或者说不具备欧洲大陆法典那样对先前同类法律的排斥力。”[④]

值得一提的是，这部法律汇编是伊斯兰法制史上政府对伊斯兰法律规则进行编纂和颁布的首次尝试，其意义不仅在于广泛的适用性，更重要的它是伊斯兰法制史上第一次以国家名义对散见于法学著作中的法律规则进行系统梳理，是对散见于法学著作中的观点各异的法律规

① 苏布哈·穆哈米萨尼：《伊斯兰立法哲学》（阿文版），贝鲁特知识出版社 1975 年版，第 95 页。

② 意思为“表面的或可靠的传述”。通常指艾布·哈尼法、艾布·优素福和穆罕默德·谢伊巴三位伊玛目的观点与裁决。

③ 苏布哈·穆哈米萨尼：《伊斯兰立法哲学》（阿文版），贝鲁特知识出版社 1975 年版，第 95 页。

④ 高鸿钧：《伊斯兰法：传统与现代化》，社会科学文献出版社 1996 年版，第 129 页。

则系统化、明确化和条款化的最初探索,标志着国家层面法律创制的开始。在当时它填补了奥斯曼帝国司法和行政等领域的许多空白,为伊斯兰法律在社会中的普遍适用,提供了极大的方便。

与《阿兰克雷裁决》等大全式的法典相比,《大全》没有涉及念、礼、斋、课、朝五功及刑事方面的内容。而与西方民事法律不同的是,由于奥斯曼帝国奉行宽松的宗教信仰政策,允许不同宗教信仰的人们在相关事务上,遵循各自的宗教法律,也允许穆斯林自由选择各自遵奉学派的法律规则。因此,作为民事法典,《大全》没有涉及婚姻、离婚、赡养、遗嘱等现代民法的内容;其次,《大全》专门设置了法律原则,把它作为法律规则的基础和本源的综合性、稳定性的原理和准则,对伊斯兰法律规则的制定、解释及实施具有指导作用;再次,为确保有关契约的规范有效,《大全》制定了一些不利于契约自由的条件,摒弃了其他学派在此方面较为灵活变通的规则。①

为便于对《大全》的深入理解和有效适用,法学家们先后多次对整部《大全》或部分章节进行诠释,这些诠释已成为学习和研究《大全》必不可缺的参考资料。其中土耳其语版本较为著名的是阿退福·比克、拉希德和骄德等人的注释著作;阿拉伯语版本较为著名的是麦斯欧迪·阿凡提的名为《大全之镜》的注释著作,它是用阿拉伯语对土耳其语正文所做的注释,于1881年在伊斯坦布尔出版;此后奥斯曼帝国协商议会议员塞利目·勒塞顿·巴兹也对《大全》予以注释,其著作于1888年出版,后多次再版。它采用"应用式"的注释方式,故没有提及《大全》法律规则产生的法律根据。其语言简练,容易理解。这部注释著作是伊斯兰国家非伊斯兰法专业的法律工作者学习和研究伊斯兰法的必备书

① 苏布哈·穆哈米萨尼:《伊斯兰法复苏绪论》(阿文版),贝鲁特知识出版社1962年版,第112页。

籍和参考文献。对《大全》最全面、最完整的注释,首数由奥斯曼世俗法院首任院长、伊斯坦布尔学院专门讲解《大全》的阿里·海德尔教授用土耳其语注释的著作《法官的珍珠:〈大全〉注释》。这部注释著作共计16册,按大全的章节分门别类予以注释,并说明每项法律规则产生的法律根据。这部注释著作后由法哈米·胡斯尼律师翻译成阿拉伯语;对《大全》的现代注释,最先是由大马士革法学院教授穆罕默德·赛义德·穆拉迪思兹于1919年完成的名为《根源之根源:〈大全〉民事部分注释》的三卷本;此外其他学者也对《大全》进行注释。总之,这些注释卷本风格迥异、独具特色,是理解《大全》不可或缺的材料。一本法典有如此多的注释,其重要性和权威性可见一斑。

《大全》除阿拉伯半岛腹地和也门等国外,曾在奥斯曼帝国及其行省长期适用。例如,利比亚1912年被意大利侵占前,一直将《大全》作为调整民事法律关系的法典;“一战”之前,《大全》是许多阿拉伯国家民事法庭的重要法律依据。后来大多数阿拉伯国家放弃《大全》的适用,继而以西方法律取而代之。而土耳其是在这方面走的最先和最远的国家,率先废除《大全》及其他奥斯曼帝国的伊斯兰法,引进瑞士的民法和诉讼法、德国的商法和意大利的刑法。之后,除约旦等个别国家外,许多阿拉伯国家效仿土耳其的做法,逐步放弃对《大全》的适用,引进西方法律制度。

奥斯曼帝国把哈乃斐派确定为国家法律适用正式学派的根据是:“服从哈里发命令是民众之义务”的法律原则。因此,委员会在给奥斯曼帝国内阁首相的报告中说道:“如果信士的长官在相关法律问题上,命令大家遵循某一学者的裁决时,大众有义务执行”。对此,《大全》第1801条规定:“素丹在相关法律问题上,发布遵循某一法学家法律规则的命令,是因为该规则符合时代要求、有益于人们权益时,法官无权放弃这一法律规则,去适用其他规则。如果法官依其他规则进行判决,其判决无效”。① 令人欣慰的是,阿拔斯时代伊本·穆格弗尔把某一学派确定为国家法律适用的思想和主张,没能说服当时的学者们,更没能得到哈里发的支持,而多少年后,他的思想在奥斯曼帝国得以实现,《大全》的产生无疑是他的思想正确性的有力见证。

第四,选择各派规则,形成统一法典。如果说选择同一学派的法律规则编纂法典,是在同一部法典中采纳同一学派的法律规则的话,那么选择各派的法律规则形成统一法典,则是在同一部法典中不拘泥于某一学派而是采纳不同学派符合时代要求、贴切人们利益的法律规则形成统一法典。

近代以来,伊斯兰世界有观点认为:为使伊斯兰法适应现代社会条件的要求,应该消除门户之见,打破以往那种某一地区只奉行某一学派法律规则的做法,应当广泛吸取各派的法律观点和法律规则,整理和编纂适应现代社会条件、适用全国的统一法典。在同一部法典中采纳和选择不同学派法律规则的编纂活动,是伊斯兰法制史上的一个崭新时期,最初表现为奥斯曼帝国及其他国家的穆斯林婚姻家庭的法律法规。奥斯曼帝国的婚姻家庭法律,最初因采纳国家奉行的哈乃斐派的法律规则,只在一些范围内实施。为改变这种局面,奥斯曼帝国开始采用以哈乃斐派为主、兼容其他学派规则的做法。

例如,在妇女离婚权问题上,帝国素丹于 1916 年发布两条敕令,允许女子在两种特殊情况下有离婚权;一是丈夫没有留下足够的生活给养而长期失踪;二是丈夫患有不治之症。这两条敕令是放弃艾布·哈尼法及其两弟子在此方面的裁决,而以其他学派的法律规则为根据的。尤其是 1917 年帝国颁布的《家庭权利法》是典型的同一部法典不拘泥

① 苏布哈·穆哈米萨尼:《伊斯兰法复苏绪论》(阿文版),贝鲁特知识出版社 1962 年版,第 113 页。

于某一学派而采纳各学派法律规则的法典。尽管此间由于西方对伊斯兰世界的侵略，许多阿拉伯国家摆脱了奥斯曼帝国的统辖，使这部法律的实施面较窄，但它不拘不泥、博采众长的特征，在阿拉伯世界产生广泛影响，许多国家皆仿效其内容与形式编纂本国的民法典。《家庭权利法》中的有关伊斯兰法的规定①，是以哈乃斐派的法律规则为基础，并在有些问题上采纳了其他学派的法律规则。例如，哈乃斐派把强迫婚姻、强迫离婚及酒精麻醉失去理智后的离婚，判为婚姻成立，离婚有效。但《家庭权利法》对此放弃哈乃斐派的法律规则，采用其他学派的规则，将此情况下婚姻和离婚判为无效，以减轻和消除此种婚姻尤其是离婚带给家庭的不幸和伤害。其次，《家庭权利法》规定：夫妻感情破裂造成家庭不和，夫妻任何一方提出离婚时，法院应当受理。这是舍弃哈乃斐派的规定，而以马立克派的规则为根据的。即哈乃斐派认为，女子只享有"授予离婚权"之外，一般无离婚权。所谓的"授予离婚权"是指夫妻在"婚约"或"婚约附件"中的缔约，或者夫妻感情破裂家庭不和时，妻子委托法官解除婚姻。再次，《家庭权利法》规定：在丈夫失踪、生死未卜的情况下，允许妻子要求法官解除婚姻。这也是放弃哈乃斐派的规定，而以马立克派的规则为根据的。即马立克派认为，丈夫失踪，妻子多方寻找，却无下落，或失踪长达 4 年之久，生死仍然未卜，或因参战，其战友已返家一年之久，仍杳无音信时，妻子有权要求法官解除婚约。最后，《家庭权利法》规定：禁止监护人将无行为能力的未成年人成婚的行为；禁止监护人将无行为能力的"精神病患者"成婚的行为。这两条规定均有悖于哈乃斐派的规则，前者采纳依伊本·舍拜勒麦和艾布·白克尔·艾索姆的主张，后者采纳了沙斐仪学派的主张。②

① 这部法律除伊斯兰法的内容外，还依据有关习俗及基督教和犹太教的宗教法律而制定。

② 苏布哈·穆哈米萨尼：《伊斯兰法复苏绪论》（阿文版），贝鲁特知识出版社 1962 年版，第 122 页。

三、当代伊斯兰世界伊斯兰法法典化的实施

当前,伊斯兰法律的法典化已打破以往仅限于民事领域,逐渐扩展到经济和刑事等领域。伊斯兰世界本着伊斯兰法是为人类社会"趋利避害、博爱众生"基本宗旨和精神,吸纳各学派符合现代社会和人们普遍权益的法律规则编纂法律。这一趋势方兴未艾,成绩骄人。这是因为伊斯兰世界内外经济和社会关系的发展,带给各国许多新问题,这些问题中有些与本国的历史传统和民族习俗密切相关,具有本土特征;有些是受外域法律影响和借鉴西方各种制度引起的。此外,各国以往的民事法典大多是以哈乃斐派的规则为基础的,而某一学派不论体系多么完备,内容多么丰富,不可能包罗万象,穷尽一切法律问题,也不能满足日益增长的人类利益需求。如果在所有问题上仅以某一学派的规则为根据,致使许多问题失去应有的法律规范,故需要重新对包括哈乃斐派在内的其他学派的有关法律规则予以审视和确定。同时,在全球化背景下各国政府致力于将有些经济、金融、贸易等行为法律化和条款化,使之在法律规范和政府宏观调控下良性有效运转。因此,各国政府积极致力于创制符合伊斯兰法原则和现代社会条件的法律制度。特别值得一提的是,伊斯兰世界尤其阿拉伯国家的官方和民间组织积极行动起来,着手规划和实施伊斯兰法律的编纂。其中阿拉伯国家联盟、伊斯兰会议组织、海湾合作委员会的作用与贡献尤为显著。

第一,阿拉伯国家联盟。总部位于埃及首都开罗的阿拉伯国家联盟,于1953年创建了高等阿拉伯研究院。研究院的基本目标和任务之一:进行伊斯兰法与包括西方法律为主的各种世俗法律的比较研究。经过长年努力,阿盟建立了一个由伊斯兰法学家和现代(世俗)法学家组成的委员会,从事伊斯兰法典的编纂工作,并完成了相关法典的编

纂。例如,1981年2月23—25日,阿拉伯国家司法部长在也门首都萨那召开会议,会后发表的《萨那宣言》中承认并宣布伊斯兰法是阿拉伯国家民法、商法和刑法等基本渊源,并将此视为阿拉伯国家迈向统一的重要步骤。1984年4月16—17日,阿拉伯国家司法部长在伊拉克首都巴格达举行第二次部长年会,会议同意执行和实施此前1983年在沙特首都利雅得部长会议确立的编纂法律的决定,会议还确定了有关阿拉伯国家司法合作及统一阿拉伯国家司法组织、个人身份法律草案的协议,并授权一个专门委员会制定适用于阿拉伯各国的统一刑法典和司法组织的草案。① 遗憾的是,由于阿拉伯国家政治模式、经济结构,特别是法律状况的差异,使得阿盟的立法和法律编纂工作相当迟缓,收效甚微,但阿盟制定的有些计划,后由海湾合作委员会实现。

第二,阿拉伯海湾合作委员会。海湾合作委员会是为实现伊斯兰、阿拉伯世界的统一建立的地域性组织。委员会下设一个专门从事法律编纂部门伊斯兰法律编纂委员会。其基本职责和任务是:制定各领域普遍适用的统一法律,借以促进各成员国间的广泛联系和协商合作,最终实现成员国间的统一。

1982年12月12—13日,海湾国家司法部长举行第一届会议。会议达成如下决议:一是伊斯兰法渊源应该成为各成员国的立法渊源和司法基础。因为,伊斯兰法渊源是从伊斯兰法律原则和法律精神中生成的,任何只要关注大众权益的法律制度,伊斯兰法均予以承认;因为这些法律制度合法性的根据,要么是符合经训原则的,要么是通过伊斯兰法的创制规程产生的。就此问题,法律编纂委员会工作条例第二条规定:"在有关法律制度的制定前,由委员会主席团负责组建一个由各成员国司法

---

① 穆罕默德·阿布都·杰瓦德·穆罕默德:《伊斯兰法及其法典编纂》(阿文版),亚历山大知识出版社1991年版,第29页。

专家学者组成的专门委员会,以便对制定适用于诸成员国统一法律的可能性进行研究”。二是为执行海湾国家合作委员会章程中有关制定普遍适用的统一法律的内容,会议决定成立由海湾各国法学家及相关学者组成的专门委员会,在委员会主席团设计的框架内,负责伊斯兰民法、商法、刑法等各种法律的编纂。对此该专门委员会工作条例第九条又予以明确的解释和说明:“由委员会主席团负责将各成员国的法律、法规、规章收集起来,使之成为制定统一法典的参考依据。各成员国必须向委员会主席团提供业已公布的法律、法规、规章及其相关解释条文的全部材料,同时由委员会主席团负责将所制定的法律传达给各成员国。”①

1984年1月29—30日海湾国家司法部长举行第二届会议。会议通过两项决议:一是确立伊斯兰法律编纂的可能性。即各成员国司法部长一致确定:依据确立的计划与步骤,由专家学者组成的专门委员会从事伊斯兰法律的编纂工作。二是制定各级审判需要的统一司法制度,以统一成员国司法审判程序。由于考虑到各成员国法律和司法的差异,故此,司法部长们决定将以上两个问题交付伊斯兰法律编纂委员会,使之负责讨论和完成。

此外,在本届会议上,成员国司法部长们为编纂委员会确立了法律编纂大纲:其一,按照现代法律的分类,对伊斯兰法进行分类编纂。大纲将伊斯兰法社会规范的内容分为五部分,前三部分称为“编纂”,后两部分称之为“制定法律”:(1)编纂民事法律规范。主要包括:民法、商法、海洋法、劳动法、社会保险法、航空法等。(2)编纂婚姻家庭方面法律。主要包括:婚姻、离婚、财产继承、遗嘱等方面的内容。(3)编纂刑事犯罪及其惩罚的法律。(4)制定适用于海湾诸成员国各级司法统一

① 穆罕默德·阿布都·杰瓦德·穆罕默德:《伊斯兰法及其法典编纂》(阿文版),亚历山大知识出版社1991年版,第34页。

的法律制度。(5)制定适用于诸成员国统一的诉讼法律。主要包括：民事诉讼法、商事诉讼法及刑事诉讼法。其二，法典编纂的方式。大纲确立了五项法律编纂的方式，并要求委员会严格遵守：从语言上，采用官方标准的阿拉伯语；从表述方式上，要求言简意赅、简明扼要、通俗易懂、准确无误的语言表述，使不论是专业人员，还是普通群众，都能比较容易理解法律的含义；从内容上，要求准确无误，一目了然，避免歧义和复数含义的可能性；从术语上，在上述第二条原则的基础上，要求使用伊斯兰法律术语和概念；从文书上，按照伊斯兰法的文书形式，分门别类，分章分节进行编排。其三，编纂法典采纳的内容及观点。大纲对编纂法典所应采纳的内容和观点作出规定：任何一项法律规则，应该在委员会学者共同讨论、意见交换、达成一致的基础上形成。对此，应遵守以下三项原则：(1)在大家共同讨论、达成意见的基础上，应当将任何一项已确立法律规则，局限在一位权威法学家的观点和主张内；(2)就法学家们有分歧的问题，不能依赖无法律根据的观点和主张；(3)法典的内容应当最大限度地涉及有关现代社会条件下出现的新事物和新问题。其四，法典编纂过程中产生分歧的解决办法。如果法典编纂中产生的分歧，在委员会学者共同讨论后依旧存在，以大多数人的意见为最终通过。其五，解释说明。为了更好地适用已完成的法律，消除法律适用过程的分歧和不确定性因素，大纲确定了四项解释说明原则：(1)说明每项条款成立的法律根据及其出处，便于在需要时查阅；(2)说明法律条款所使用的伊斯兰术语在现代法律中的对应条款及其含义；(3)对有关原则性和抽象性的法律条款，应作具体和详细的说明；(4)委员会成员在相关问题上的分歧，必须说明分歧的原因和焦点。①

---

① 穆罕默德·阿布都·杰瓦德·穆罕默德：《伊斯兰法及其法典编纂》(阿文版)，亚历山大知识出版社 1991 年版，第 42 页。

第三,伊斯兰会议组织。1981 年 1 月,总部位于沙特吉达的伊斯兰会议组织在圣城麦加举行第三次会议。会议通过了有关成立“伊斯兰法学会”的第 318 号决议。伊斯兰法学会成员由伊斯兰世界政治、经济、法律、文化等各领域的专家学者组成,其基本任务和宗旨是:对当代伊斯兰世界出现的政治、经济和法律等问题进行分析研究,并依照伊斯兰法的创制原则、创制规程创制出其法律规则,从而从传统伊斯兰法中找出新的历史条件下出现的经训明文未涵盖法律问题的解决方法,并通过各种切实可行的方法致力实现以下目标的:

一是通过专门委员会进行伊斯兰法律的编纂。主要包括:为了满足广大普通穆斯林学习伊斯兰法的需要,编纂言简意赅、简明扼要的伊斯兰法词典;按照现代法律的规范形式,编著言简意赅、内容全面、便于查阅的伊斯兰法百科全书;与伊斯兰世界的其他相关学会和研究机构进行学术交流与合作;鼓励伊斯兰世界的大学和研究机构,就新的历史条件下出现的具有时代特征和挑战意义的法律问题进行学术研究;在伊斯兰世界的部分国家和地区建立伊斯兰研究中心,以协助和服务伊斯兰法学会实现确定的目标;通过各种合法、合理渠道,在更大范围内发行法学会刊物——“伊斯兰法学会会刊”;努力研究和复兴伊斯兰法学及其法理学等文化遗产。

二是,在伊斯兰法原则的框架内,研究各成员国提交的法律草案,并提出修改意见和建议,以确保法律草案符合伊斯兰法原则及其与之保持一致。

三是,对新制定的各项伊斯兰法律特别是伊斯兰商法和国际法进行研究,并将研究意见和建议反馈到各成员国,使这些方面法律法规符合伊斯兰法的基本原则和精神。具体包括:研究各成员国及伊斯兰会议组织的下属机构提交的各类事宜,并提出相应的修改意见和建议,使之与伊斯兰法原则保持一致;根据相关条款,在伊斯兰法原则下研究任何一位专家学者提交的,或法学会本应该解决的问题,并将其意见和建议反馈到各成员国;通过各种途径,在国际法庭和联合国有关机构中的与伊斯兰法有关问题的裁决上,保证伊斯兰法的地位与作用。①

---

① 穆罕默德·阿布都·杰瓦德·穆罕默德:《伊斯兰法及其法典编纂》(阿文版),亚历山大知识出版社 1991 年版,第 30 页。

第十一章　伊斯兰法法典化的杰作：《伊朗伊斯兰共和国宪法》

20 世纪 70 年代末 80 年代初诞生的《伊朗伊斯兰共和国宪法》(以下简称《宪法》)是伊斯兰法制史上法律尤其是宪法法典化的独特蓝本，是伊斯兰法制现代化的成功杰作。《宪法》的诞生具有重大意义：它是在传统伊斯兰政治和法律理论的基础上构筑了现代伊朗的宪政体制，并赋予传统伊斯兰政治和法律理论新内涵，是伊斯兰法制现代化的成功之道，为伊斯兰法制现代化提供了可资借鉴的经验。作为超越伊朗所有一般法律的“高级法”，《宪法》是革命后伊朗的民族信仰、制度建设、社会实际和发展目标的集中反映；是伊朗国家政治的模定化和核心政治问题的解决机制，故以其根本和高级法制的地位和功能，成为伊朗建设法治国家的法制焦点；是伊朗的国家、社会、公民三元主体利益分配与利益协调的法治基石；是了解和认识伊朗现有一切制度尤其是法律制度最集中、最权威的典籍；是能够以近距离或直接而真切地观察伊朗政治制度、国家结构和法律制度的一把钥匙。

一、《宪法》的产生背景及基本内容

1979 年，在经历 15 年艰苦卓绝的斗争后，宗教领袖霍梅尼领导的伊朗伊斯兰革命取得了成功，结束了伊朗的君主专制统治，建立了不同于东西方国家政治体制和国家制度的、伊斯兰性质的国家及政府：伊朗伊斯兰共和国。为保证伊斯兰政府在国家和社会中全面实施伊斯兰化的需要,建国之初,以霍梅尼为代表的伊斯兰学者依据伊斯兰政治理论和法治原则,开始构筑现代伊朗国家的宪法制度和宪政体制,作为国家治国安邦的总章程、人民立身行事的总依据。

《宪法》是伊朗伊斯兰革命胜利的成果。《宪法》是以《古兰经》和圣训为理论基础和立法渊源、援引伊斯兰法学著作中的宪法性规则和原则、按照现代宪法成文化、系统化和条款化的形式编纂而成的法典。是由伊斯兰学者、现代法学家及民选代表共同参与完成的。1979 年 8 月 3 日,伊朗举行了由全民参与的"专家委员会"的选举工作,选举产生德才兼备的伊斯兰学者、相关专家和民选代表组成"专家委员会",履行起草《宪法》的职责。"专家委员会"于 1979 年 11 月 15 日向霍梅尼提交了《宪法》草案,并获得批准。1979 年 12 月 13 日,《宪法》以全民公决的方式顺利通过。伊朗的国家性质、国家结构形式及伊斯兰政府的职责以《宪法》的形式确定下来。

然而,随着时间的流逝和社会关系的改变,《宪法》的稳定性与社会关系的矛盾不断增多,《宪法》的滞后性问题逐渐凸显,修宪问题亟待解决。1989 年年初,170 名议员和最高司法长官分别向最高领袖霍梅尼提出修正《宪法》的要求。1989 年 4 月 24 日,霍梅尼发布修宪命令,任命以哈梅内伊为首的 25 人组成修订委员会,对《宪法》予以审查,并要求在两个月内对《宪法》做出必要修改。1989 年 7 月 8 日,《宪法》修正案完成,1989 年 7 月 28 日,对修正案进行全民公决。《宪法》通过后,由伊朗新任最高领袖哈梅内伊签署实施。

《宪法》除序言外,共 14 章 177 条。序言开宗明义,宣布伊斯兰教是共和国的基础,并指出此前的政治运动,包括立宪运动和石油国有化运动之所以未能取得成效,是因为背离纯正的伊斯兰教的结果。因此,此次革命的关键就是要重建纯正的伊斯兰教。

第一章为总则,包括 14 项条款,即第 1—14 条。规定伊朗的政体是伊斯兰共和国;[1]伊斯兰什叶派十二伊玛目派为国教,但其他伊斯兰法学派同样受尊重,如哈奈斐派、马立克派、沙斐仪派和罕百里派等,尊奉这些学派的穆斯林可以适用各自学派如宗教礼仪、宗教教育、婚姻家庭、财产分配等方面的法律规则;[2]强调坚信真主的启示和法律、承认真主对伊斯兰革命的永恒领导;[3]阐明伊斯兰社会目标实现的途径,以及伊斯兰法律在国家革命中的指导和规范作用;阐释了个人、家庭、国家和民族的作用;强调真主对世人的绝对统治权。需说明的是:总则首先将伊斯兰信仰确立为伊朗伊斯兰共和国的基础。“伊斯兰信仰”条款出现在《宪法》标题之后,成为总则的首要条款,表达了《宪法》对《古兰经》公正治国理念的根本信仰。

第二章是语言、文字、历法、法定节日及国旗的规定,包括 4 项条款,即 15—18 条。规定波斯语为国家的正式语言;鉴于阿拉伯语是《古兰经》和伊斯兰文化的语言,以及阿拉伯文学与波斯文学千丝万缕的联系,规定各个教育领域的初、高中阶段必须教授阿拉伯语。[4] 综观此章的内容尤其对阿拉伯语教育的重视,不难发现其内容与《宪法》的标题及伊斯兰信仰的紧密相连。

第三章是人民权利的规定,包括 24 项条款,即 19—42 条。主要规定了人民的各种权利及其平等原则,对不同民族和信仰的国家公民和社会成员在政治、经济、文化、社会、诉讼、工作、社会保险等方面权利做了详细规定。

---

① 《伊朗伊斯兰共和国宪法》(阿文版),第 1 条“伊朗政权的形式是伊斯兰共和国”。载阿拉伯语网站:http://ar.wikisource.org,登录时间:2009—5—20。

② 《伊朗伊斯兰共和国宪法》(阿文版),第 12 条。

③ 同上书,第 2 条。

④ 同上书,第 15、16 条。

第四章是经济、财务的规定,包括13项条款,即43—55条。规定了国家经济制度的基本原则,将国家的经济制度建立在国营、合作经营和私营三种成分基础上。[①] 并对私人财产所有权、自然资源开发、赋税及环境保护等做了规定。[②] 规定政府有责任没收通过放高利贷、抢劫、受贿、贪污、盗窃、赌博、利用募捐、签订合同和政府贸易而中饱私囊、卖荒地、开设妓院等非法途径获得的不义之财。[③] 本章的主要内容与第三章关于人民权利的内容前后呼应、一脉相承,是对第三章人民的权利实现的最终保障。

第五章是人民主权及其权力的规定,包括6项条款,即56—61条。本章至最后一章在强调真主对世人的绝对、终极权力的同时,在不同的条款中阐明了真主赐予人类对自己及其社会的主宰权,任何人不能剥夺真主赐予人民的这种权力(权利),或迫使这一权力只有利于某人或某个特殊集团的利益。人民通过法律行使真主赐予的这些权力。[④] 并把这些权力的主要内容,具体化为国家的立法权、行政权和司法权。三种权力互相独立、互为作用,由共和国总统负责协调。[⑤]

第六章是立法机构的规定,包括两节:第一节国民议会(或称为"伊斯兰协商会议"),即62—70条;第二节国民议会的职权,即71—99条。第一节是关于国民议会代表的组成人数、产生方式、任职期限、有效会议的人数、议长、议员、议会主席团、各种委员会的选举方式和任职期限,以及总统、总理和部长出席国民议会等规定。第二节是关于国民议会制定和解释法律、政府法案在议会讨论的程序、议会对同外国签订的

---

① 《伊朗伊斯兰共和国宪法》(阿文版),第44条。

② 同上书,第49条。

③ 同上。

④ 同上书,第56条。

⑤ 同上书,第57条。

法律文件的批准、政府发放接受贷款或无偿援助经议会的批准、议会负责有关国家领土边界的确立及不准许成立军政府的职责、议会就任何人对有关机构意见的解答、议员履行职责的要求、内阁的工作等规定。还特别对《宪法》监护委员会的组成人数、产生办法、任职期限、监护委员会对议会通过的决议和提案的审查、对共和国总统的选举、国民议会的选举及公民投票的监督权的实施等做了规定。

第七章是地方委员会的规定,包括 7 项条款,即 100—106 条。规定了成立省、城镇、区、村委员会及其组成人员、选举程序、职责范围等事宜。

第八章是领袖或领袖委员会的规定,包括 6 项条款,即 107—112 条。主要规定了领袖、领袖委员会及其成员的组成、条件和罢免、领袖的职务和权限等事宜。

第九章是行政机构的规定,总计 39 条,包括 3 节:第一节即 113—132 条,主要规定了共和国总统的性质、总统候选人资格、选举办法、任职期限和职权范围等。第二节即 133—142 条,是关于总理和部长的性质、候选人资格、选举办法、任职期限、职权范围、罢免等规定,还特别规定了领袖、领袖委员会成员、总统、总理和部长及其妻子儿女的财产在其任职前后均应经最高法院的调查,弄清是否在任职期间攫取了不义之财。[①] 第三节即 143—151 条,是关于军队和革命卫队的性质、基本职责、禁止在伊朗建立外国军事基地、军阶的晋升或黜降、政府为公民提供军事训练的责任和义务等规定。

第十章是外交政策的规定,包括 4 项条款,即 152—155 条。主要规定了外交政策的基本方针、不干涉别国内政、不得与外国签订有损国家利益的协议、在法律允许的范围政府接受外国人政治避难要求等事宜。

① 《伊朗伊斯兰共和国宪法》(阿文版),第 142 条。

第十一章是关于司法的规定,包括19项条款,即156—171条。主要规定了司法权的性质、最高司法委员会的组成与职责、各类法院的设立及其合法性的确认、司法部长的职责和权限、最高法院院长和总检察长资格、任命及期限、法官的条件、任免和责任、审判原则和程序、陪审团、政治和新闻罪的审理、军事检察院和军事法庭的组成及职责、行政法庭的组成及其职责、国家调查总局的组成及其职责等事宜。

第十二、十三、十四章分别是关于新闻机关、国家最高安全委员会、《宪法》修正案的规定,每章只有一项条款,即175、176及177条。分别是新闻机关(电台、电视台)宣传的自由、国家最高安全委员会组成及其职责及《宪法》修正案的主体和程序等问题的规定。

《宪法》是为适应伊朗法律调整的实际需要,从普通法中分离出的一个法的部门,与其他部门法共同构成了伊朗的法律体系。但作为超越伊朗一切法律制度的"高级法",《宪法》并未对伊朗的国家生活和社会生活予以微观规范和调整,而是通过14章177项条款对伊朗的国家制度和社会制度的基本原则和主要问题做了规定,对国家机关、政治力量、公民的社会和政治活动进行了宏观规范和调整,为国家生活和社会生活的总体运行提供了制度保障。

二、《宪法》体现的基本原则

宪法原则是立宪者设计宪法规范时的具体思路和基本规则,它隐藏于宪法规范的字里行间,贯穿宪法设计的始终。宪法原则既是宪法规范的骨架,又是宪法价值和功能的具体化规则,体现着宪法的价值要求和基本精神,突出地反映宪法的本质要求。① 不同类型的宪法具有

① 董和平:《宪法学》,法律出版社2008年版,第106页。

不同的政治本质和价值要求。综观《宪法》全文,可以概括为以下几点基本原则。

第一,伊斯兰信仰原则。《宪法》主张,作为行为规范和价值体系,伊斯兰教应当成为伊朗人民的行为规范和生活准则。因此,伊斯兰信仰原则是《宪法》首要和最大的特征表现。如果说其他民族的宪政制度是否建立在本民族信仰原则是个见仁见智的问题,那么,伊朗的国家体制和制度是完全基于伊斯兰信仰原则,则是毋庸置疑的。为确保伊斯兰信仰在国家和社会生活中得以贯彻,《宪法》把其确定为它的基本原则、基本精神、核心价值和理论基础,使之在价值上比其他原则更为重要,在功能上比其他原则的调整范围更为广泛,让它发挥整体性的导向功能。信仰原则贯穿于《宪法》始终,成为规制伊朗政府治理社会和国家发展目标的基本准则,是判断国家机构、相关个人的公权力及其行使合法有效的基本标准。在这里以特有的知识结构和特殊的社会地位,伊斯兰法学家在《宪法》制定和审查中的作用是突出的:一方面他们的立宪途径是国家结构和组织形式与信仰原则保持一致的重要手段;另一方面他们依据经训的明文和精神,依照伊斯兰信仰原则,按照法定职权和程序对《宪法》的实质要件和形式要件进行审查,做出是否符合信仰原则的审查结果,以保证《宪法》完全符合信仰原则的法律地位。

第二,真主主权原则。即国家对内的最高统治权力和对外的独立自主权属于真主。真主是一切权力的真正来源者、绝对享有者和终极拥有者。人类不论个体还是群体,都是自由和自主的,不受任何个人、阶层和集团的统治,只受真主的统治和支配,真主是人类唯一的统治者。《宪法》把这一原则视为历代先知和使者创建国家和建设社会的基本宗旨和神圣使命。对此第 56 条说道:“对世界和人民的真正绝对统治权和支配权只属于真主。”

第三,人民是权力的践行者原则。《宪法》主张,尽管真主是人类权力的源泉,但真主通过法律赋予人民享有权力,人民是真主权力的履行者和实践者。人民行使的国家权力的法律性质是代治权力,它来源于权力的终极者真主,是真主权力的派生,人民只以代治者的身份履行,只对真主负责,以感受权力责任的重大。这一原则确定了人民在法律面前一律平等、有权参与政治决策和国家管理、有权表达对政治决策和国家管理的意见、有权通过选举议员代表自己参政、议政和决政。《宪法》要求并鼓励人民依法定方式和法定程序履行各项权力,并为人民提供了参政、议政和决政的大量机会,使人民对权力的行使及自身权利的保障达到了伊朗历史前所未有的程度。"世界和人民的真正绝对统治权和支配权只属于真主,但真主赐予人民对自己社会命运的主宰权,任何人都不能剥夺真主赐予人的这种权力,或者把这一权力变成只利于某个人或特殊集团……"①类似的条款已成为《宪法》赋予人民行使国家权力的最高法律依据。

第四,宗教领袖权威原则。宗教领袖是伊斯兰法律的总代言人,是国家最高权力的拥有者,是国家的最高领袖和军队的最高统帅,是国家主要职权的担负者。《宪法》第 107 条规定:"只要有一个领袖,符合本宪法第 5 条规定的条件,为绝大多数人公认并接受为领袖,如同高贵的救助者、革命领袖大阿亚图拉伊玛目霍梅尼那样,他就可以担负领袖的职务并承担由此而产生的一切责任。否则,人民选出的专家们就要研究那些具备领袖资格的人的情况,从中选出一个具有杰出领袖才能的人推荐给人民。如果不能找出这样的一个人,则选出具备领袖条件的三、五人作为领袖委员会的成员推荐给人民。"鉴于宗教领袖具有绝对权威和重要职责,《宪法》对其必须具备的条件做了规定:(1)其身份是公正、且具备独立创制资格的创制者;(2)反映在他的学说和言论中的

---

① 《伊朗伊斯兰共和国宪法》(阿文版),第 56 条。

国家发展的规划和蓝图,应当具有鲜明的伊斯兰爱国主义情怀和捍卫伊斯兰国家的决心;(3)其宗教资格和权威在民族中是通过自然的历史延续方式确立的;(4)应当由领袖委员会大多数成员选举产生,并依《宪法》规定应得到伊斯兰教界一定数量的学者、思想家、清真寺伊玛目的支持,如果委员会成员和伊斯兰教界对宗教领袖的资格和条件有质疑和分歧,最终的裁决权应当由民众以公决方式实施。此外,由宗教领袖组建"领袖委员会"。领袖委员会基于伊斯兰法律而存在,代表最高宗教领袖履行职责。委员会应当由品学兼优的伊斯兰权威学者和思想家、著书家、演讲家及10位以上具备创制资格的伊斯兰法学家等100位人员组成。①

第五,三权分立原则。《宪法》主张国家权力的可分割性和交换性,即在一定条件下,权力可以通过权力主体自主更换而发生转换,以此将国家最高政治权力分为立法、司法和行政三大部分。通过"以权制权"的方式,遏制个人和党派大权独揽局面的形成,为政治民主化、社会法治化留下发展空间和更多机会,保持国家的政治稳固和社会的长治久安。《宪法》第57条规定:"伊朗伊斯兰共和国的治国机构是立法权、行政权和司法权。这三项权力在领袖的监管下,根据本宪法相关的规定行使,这三项力互相独立。"换言之,《宪法》除了设立领袖、领袖委员会和宪法监护委员会等机构外,还创立了国家的立法、司法和行政权力机构。为确保三种国家机构有效发挥功能,并符合《宪法》精神和原则,《宪法》确立了两条基本原则:一切国家机构特别是这三种机构,均受伊斯兰信仰原则和法制的规制,因为伊斯兰国家不仅仅是个组织形式,更是组织和谐、保障有力、实施法治的主体,国家运作的轴心始终应当围

① 穆罕默德·巴戈里·萨德尔:《〈伊朗伊斯兰共和国宪法〉创制的法律说明》(阿文版),载阿拉伯网站:http://bahrainonline.org/showthread.php?t=114457,登录时间:2009—6—14。

绕权力的终极拥有者真主，并对他负责；这三种国家机构各司其职、相互作用、互为制约、彼此监督，以确保国家机器的良性运转。①

第六，依法治国原则。这是《宪法》民主价值要求在立宪思路上的表现。这一原则的基本含义是按照伊斯兰法制治理国家，建立秩序，任何组织和个人均不得有法律之上和法律之外的特权。为确保法治的有效实施，凡是与伊朗国情和社会有关的、确凿明晰的伊斯兰法律规范和法律原则均被视为《宪法》的有机组成，不论《宪法》对此明文规定与否。在无《宪法》明文可依的具体事宜上，立法机关有权在不违背《宪法》原则情况下、依据民众的整体利益和社会的实际需要创制规则。② 无《宪法》明文可循的事宜，被称为《宪法》规范的"空白地带"，其领域较为广泛，旨在留给制度设计者在《宪法》基本框架内解读它的空间。③ 此外，《宪法》对相关事宜做了明确细致规定，在一定程度上体现了法治要求。如"领袖或领袖委员会在法律面前同其他公民一样平等"；"领袖、领袖委员会成员、总统、总理和部长及妻子儿女的财产在任职前后均经最高法院调查，弄清是否在任职期间攫取了不义之财"；"非按法律规定的程序，不许逮捕任何人"；"审判公开进行"④等。

三、《宪法》表现的基本特征

作为反映伊朗的宗教信仰、历史文化、制度文明和社会现实的高级

---

① 阿巴斯·玛哈茂德：《〈伊朗伊斯兰共和国宪法〉的特点》（阿文版），载阿拉伯网站：http://bahrainonline.org/showthread.php?t=114457，登录时间：2009—9—20。.

② 第71条：国民议会可以在宪法规定的范围内制定法律。

③ 穆罕默德·巴戈勒·萨德尔：《〈伊朗伊斯兰共和国宪法〉创制的法律说明》（阿文版），载阿拉伯网站：http://bahrainonline.org/showthread.php?t=114457，登录时间：2009—6—14。

④ 1989年7月修订后的《伊朗伊斯兰共和国宪法》对此做了规定。参阅彭树智主编；王新中、冀开运：《中东国家通史·伊朗卷》，商务印书馆2000年版，第355页。

法典,《宪法》不仅是一套规则和制度体系,具有现代宪法的一般特征,体现着鲜明的时代烙印和进步特征外,更体现着独特的价值指向和精神趣味。在这里,我们难以全面细致地阐释《宪法》的所有特征,仅从整体上就一些形式特征和实质特征做适当分析。

形式方面。《宪法》是把散见于伊斯兰法学著作中的宪法性的理论和规范,按照现代法典的形式编纂而成的。这一法律创制活动的完成,意味着把伊斯兰法学典籍中的有关宪法性的理论和规范,转化为指导和规范个人、国家和社会行为的宪法原则和宪法规范。因而较之其他宪法,《宪法》的形式特征较为独特、极为鲜明。主要表现为:

第一,经训明文贯穿于全文始终。阅读《宪法》全文,不论是普通百姓,还是专业人士,映入眼帘的是贯穿于全文的经训明文。例如,第2条确立国家信仰原则时,援引"万物非主,唯有真主"的基本信条,使之成为伊斯兰共和国的显著标志;第18条规定国旗标志时,援引"真主至大"的信条;第7条规定政治协商原则时,援引"他们的事务,是由协商而决定的"[①]及"你当与他们商议公事"[②]的节文;第14条规定"伊朗伊斯兰共和国政府和穆斯林人民有责任以伊斯兰的礼貌、善良和公正对待非穆斯林、尊重他们的基本权利"时,援引"未曾为你们的宗教而对你们作战,也未曾把你们从故乡驱逐出境者,真主并不禁止你们怜悯他们,公平待遇他们。真主确是喜爱公平者的"节文。[③] 类似的情况不胜枚举,使人们直观上就能感受到《宪法》的伊斯兰思想基础、政治本质和价值倾向,以及国家性质和国家制度的伊斯兰属性。

第二,伊斯兰法律概念和语言成为《宪法》的关键词和表述语言。伊斯兰法律概念和语言是伊斯兰法实践的理性化的表现形式,是法学

---

① 《古兰经》,协商章,38节。

② 《古兰经》,仪姆兰的家属章,159节。

③ 《古兰经》,受考验的妇女章,8节。

家对伊斯兰法的实践进行分析、归纳和抽象的具有法定价值的范畴，是伊斯兰法的基本要素。《宪法》使用了大量的伊斯兰法律概念和语言，使之构成了它的基本元素，如启示、真主的统治、法度、不义、妄自尊大、协商、公正等。正是这一系列概念的组合与运用，才形成了《宪法》的伊斯兰法言法语，满足了准确表达其含义的要求，减少了表述的模糊性和歧义性，促进了其调整各项目标的实现，更是从整体上体现和彰显了《宪法》的伊斯兰本质和价值理念。

第三，稳定性与灵活性相结合。《宪法》一旦颁布就必须保持相对的稳定性，然而社会的运动致使社会关系的流变，《宪法》可能难以适应现实的状况，为此会出现僵化。为解决《宪法》稳定性与滞后性的矛盾，有效的方法是在规定旨在保持其稳定的原则性条款的同时，还要制定消除稳定性与滞后性矛盾的修正条款。对此《宪法》最后一条即 177 条专门对修宪的主体、方式及程序等做了规定，较好地处理了《宪法》的发展与社会整体发展相适应的关系。

实质方面。如果说形式特征是《宪法》区别于其他宪法的征象和标志的话，那么实质特征则是《宪法》区别于其他宪法的内在的质的规定性，是其存在基础和发展变化的推动力量，它在一定程度上决定《宪法》的规范内容、表现形式和作用方向。主要概括为：

第一，伊斯兰价值取向的国家发展战略和目标。依《宪法》的精神和有关规定，总体上伊朗的发展战略和目标包括内外两个方面，而这两方面发展的直接价值取向是伊斯兰性质的，这是国家的责任和使命。对内方面：在社会各领域全面实践伊斯兰教，通过建立社会利益分配机制、社会保障制度、最大程度消灭贫富两极分化及提供最低生活保障等措施，实现伊斯兰的公正性，体现伊斯兰的人道关怀，加强公民的伊斯兰信仰，培养公民的伊斯兰文化自觉性，塑造公民的伊斯兰人文精神，以维护伊斯兰革命的胜利成果。对外方面：反对任何形式的殖民主义和侵略战争，维护和伸张国际关系中的正义事业，帮助世界上尤其是伊斯兰世界的贫弱者和受压迫者，以向世人表白伊斯兰的优越性及崇高价值。

第二，人权保护。人权与宪法有着十分密切的联系，没有宪法对人权的确认、宣示和保障，人权要么停留于道德权利的应有状态，要么经常面临受侵害的危险而无法救济，所以说“宪法是人权保障书”。《宪法》作为国家的根本大法，确认和保障人权是它的核心价值和主要功能，是人权的立法保护、行政保护、司法救济等其他保护形式的基础。《宪法》除第三章用24项条款规定了人民的相关权利和义务之外，再无设计人权保障的专门章节，但整个《宪法》却包含了如三权分立等人权内容的很多条款。这些条款贯穿于《宪法》始终，出现在各种不同的且最适宜的条款之中，使人权保障不仅成为《宪法》的实质特征，更成为一条基本原则。特别是作为伊斯兰共和国制度理论基础的《宪法》第2条，把指导国家制度的创制和实施的原则界定为6项，①其中的前5项确立了国家制度的伊斯兰信仰原则，而第6项则确立了人类必须享有的基本尊严、崇高价值及自由，并使之成为信仰原则后的一项基本原则。

同时，《宪法》第2条在确立伊斯兰共和国的社会性质和状态时，将其界定为“公正、平等、团结，以及政治、经济、社会、文化独立的社会”。这些用以表述社会性质和状态的言辞洋溢着对人的尊严的尊重、价值的肯定及自由的保障。因为《宪法》致力实现的公正、平等的社会目标

① 这六项为：1.信仰真主的独一无偶（“真主是唯一的真主”）、只承认他的统治和立法权，并归顺他的命令；2.信仰真主的启示及其在法律中的基础作用；3.信仰后世及其对人面对真主而完善自身修养的建设性作用；4.信仰真主在创造及其法律的公正性；5.信仰宗教领袖及其对伊斯兰革命的永恒领导和基本作用；6.推崇人类具有的尊严、崇高价值和自由，以及面对真主的职责。

的直接价值取向是人权的实现及其自由的保障,所以说《宪法》以及由此产生的整个法律制度是人权的保障器,而非实施专制的工具。此外,强调政治、经济、社会、文化的独立性,乍看起来,似乎与人权保障毫无关联。其实不然,它的意义在于反对外来侵略和殖民统治。没有民族独立,国家主权必会丧失,民族尊严必遭蹂躏,人权保障必会缺乏政治基础。现代伊朗的宪政,简单地说,就是以《宪法》确认和保障人权,约束和限制公共权力和社会权力。在这两方面中人权保障处于核心和主导地位。正是为了保障人权,才需要约束和限制公共权力和社会权力。以《宪法》的形式确认和保障人权是《宪法》与伊朗历代政权体制的本质不同,更是《宪法》的显著特征。

第三,维护民族尊严、独立和自由。《宪法》第 3 条 5 款[①]把全面抵制殖民主义和坚决反对外国势力的影响作为国家的基本职责。殖民主义和外国势力是民族独立、国家主权的主要障碍,是与伊斯兰革命及其创建伊斯兰共和国的基本宗旨相悖的。这里所说的"全面抵制"和"坚决反对"不仅是指殖民主义的军事侵略、物质掠夺,还指必须消除伊朗的政治、经济、教育、社会等各领域中的殖民主义残留。这是确立民族独立、维护民族尊严、保障国家主权的前提条件和必然需要,故《宪法》以条款形式将此予以固化。

第四,继承性与创新性相结合。《宪法》继承了 1906 年伊朗宪法中的积极内容,如民主选举制、议会内阁制、三权分立制,也首次规定了专家会议、领袖产生的程序与作用及监护委员会等问题。[②]《宪法》是在传统的伊斯兰政治和法律理论的基础上,构筑了现代伊朗的宪政体制,发展了传统的伊斯兰政治和法律理论,并赋予其时代的新内涵。

---

① 第三条五款:全面抵制殖民主义和反对外国势力的影响。

② 冀开运:《伊朗伊斯兰共和国研究》,西北大学博士学位论文,第 71 页。

《宪法》是伊朗伊斯兰革命的成果,是伊朗民族存在、民族信仰和民族特征的集中反映,是伊朗人民在一定社会环境和历史条件下思维方式、生活方式和法律实践的集中反映,是革命后伊朗的政治、经济、文化和社会状况的集中反映,是伊朗致力实现国家战略和民族目标的集中反映。在30年的实践中《宪法》对国家和社会起到了积极重要的作用,对确保国家按照伊斯兰道路的发展产生了决定性影响。

第十二章 伊斯兰法现代化国家的典型：沙特阿拉伯王国

现代沙特阿拉伯王国(以下简称"现代沙特"、"沙特"或"王国")的历史始于20世纪20年代。但曾几何时,这个贫穷落后、部落纷争的国家,直至1932年才形成统一国家。几乎与现代沙特建立的同时,沙特就开始了其现代化的进程。经过70年多年的艰苦奋斗,不懈努力,沙特经济现代化取得令人瞩目成就的同时,包括法制现代化①在内的整个社会现代化也有了长足的发展和进步。沙特是伊斯兰世界较为典型的以伊斯兰教为国教的政教合一的国家,伊斯兰法是沙特政治、法律和司法等制度的基本依据。因此,沙特法制现代化的发展历程有其特定的价值系统和发展类型:始终以经训为理论渊源,以伊斯兰法原则和精神为法理依据和实践基础,并兼顾阿拉伯民族的传统习惯,特别是随着国家的经济繁荣、社会发展和对外开放,逐渐借鉴外来现代法律中与伊斯兰法相适应的法律概念、立法技术和法律文化,走出了一条既符合民族信仰、历史传统和基本国情,又具有现代化性因素的法制现代化道路。

一、现代沙特的建立

阿拉伯半岛是阿拉伯人的故乡,伊斯兰教的摇篮。在这里,阿拉伯

① 以法治为关键性变相的法制现代化,蕴涵着两类相互关联的判定标准:法制现代化的实证标准,它表现为法律的形式化,即工具合理性;另一类是法制现代化的价值标准,它表现为法律的价值合理性。本章着重从工具合理性的角度论述了沙特的法制现代化。

人的风俗传统形成,伊斯兰教和伊斯兰法兴起,又从这里,伊斯兰教和伊斯兰法传播到东西方各国。自公元7世纪伊斯兰教在这里兴起后,位于汉志中心的圣城麦加,成为伊斯兰教的中心,全世界数以亿计的穆斯林,不论身处何方,每天都要面向这里履行5次拜功,一年一度的朝觐期间,来自全球数以百万的穆斯林聚集于此,虔诚敬意地履行朝觐功课。

位于阿拉伯半岛的沙特阿拉伯王国,北面接壤伊拉克、约旦和科威特;东南部与卡塔尔、阿拉伯联合酋长国和阿曼接壤;西南与也门毗邻;西隔红海与埃及、苏丹和埃塞俄比亚相望;东隔巴林湾和波斯湾与巴林和伊朗相对。半岛由东南部的鲁卜哈利、西南部的阿西尔、东部的哈萨、西部的汉志和中部的内志组成。根据1992年沙特王国人口普查统计,全国总人口为1690万人,其中1230万为沙特人,460万人为外籍移民和劳工,①全部信仰伊斯兰教。沙特虽历经岁月沧桑和时代变迁,直至20世纪之初,仍然保持着沙漠民族独特的风采,凸显着游牧生活的纯朴与艰辛,远离都市化的繁荣与奢侈,它的居民慷慨大方、智勇双全、粗犷豪爽,这些都是其他阿拉伯和伊斯兰国家所不能及的。

历史上虽然阿拉伯半岛隶属阿拉伯哈里发帝国和奥斯曼帝国的统辖,但实际上长期以来它一直是自主和自治的。各自为政、藩镇割据的酋长们按照他们承袭的传统和习俗,管辖着各自的领地,统治着各自的人民。第一次世界大战前,半岛的汉志地区由哈西姆家族的谢里夫·侯赛因统治,后被土耳其推翻,移居君士坦丁堡,1908年素丹阿布都·哈米德统治土耳其期间,又恢复王位。当时,阿西尔地区在艾哈默德·伊德利斯的统治下享有自治。1909年因其拒绝服从土耳其人的统治,

① 彭树智主编,王铁铮、林松业著:《中东国家通史:沙特阿拉伯卷》,商务印书馆2000年版,第1页。

遭到也门总督的进攻而战败,后在意大利人帮助下收复了失地。内志北部地区由拉希德家族统治,首府位于哈伊勒。其他以利雅得为中心的地区由沙特家族统治。因此,半岛的历史特别是近300年以来,一直处于连绵不断的内外纷争之中,直至第二次世界大战前,这种分割状态依然没有根本改变,划分为也门、汉志、内志、阿西尔、鲁卜哈里。而南面印度洋沿岸和东面波斯湾沿岸的亚丁、哈达拉毛、马斯喀特、阿曼、卡达尔、巴林和科威特地区,均已成为英国的殖民地和保护国。

沙特家族源自阿拉伯半岛最大、最古老的安宰部落,他们的祖先是勒比尔人。现代沙特的历史可分为三个时期:

第一,18世纪初的穆罕默德·伊本·沙特时期。1737年穆罕默德·伊本·沙特与穆罕默德·本·阿布都·瓦哈卜结盟,致力于半岛的统一。瓦哈卜"认主独一"的改革思想得到穆罕默德·伊本·沙特的支持,使其在半岛得到广泛传播。与此同时,在阿布都·瓦哈卜的帮助下,穆罕默德·伊本·沙特于1806年占领了汉志。1813年埃及军队收复了汉志。阿布都拉·本·沙特时期,沙特家族和瓦哈卜势力在埃及军队的打击下开始削弱,直到埃及军队在突松的率领下,摧毁了利雅得,消灭了第一沙特王国。

第二,19世纪初的特耳其·伊本·阿布都拉(1818—1840)时期。19世纪初,特耳其·伊本·阿布都拉第二次创建沙特王国,定都利雅得。此间,拉希德家族统治着哈伊勒,在那里他们建立了势力范围。此后,费萨尔·特耳其的王子们陷入长期内讧,拉希德家族成功利用了他们的矛盾和纷争,于1891年在穆罕默德·拉希德的率领下打败阿布都·拉赫曼·费萨尔,占领了利雅得。阿布都·拉赫曼·费萨尔携带后来被称为"半岛雄鹰"的儿子阿布都·阿齐兹逃往科威特。

第三,20世纪初沙特家族开始复兴,建立了现代沙特王国。1902年,阿布都·拉赫曼·费萨尔的儿子阿布都·阿齐兹率领精兵强将,进发利雅得,并收复之;次年,阿布都·阿齐兹打败土耳其军队,控制了内志的其他地区,迫使土军于1906年撤军;又于1909年平息了内战;1913年占领了哈萨地区,获得了一个个胜利。1915年阿布都·阿齐兹与英国在达林岛签署了《英国—内志条约》,根据条约,英国承认沙特家族的统治地位,但是内志承担一系列的义务约束。这一条约标志着内志成为英国的"保护国"。① 1921年阿布都·阿齐兹打败了拉希德家族,统治了哈伊勒,统一了半岛内部地区,并自封为内志地区的苏丹。

此间,谢里夫·侯赛因领导了一场阿拉伯人反对土耳其人的革命,自称为汉志国王,又于1924年奥斯曼帝国瓦解后的第三天,自封为穆斯林的哈里发。② 此事引起了阿布都·阿齐兹的极度不满,他积极备战,于同年率军进攻汉志,迫使谢里夫·侯赛因将王位传于其子阿里。后来沙特家族攻克圣城麦加,阿里于第二年被迫离开圣城,沙特家族完全统治了汉志地区。

阿布都·阿齐兹于1926年颁布了《汉志王国约法》。次年,自封为"汉志、内志及归属地国王",1932年9月18日,发布建立沙特阿拉伯王国的敕命,第二年立长子沙特为王储。协商会议和大臣会议均向他宣誓效忠。除了也门、科威特和海湾各国之外,阿布都·阿齐兹及沙特家族统一了阿拉伯半岛,成为半岛的主人。阿布都·阿齐兹的杰出贡献是:铲除了德伍斯等地的骚乱,巩固了半岛的安定,并与邻国也门、科威特和伊拉克加强了对话,改善了关系,签署了友好协议。在他的领导下,王国政府与其他阿拉伯国家及西方国家签订了一系列协议。其中重要的有:1936年与伊拉克签订了《阿拉伯兄弟及联盟条约》(也门于

---

① 彭树智主编,王铁铮、林松业:《中东国家通史:沙特阿拉伯卷》,商务印书馆2000年版,第105页。

② 苏布哈·穆哈米萨尼:《阿拉伯国家的立法:历史与现实》(阿文版),贝鲁特知识出版社1981年版,第384页。

1937年加入了该条约);1927年与英国签署了友好、贸易协议;1929年与德国和土耳其签署了友好、贸易协议;1931年与法国签约;1932年与意大利、1933年与约旦和美国、1936年与埃及等签订了相关条约(此后这些条约在原有内容的基础上大部分都进行修改与补充)。沙特政府加入了很多国际组织,改善了国家的经济、卫生、建设状况,特别是石油工业兴起后,沙特政府与国外,特别是美国的石油公司签署了石油投资开发协议。

1953年11月9日,阿布都·阿齐兹逝世,王储沙特继位,其弟费萨尔封为王储。1964年11月2日,依据沙特王国司法部长和总"穆夫提"的裁决,以及沙特家族皇室成员的书面决定,沙特大臣会议和协商会议做出规定:废除沙特的世俗国王的头衔,任命费萨尔为沙特国王和穆斯林的伊玛目。1975年3月25日,哈立德·本·阿布都·阿齐兹被任命为国王,其弟法赫德封为王储。1982年5月,哈立德国王心脏病突发猝死,法赫德继任王位。2005年8月1日,法赫德国王因病逝世,王储、第一副首相兼国民警卫队司令阿布都拉·本·阿卜都·阿齐兹亲王继承王位,成为现代沙特王国新一任君主。

二、沙特政治制度的现代化

现代化是一种长期、系统的社会变迁过程。它的长期性表现在它所包含的变动总量在时间流逝中得到实现,它为传统社会所带来的变化程度是深刻的,但产生这些变化所需要的时间却是演进性和长期的;它的系统性表现在其过程中某一因素的变化总是影响到另外一些因素的变化。① 因此,就政治现代化与法制现代化的关系而言,

① 刘作翔主编:《法理学》,社会科学文献出版社2005年版,第543页。

两者是互为作用、相互依存的,或者说,作为现代化重要内容的政治现代化是法制现代化的条件和基础,这也说明现代沙特的建立及其政治制度的现代化为其法制现代化奠定了基础。即如果说 1932 年 9 月 18 日伊本·沙特颁布的标志着现代沙特诞生的"'把汉志、内志及归属地王国'更名为'沙特阿拉伯王国'"的国王敕令,开启了现代沙特政治制度现代化航程的话,那么这一航程的开启也为其法制的现代化奠定了基础。

现代沙特的建立是其政治文明在社会政治生活中进步状态的表现,是其在政治实践活动中形成的成果。现代沙特的政治文明是一个以制度建设为主、包括各种政治因素在内的完整体系,其实质就是要实现政治结构、政治活动、政治制度的法治化。因此,现代沙特建立后,制定了一系列宪法性文件。其中以 1926 年颁布的《汉志王国约法》、1931 年的《内阁会议制度》及 1954 年的《大臣会议条例》最具有代表性。

1926 年 8 月颁布的《汉志王国约法》是沙特家族掌控汉志后,国王颁布的第一部宪法性法律。阿布都·阿齐兹统一了汉志和内志,称为"汉志、内志及归属地国王",所以《汉志王国约法》主要适用于汉志地区。《汉志王国约法》是现代沙特早期制定的第一部宪法性文件,由于现代沙特自诞生以来从未制定正式宪法,因此,可以把它看做是确定沙特政体形式及政治制度与政府机构基本组织原则的代宪法和政治章程。①《汉志王国约法》第二款确立了"汉志阿拉伯是一个内政外交独立的伊斯兰咨议君主制国家"②的政治体制,由此确立了现代沙特政教合一的国家性质,以及政治制度和政府机构组织的建立必须基于伊斯

---

① 王铁铮:《沙特阿拉伯的政治体制及其变革》,载《西北大学学报》1995 年第 4 期,第 54 页。

② 彭树智主编,王铁铮、林松业:《中东国家通史:沙特阿拉伯卷》,商务印书馆 2000 年版,第 116 页。

兰法原则与精神的基本方针。[1] 按照《汉志王国约法》第四款的规定，成立协商议会，以取代麦加的国民大会。协商议会是一个立法机构，主要从事相关法律的制定[2]。《汉志王国约法》还将国家事务分为宗教、内政、外交、金融、教育、军事六大部分。

依据《汉志王国约法》的相关规定，国王由沙特皇室成员世代传承，王位继承的法律形式主要适用伊斯兰法和传统习俗。王位由国王在世时指定的王储继承，并由伊斯兰学者、法官及各个城市的代表们向其宣誓效忠，表示拥护。沙特王权享有国家的绝对权力，国王是国家的最高权力者，集立法、司法、行政权力于一身；有权任命和罢免政府各部大臣及各省省长；国家和政府及其行政事务的运行都在他的监管之下；各级政府官员向国王负责；无论是大臣和王子，还是和"内阁会议"及"大臣会议"所做的任何重大决定，须经国王同意后方可实施。

但是，虽然国王拥有至高无上的权力，但他不是独裁者，伊斯兰法如同国家宪法一样，规制着国王的行为，国王的权力被限定在伊斯兰法的范围。[3] 作为国家元首及伊斯兰教长，国王如果不能恪尽职守，便将按照伊斯兰法律予以废黜。[4] 此外，称为"舒拉"的政治协商是伊斯兰政治制度的核心原则之一，这就要求国王在国家重大事务中不能主观臆断，独断专行，而应与伊斯兰学者、大臣，特别是协商议会进行商议。因为现代沙特的伊斯兰君主制不同于一般含义的专制君主制。在专制君主制国家，国王的意志就是国家和民众的意志，所谓法律只不过是国

---

① 条款第七条规定：汉志王国的法令必须永远符合《古兰经》和真主使者的圣训及他的弟子，有功德的先人们所遵循的一切。参见莫尼尔·阿及列尼：《费萨尔传》中译本，商务印书馆 1977 年版，第 329 页。

② 在沙特除协商议会具有立法权外，后来的大臣会议也具有相关方面的立法权。

③ 约法第五款规定："国王必须受伊斯兰法的制约"。

④ 田村秀治编：《伊斯兰世界盟主：沙特阿拉伯》，上海译文出版社 1981 年版，第 145 页。

王意志的文字表现形式。而现代沙特在建国初期所进行的政治、经济和社会的改革,都是在伊斯兰法律框架下进行的,都是以伊斯兰法律原则为指导的,这既反映了它的伊斯兰地域特征,同时也是它以伊斯兰立国,用伊斯兰维系政权的具体国情决定的。①

根据1931年颁布的《内阁会议制度》规定建立的内阁会议,是此后产生的大臣会议的前身。内阁会议由主席、外交大臣、财政大臣、协商议会议长组成。内阁会议主席由国王的总代表担任,在国王不在时代表国王行使权力。内阁会议由国王授权,并向国王负责。国王的总代表领导内阁会议、内政部、外交部、国防部。

1953年11月,伊本·沙特病逝。在他临终前的10月9日颁布国王敕令,宣布成立全国统一的政府机构——“沙特阿拉伯王国大臣会议”。大臣会议本质是政府机构,并拥有一定的立法权力。1954年3月17日,颁布了《大臣会议条例》。但是条例的最后定型及其真正付诸实施是在60年代中期,这期间,条例在费萨尔亲王(时任王储)的主持下进行过若干次重大修改和补充。条例规定:大臣会议由主席、副主席、各部大臣、国务大臣和国王任命的国王顾问组成;其全部成员由大臣会议主席提名后由国王任命;大臣会议主席负责制定国家的总体政策,协调各部间的关系,签署大臣会议决定,并监督决定的执行和落实,监管各部委及其大臣的工作,有权要求国王罢免大臣的职权;各部大臣直接向大臣会议主席负责,大臣会议主席直接向国王负责;大臣会议中还设有总委员会、文官委员会及专家局。大臣会议的权限很大,负责国家内政和外交政策的制定和实施,是国家财政及各部事务的最高决策机构。除需要国王同意的事项外,如各种制度的

---

① 彭树智主编,王铁铮、林松业:《中东国家通史:沙特阿拉伯卷》,商务印书馆2000年版,第115页。

制定、国际条约、协约的签署等，大臣会议在相关事务中的决定具有最终效力。①

《大臣会议条例》的最终成形是现代沙特推进国家机构和行政管理制度现代化发展的一个重要转折。② 这一转折是由内外两个客观因素促成的：内在因素是随着战后沙特石油工业的迅猛发展，国家的经济、社会发生了巨大变化，现代开放型的石油工业逐渐取代了传统封闭的农牧经济，并成为国家经济的主体，由此引发了一系列经济、政治和社会问题，迫使国家扩充政府机构，强化政府职能，从而引导和推进国家经济与社会的健康发展。外在因素是由于受西方世界现代化运动，以及阿拉伯世界发生的一系列事件的影响，如阿拉伯联合共和国的成立，国王按照西方现代宪政国家的模式，将国家的内政、外交、财政及其执行、监督权力授予大臣会议及其主席，并将这些做法解释为年轻的沙特政府在国家建设和社会发展中的重要战略步骤，以及加强中央集权的大胆尝试。从此，这个年轻的现代国家的政治改革及其制度建设的发展，推动和促进了其立法与司法现代化的发展。

三、沙特法律制度的现代化

一般意义上讲，法制的现代化是指伴随着社会由传统向现代的转变，法制也同样面临着从传统型向现代型的历史转变。这一转化、变革的过程，就是法制现代化的过程。③ 然而，何谓"法制"？其中有种解释

---

① 苏布哈·穆哈米萨尼：《阿拉伯国家的立法：历史与现实》（阿文版），贝鲁特知识出版社 1981 年版，第 393 页。

② 王铁铮：《沙特阿拉伯的政治体制及其变革》，载《西北大学学报》1995 年第 4 期，第 56 页。

③ 公丕祥主编：《中国法制现代化的进程》（上），中国人民公安大学出版社 1991 年版，第 59 页。

把它界定为:一国或一个地区法律上层建筑的整个系统。在这个系统中除了有作为核心要素的法律制度系统之外,还包括与法律制度相适应的法律意识和国家的立法、司法、执法、守法和法律监督等机制在内的一系列法律实践。[①] 因此,从法制现代化的实证标准的角度,实现法制现代化的关键(核心要素)是法律制度现代化的实现。

然而,从人类历史的发展趋势看,法制总是与社会同步发展的,就像人类社会的发展一样,它总是从比较简单的模式逐渐发展为更为复杂的模式。奥斯曼帝国时期,帝国的法律适用于阿拉伯半岛,因此,在法律适用上,除汉志遵循沙斐仪学派、内志遵循罕百里学派外,哈奈斐法学派是半岛法律适用的正式学派。1927 年颁布有关法令,对此又加以认可。但是,阿布都·阿齐兹为统一国家法律,于同年将罕百里学派作为国家法律适用的正式学派。同时,为法律执行提供方便,1928 年司法委员会颁布决议,规定罕百里学派是国家司法适用的正式学派,并将该派的两部法学典籍《最终诠释》和《满意诠释》作为司法适用的根据,要求法官裁决时必须遵循。倘若在同一问题的裁决上,这两部法典的规则产生分歧,应以第一部为主;若两部中都未明文规定,则参考另两部法学典籍《供给诠释》和《明证诠释》的规则;倘若这两部中也没有具体明文规定,则参考罕百里学派其他比较简易的法学典籍,以其中较为正确的观点为根据。

1930 年颁布的法令又规定,在民事和商事等范围,罕百里个人创制的法律规则必须予以执行,无须法官们的公议。但在无法律明文规定,且需要通过法律创制解决的事请,则必须依赖法官们的公

① 这种观点打破了仅把法律规范看做是对社会关系起调整作用的片面观点,认为对社会关系起调整作用的是以现行法律为核心,包括与现行法律相适应的法律意识和法律实践相互联系、相互作用的整个法律系统。参见胡献红:《谈谈法制与法治》,载《山西财经大学学报》1999 年第 2 期,第 104 页。

议。每位穆斯林不论是沙特籍还是外籍在五功等宗教礼仪方面,皆可尊奉自己学派的规则。如果在具体事务中适用罕百里派的规则有一定困难、并有悖于大众利益的话,那么应当以大众权益为根本,允许采纳其他学派的裁决。迄今为止,罕百里学派一直是沙特民事、商事等法律适用和司法依据的正式学派。此外,伊本·泰米叶、伊本·盖伊姆及穆罕默德·本·阿布都·瓦哈卜的观点和学说在沙特得到广泛采用。

上述法律主要是沙特游牧经济和农耕生活时期的状况。当时,主体居民主要居住在沙漠地区,是逐水草而居的牧民,他们的生活主要依赖饲养家畜、马匹和骆驼;城镇和绿洲的居民主要依赖农业和贸易;海岸居民主要以打鱼为生;其他一些地方的人仅靠简单的工业。国家的经济收入主要是关税和朝觐税等。麦加和麦地那是穆斯林的朝觐圣地,因此,国家的外交事务主要体现在宗教上。

然而,随着现代沙特的建立,石油资源的发现,以及随之而来的各项社会改革等,国家发生了翻天覆地、日新月异的变化。特别是1933年至1950年沙特与许多外国公司签订了一系列的石油、贸易协议,给予外国公司在沙特一定的特权,由此带来的骄人成绩,对沙特游牧民族在其社会进程中的城市化、知识化,以及提高和改善他们的经济、社会和生活水平产生了巨大影响。同时,随着国民人口的不断增长,沙特政府进行了大规模的经济建设:兴建公路、机场、学校和医院;引进先进的交通、电信和邮政等设施;组建大型的跨国联营公司;加强对外关系、互派外交使团等。传统的法律制度不能满足现实社会需要的矛盾日渐暴露出来,法制的发展明显滞后于经济增长和社会骤变,远不能适应国家经济与社会大规模建设的新形势,法律创制势在必行。故而,沙特制定了诉讼、仲裁、商贸、刑事、劳动与劳工、税务等法律制度。通常这类专门性法律法规,均由大臣会议制定,涉及这类法律案件的审理,均按有关的法律在对口的法庭进行。①

第一,《诉讼法》。现代沙特建立后,制定了有关程序方面的法律法规,除 1938 年、1952 年颁布的《伊斯兰法院职责制度》、1931 年的《伊斯兰法院运行制度》、1936 年的《伊斯兰诉讼制度》和 1952 年的《伊斯兰法院行政条例》之外,特别颁布的新《诉讼法》。该法总计 142 条,包括立案、卷宗、听审、质询、缺席、出庭、结案、免诉、限期执行、授权、律师等诉讼程序。

第二,《商法》。1931 年颁布的以调整海陆贸易关系为主要内容的《商法》是沙特最为重要的法律制度之一。该法采纳了奥斯曼和现代西方商法的形式,制定了陆路、海事贸易及其诉讼法律制度。此外,还颁布了一系列与贸易有关的法律。例如,针对阿拉伯和外国公司的《公司注册法》;1952 年颁布的《公司成立法》;1964 年又颁布的新《公司成立法》;1939 年的《商标注册法》;1953 年的《航运法》、《海关法》和 1952 年的《沙特阿拉伯货币法》等。

第三,《刑法》。伊斯兰刑法是沙特刑事案件判决的主要根据,同时,政府还颁布了一些惩处条例。其中以 1942 年的《车辆处罚条例》最为重要,以及《军事处罚条例》和 1951 年的《处罚补充规定》等。

第四,《劳动与劳工法》。由于沙特政府与外国公司的石油开发合作,产生了大量人力资源的需要。为保障劳工的权利,明确他们与雇佣公司的人身、财产关系,1948 年颁布了《劳动法与劳工法》。该法被 1969 年新的《劳动法》所取代。与此相关的法律还有 1962 年颁布的《社会保障法》和《互助协会法》。

第五,《税法》。随着沙特经济建设和公益事业的扩大和增长,以适

---

① 王铁铮主编:《沙特阿拉伯的国家与政治》,三秦出版社 1997 年版,第 144 页。

应新的投资环境的需要,必须加大税收,完善税收制度。税收事项主要包括:关税、不动产税、外国个人和公司所得税、沙特公民和公司的天课税等。其中外国人个人和公司所得税和沙特公民和公司的天课税最为重要。

第六,其他法规。对沙特和社会发展起推动作用的主要法律还有:1954 年的《国籍法》;1952 年的《户籍法》;1934 年的《产权法》和 1959 年的《印刷法》,特别是 1992 年 2 月 9 日大臣会议通过的《政府基本法》、《咨询委员会法》和《省组织法》三项主要法案,标志着沙特的法制建设迈上了一个新的台阶。

上述阐释使我们看到,沙特现代法律制度的发展与整个国家现代化的发展是相互适应的,现代法律制度的发展是包容在国家现代化整体发展之中的,并且是与国家整体的现代化发展互动的。沙特国家的现代化与其法律制度的现代化在存在方式上是互为条件、相互依存的统一体。一方面法律制度现代化的发展是由国家现代化的发展所驱动的,是国家现代化发展的重要组成部分和发展结果,没有国家现代化的发展,法律制度的现代化既不需要,也不可能。因为沙特国家现代化的发展,为其法律现代化的发展创造了广阔空间和广泛社会基础;另一方面现代沙特作为实行统治和管理社会的组织,要由具有现代化属性的法律来协调其内外部关系,并为其活动指明方向和提供调整社会关系的各种规则。因此,这种现代化的国家与现代化的法律相互统一的关系范畴,决定了沙特法制现代化在其历史发展中形成了特定的价值系统和发展类型,这种特定的价值系统是在其受到内外压力、法律文化自身发展,以及与外域法律文化相互影响、相互碰撞中形成的;而这种特定的发展类型是在沙特整体急剧变革中逐渐形成的具有一定历史特点的法律变革模式。

四、沙特司法体系的现代化

法制现代化致力于实现的实证目标(标准)之一是法律组织机构现代化的实现。① 司法作为法律运转和执行过程中的一个重要环节和方式,是法律组织机构的核心和首要部分,这不仅因为司法对权利的维护作用,而且更为重要的是司法还是权利救济的最后保障,因此,现代司法体系在整个法制现代化中占有极其重要的地位。如果仅有法律制度的现代化,而没有司法体系的现代化,现代化的法律制度因缺乏这一体系就会失去必要保障。然而,不同的国家和不同的政治体制,有不同的司法体系。在这里我们所说的沙特司法体系指的是法院体系,所谓司法机关,也就是法院。

奥斯曼帝国时期,阿拉伯半岛除了适用奥斯曼帝国的司法制度及其组织程序外,为符合伊斯兰法原则和游牧部落的习俗,半岛还适用伊斯兰法及阿拉伯传统落部的裁决方式。现代沙特建立后,除伊斯兰司法即"卡迪制度"作为沙特基本司法制度外,沙特政府针对国家司法发展不平衡的特点,率先将汉志地区作为推进司法改革的试点。② 1926年3月发布国王敕令,宣布定期建立相关司法机构。1969年沙特最高宗教权威大穆夫提逝世,1970年费萨尔国王(1964年继任国王)决定建立司法部,以此取代历来由大穆夫提独掌的最高宗教权力,将法律事务纳入中央政府的框架。③

---

① 法律组织机构的现代化是指法律组织机构按照现代化社会分工的要求,能够充分行使法律创制、法律操作和法律实现的职能,它是法律能够得到运转和执行的重要保障,是法律制度和法律规范能够在社会生活中得以实现,字面上的法律能够变为现实的社会关系的重要保障。

② 王铁铮主编:《沙特阿拉伯的国家与政治》,三秦出版社1997年版,第142页。

③ 王铁铮:《沙特阿拉伯的政治体制及其变革》,载《西北大学学报》1995年第4期,第57页。

总体而言,沙特的司法体系包括普通法院和专门法院两种。普通法院是指伊斯兰法院系统,凡涉及伊斯兰法律的案件,均由伊斯兰法院系统即普通法院,严格依照伊斯兰法律进行裁决;而专门法院是伴随沙特社会的发展与变迁,在伊斯兰法院系统之外产生的旨在实施(上文阐述的)诉讼、仲裁、商贸、刑事、劳动与劳工和税务等法律制度的另一类司法系统。这类司法系统通常称为"世俗司法系统"不是因为它有悖伊斯兰法原则与精神,而是指它所适用的法律和审理的案件,主要涉及商事纠纷、商业登记、劳动纠纷、矿业资源、税务、交通及其事故等内容。

普通法院主要有:一是即决法庭。在麦加、麦地那和利雅得等重要城市均设有即决法庭。即决法庭主要受理非刑事和金额较小的经济案件,案件裁决采用简便快捷的方式。二是沙里亚大法庭。即伊斯兰法庭,主要受理即决法庭不宜受理的刑事、婚姻、民事和遗嘱等案件。麦加、麦地那、吉达及汉志和内志的一些城市和地区的首府均设有这类法庭。三是高级法官(卡迪)会议。高级法官会议性质上是个监督机关,主要审查和监督伊斯兰法律文件及伊斯兰法庭的权力、权限和工作等;审查其他法院死刑等刑事案件的判决、地方法官有争议的判决,以及法律确定的由高级法官会议审核的国家财政、宗教基金等方面的事务;具有阐述和解释有关伊斯兰法的重大疑难理论问题,对某些重大法律案件提供咨询和指导性意见等。

专门法院主要有:一是商贸法庭。1926 年建于吉达的商贸法庭,专门受理由于贸易、海事、合伙人、公司、商家与客户、经纪人、代理等海事和商贸方面的案件。1931 年颁布的《商法》进一步确定了商贸法庭的组织形式和专门职能。二是资源管理法庭。主要审理原先由商贸法庭审理的有关环境资源纠纷案件。三是劳动法庭。主要审理由于劳动及劳动关系产生的纠纷案件。四是遗产法庭。该法庭的基本职责是统计、清理、封存、分配及关照未成年孤儿的遗产和利益。五是小区域法庭。前文所讲的法律制度和法庭,在一些小区域特别是游牧地区难以适用,因此,在这些小区域内设有适宜于它们生活方式和习惯的专门法庭。这种小区域在沙特很多,分散在全国各地,它们部落繁多,居住零散。由于这些小区域中积淀了深厚的部落传统和习惯,以及部落贵族们的家族意识和门第观念,深深影响着法律的实施与裁决,所以这些地区的艾米尔或部落酋长常常扮演和起着法官的角色和作用。尽管如此,伊斯兰法律是这些地区主要适用的法律。①

从上述两种司法系统中可以看出,沙特司法体系的建立及其现代化发展经历了漫长曲折的历程,并且每段历程均有各自的特点。但是,从这各自的发展阶段中我们还是能够概括出其司法现代化发展的一般规律和基本特点:始终以伊斯兰法律原则为根据;城市特别是汉志地区适用的成文法律深受西方现代成文法律的影响;游牧地区依然遵循着与传统游牧部族习俗相关的法律;随着沙特的经济繁荣、社会发展,以及传统法律与现代法律碰撞与交融等因素,沙特的法律制度在保持伊斯兰法律原则的基础上,逐渐效仿、吸纳西方现代法律制度中的某些先进概念、创制技术和法律文化。此外,阿拉伯游牧民族坦率豪放的性格和简洁明快的生活方式,深刻影响着国家的司法制度。法官往往采用协调、商议的方式,解决当事人之间的矛盾,甚至是杀人等刑事案件,以免冲突和流血,最大限度地保证人们间的友善和社会和谐。

综上所述,现代沙特在不到半个世纪的时间里取得的法制现代化成就,远大于它有史以来成绩的总和。它是20世纪人类取得的最为突出的法制现代化成就之一,也是对人类制度文明作出的重要贡献。沙特法制现代化的成就向人们昭示:虽然,从全球的角度看,法制现代化

---

① 苏布哈·穆哈米萨尼:《阿拉伯国家的立法:历史与现实》(阿文版),贝鲁特知识出版社1981年版,第401页。

的历史运动最先起源于西方,但法制现代化并不是西方文明的专利和独占品。实际上一个民族的法制现代化的本质,是与其特定的语言、历史、文化、传统紧密联系的,它是一种既有普遍性,又有特殊性的文明体系。正是从这个意义上,沙特法制现代化是其民族在一定社会环境、历史条件下的生存智慧和生活方式的规则形式。沙特法制现代化经过历史之轮的砥砺,现代化的法律与民族情感和民族意识逐渐调适、融和,从而赋予了现代化的法律以功用与价值,而现代化法律的功用和价值,也正在于表现这种民族情感和民族意识,现代化的法律因此成为民族历史凝炼的生活方式的规则形式。所以沙特法制现代化成功的重要原因之一是:国家通过"变法"提供的现代化的法律,得到了民众的认同和本土资源的支持,从而使现代化的法律在具备现代性因素的同时,也保持和恪守了民族个性,才使现代化的法律成为真正的法律。

第十三章　阿拉伯国家混合法的典型：阿拉伯埃及共和国

近代以来，尽管伊斯兰世界与西方世界在法律方面有过全面接触，但对伊斯兰世界来说这种接触是被动的，单方面的，而不是相互间的交流。这种接触是西方法律和世俗法律对伊斯兰世界的渗透，以及伊斯兰世界对西方法律和世俗法律的接受过程。其结果是伊斯兰法在各国中的地位受到很大冲击，许多国家的法律制度中不同程度的带有西方法律和世俗法律的成分，由此形成了混合的法律制度和司法体系，即一个国家的法律体系和司法体系由伊斯兰法及其司法体系和其他法律及其司法体系两个或两个以上的传统或法系的成分构成。埃及是阿拉伯世界的大国，近代以来它致力构筑的现代法系，是混合法律制度和司法体系的典型。在此，我们以它为个案，通过剖析它的法律制度和司法体系，以便了解混合法律制度国家的法律与司法状况，特别了解伊斯兰法及其司法体系在其中的地位。

一、现代埃及的宪政

阿拉伯埃及共和国（以下简称埃及）是伊斯兰文化花园里的一朵璀璨奇葩，始建于公元 972 年的艾资哈尔清真寺，是开罗第一座清真寺，时至今日，因这座闻名遐迩的清真寺，埃及成为世界伊斯兰文化的中心。埃及是阿拉伯世界最大的国家，20 世纪末人口已达到约

6598 万。①

公元 641 年哈里发欧麦尔时期,在阿慕尔·本·阿斯的率领下,穆斯林征服了埃及。此后埃及受到正统哈里发国家伍麦叶王朝和阿拔斯王朝的统辖;之后建立了图伦王朝和伊赫什德王朝;公元 10 世纪末建立的法蒂玛王朝,统治埃及长达两个世纪;公元 12 世纪末法蒂玛王朝被安尤布王朝所取代;之后于公元 1250 年是马木鲁克王朝,直至公元 1517 年被奥斯曼帝国征服。因此,自古以来,埃及就保持着鲜明的阿拉伯民族的特有属性。

与其他阿拉伯国家一样,埃及曾经是奥斯曼帝国的一个行省,但奥斯曼帝国对埃及的统治非常脆弱,特别是 19 世纪穆罕默德·阿里势力的崛起,以及英国殖民主义对埃及侵略,这种统治逐渐丧失。奥斯曼帝国最高首领曾颁布敕令,授予穆罕默德·阿里及其家族对埃及的"世袭统治特权":先是 1841 年授予穆罕默德·阿里;又于 1866 年和 1867 年授予伊斯梅尔;最后于 1879 年授予穆罕默德·陶菲格。

1874 年伊斯梅尔时期,埃及完成了司法和行政的独立,建立了"法律监督委员会",负责监督法律的实施。其间,因各种原因,埃及兴起了几次爱国运动,要求法制改革,其结果是政府先后出台了几项宪法性文件,如 1866 年和 1879 年的宪法性文件。1882 年英国侵占埃及后,伊斯梅尔于当年颁布新宪法,该宪法仍然保留和确立了他本人和法律监督委员会的立法权。同时为了在立法过程中征得各方面的意见,于 1913 年成立了立法议会。但是,随着英国殖民主义势力在埃及的逐渐增强,到第一次世界大战的 1914 年,英国颁布了所谓保护埃及的"习惯法",解散了立法议会,让阿拔斯·哈勒米取代伊斯梅尔,又让侯赛因·

① 彭树智主编;雷钰、苏瑞林:《中东国家通史:埃及卷》,商务印书馆 2003 年版,第 16 页。

卡米尔取代阿拔斯·哈勒米。1917年侯赛因·卡米尔逝世后,英国将埃及的立法大权交与其弟艾哈默德·福阿德。第一次世界大战之后,埃及的改革者们所倡导的政治制度、民族精神、宗教改革、文化复兴等改革思想对埃及起到决定性的作用。与此同时,以萨尔德·柴鲁尔为首的华夫脱党积极致力于埃及的独立。1922年英国宣布对埃及的"最后保护期限"及埃及的独立等问题。1923年3月5日,埃及正式宣布独立,素丹福阿德改为国王福阿德一世,他的儿子法鲁克王子被英国承认为他的继承人。

《1923年的宪法》。1923年3月1日,阿布都·哈利克·萨尔瓦特组阁新政府,担负起制定宪法的重任。3月3日,萨尔瓦特政府制定了一个以前首相鲁什迪为首的宪法起草委员会,委员会的代表来自社会各阶层,基本代表了1913年的老立法议会。但是,这个组织当即遭到华夫脱党和其他民族主义者的反对,他们指出,只有民选组织才能代表整个国家,因此,拒绝参加该组织。萨尔瓦特政府还恢复1881年和1909年的新闻法,查封某些报刊,禁止反对派的政治集会,以对付华夫脱党领导的群众抗议运动,此举激起华夫脱党的强烈不满,1922年11月29日,萨尔瓦特辞职。第二天,亲国王的穆罕默德·陶菲克·纳希姆继任首相,后因纳希姆与英国间的矛盾,迫使其辞职。在此后的一个月中,埃及无法组织新政府,对英国人的暴力袭击也不断增多。英国下令将柴鲁尔及许多华夫脱党人投入监狱。1923年3月,以宫廷大臣雅哈雅·伊卜拉希姆为首的新政府宣告成立。两周后,柴鲁尔和其他政治犯获释。4月19日,国王颁布了埃及新宪法①。

在形式上,宪法仿照比利时1831年的宪法和奥斯曼帝国1876年的宪法起草,共7章70条。宪法规定埃及是君主立宪的自由独立国

---

① 彭树智主编:《20世纪中东史》,高等教育出版社2001年版,第68—69页。

家,国家的政治体制实行议会制,由立法、执法和司法三方组成。议会分为上下两院,上院议员任期10年,下院议员任期5年,立法权由国王和议会分享,国王通过政府内阁实施执法权,司法权得到宪法保护,完全独立。①

宪法制定的基本程序是,由国王和任何议员提交议案,宪法制定后,必须得到议会两院的认可和国王的核准后方可生效。宪法赋予国王的权力很大:有权在一个月内重新审核宪法。但是,在此情况下如果执行国王的决定,须得到议会两院2/3议员的同意(第36条);有权选择和任命首相(第38条);有权延长议会的期限(第39条);有权解散内阁和议会(第49条);根据内阁推荐可以委任参议院主席和1/5的参议员等。② 宪法还规定,非埃及人不得担任埃及政府官员,但因条约和习惯而得到外国既得利益不受宪法影响。③。宪法禁止就议会体制、君主世袭、自由平等原则予以修正。但是,依据宪法的相关规定,允许在至少2/3议员同意的情况下,按照一定程序,修正除此之外的内容。④

遗憾的是,埃及的独立并没有保障宪法的有效实施。1936年福阿德国王逝世,其子法鲁克继位,埃及与英国签订"英埃同盟条约"。条约规定除苏伊士运河之外,以及在外来危急的情况下,英国脱离对埃及的保护。同年埃及成为联合国成员国。不久埃及与英国就1936年协议的有关内容,发生严重分歧,迫使埃及于1951年废除该条约。虽说1923年的埃及宪法是妥协的产物,其妥协性主要表现在君权过大和没

---

① 苏布哈·穆哈米萨尼:《阿拉伯国家的立法:历史与现实》(阿文版),贝鲁特知识出版社1981年版,第226页。

② 彭树智主编:《20世纪中东史》,高等教育出版社2001年版,第69页。

③ 彭树智主编,雷钰、苏瑞林:《中东国家通史:埃及卷》,商务印书馆2003年版,第225页。

④ 苏布哈·穆哈米萨尼:《阿拉伯国家的立法:历史与现实》(阿文版),贝鲁特知识出版社1981年版,第227页。

有废黜英国在埃及的特权两方面,但是,这部宪法仍不失其历史进步意义,它是埃及人民艰苦斗争,从殖民统治向独立自由迈进的步伐。宪法宣布埃及为独立的君主立宪制国家,标志着非洲现代史上第一个民族独立国家的诞生。

《共和国宪法》。法鲁克国王时期,由于其生活奢侈、政治腐败、专制暴政、党派林立,以及政府在巴勒斯坦问题中的失职,由此给国家和民族带来的灾难性后果,导致 1952 年 7 月 23 日埃及"自由军官组织"的起义。起义胜利后,自由军官组织迫使国王下台,责令其流放,并于同年 10 月废除了 1923 年的宪法。

自由军官组织掌权后,先后颁布了几件宪法性文件。如 1953 年 1 月 16 日总统穆罕默德·纳吉布颁布的宪法性文件。该文件规定,解散埃及的所有政党,确定了埃及的三年过渡期,直至使埃及成为名副其实的民主、宪政国家;同年 2 月 10 日,埃及武装部队总司令发布组建临时政府的命令,临时政府又赋予革命指导委员会总指挥最高国家权力,并授予政府内阁立法权及相关事务的执法权;又于同年 6 月 18 日发布一项命令,废除埃及的君主制,确立埃及为共和制国家。

与此同时,革命指导委员会在与英国的谈判斗争中节节胜利,于 1954 年 7 月 28 日与英国签订条约,解散了所有党派和组织,逮捕了许多党派和组织的领袖。在平息了国内的动乱,完成了国家过渡期后,革命指导委员会颁布了一系列有关农业和社会改革等方面的立法,其中以 1956 年 1 月 16 日颁布的第一部埃及共和国宪法最为重要。

这部宪法由序言及包括 196 项条款组成,涉及埃及的国家性质、基本价值、公民基本权利和义务、国家权力和国防等内容。序言以铿锵激昂的言辞,表达了革命指导委员会为追求民族独立、民族团结、人民利益、社会正义和基本自由的革命精神、革命觉醒和革命信仰。其主要内容概括为:

一是宣布埃及是阿拉伯的、民主的、民众的国家，埃及人民是阿拉伯民族不可分割的部分；埃及的一切权力来源于人民；伊斯兰教是国家的宗教，阿拉伯语是国家的正式语言。这些条款确定了埃及的语言、宗教、历史、文化和价值传统具有阿拉伯属性这一无可争议的事实，并将这一切正式载入宪法，从而否定了西方殖民主义者们鼓吹的埃及是法老民族后裔的荒谬说法。

二是阐述了埃及社会的基本价值，特别提及了基于宗教、道德和国家之上的家庭的重要性；宣布了包括个体经营在内的民族自由经济的内容；确立了属于社会正义范围内的个人财产的不可侵犯和不可剥夺性；明确了农业及其资料等内容。

三是着重阐述了埃及公民的基本权利与义务。确定了埃及公民不因种族、民族、语言、宗教等有所区别的人人平等的原则；确立了人身自由、信仰自由、意见自由、新闻出版自由、教育权利与自由、工作权利、集会结社权利、兵役制及纳税等方面的内容。

四是着重说明各种权力的组织与协调。共和国总统为国家最高元首；立法权由议会实施；根据《选举法》，议会议员由全民无记名投票选举产生，其条件是年满 30 周岁，任期 5 年；执法权由共和国总统依据宪法履行；宪法规定共和国总统候选人，必须祖父两辈是埃及人，曾统治埃及的皇室家族成员无资格成为总统候选人；共和国总统的产生，必须通过全民公决和议会绝大多数议员的同意，任期 6 年；总统有权任免内阁总理、各部部长及内阁成员；还规定国防、国防委员会代总统行使权力、司法独立及法官的任免等问题。

这一部分的显著特征是：确立了革命指导委员会的基本原则和共和国的基本制度；要求共和国总统、议会议员及内阁成员必须忠于宪法，严于律己；宪法赋予总统实现民族统一的权力，以实现革命目标；国家的政治制度实行议会制；宪法的部分条款借鉴了总统制的内容，以加强由全民直接选举产生的总统的权力,即总统在其权力范围内无须征得内阁同意直接可以行使权力,有权解散议会和地区行政委员会;关于宪法的修正,必须由国家元首或议会 1/3 议员的提出。如果议会绝大多数议员确立了修宪原则,六个月之后进行讨论。宪法修正只能在 2/3 议会议员同意后方能进行,最终由全民投票通过。

宪法最后规定,该宪法于 1953 年 2 月 10 日公布,于 1956 年 6 月 23 日经全民公决后实施,同时规定,国家总统的选举也同期举行。宪法如期进行了公决,以绝大多数票通过,并选举产生了唯一候选人加麦尔·阿布都勒·纳赛尔为共和国总统。

就整体而言,这部宪法的积极意义是显而易见的。虽然其中的某些条款对个人自由有所限制,总统领导的一党制对民主政治的发展有所制约,但从当时的现实意义上看,这些制约和限制是政治改革和社会稳定的需要。对个人自由的限制,有利于平息宗派间的争议,使国家和人民尽快摆脱贫穷落后的困境,对政治自由的限制,有助于国家权力的巩固、政治的稳定和社会的安定。例如,纳赛尔上任不久,于 1956 年 7 月 26 日宣布将苏伊士运河收回国有的命令,极大地鼓舞了阿拉伯国家的爱国主义热情,而在西方引起轩然大波。英法两国先是采取经济制裁,冻结埃及在国外的资金,以及政治讹诈、军事威胁等手段;此后勾结以色列对埃及发动军事侵略,但最终以埃及人民的英勇反抗和联合国的支持而遭失败。埃及于 1957 年废除了与英国的协议,国内也实施了农田分配、教育免费、保护手工业者、大兴工业和水利建设等富国强民的改革措施,并取得了显著成就。

《阿拉伯联合共和国宪法》。纳赛尔时期,阿拉伯世界兴起了各种社会思潮运动,其中最具代表性的是 1955 年纳赛尔提出的阿拉伯民族主义。阿拉伯世界的各界人士,特别是许多青年被吸引到这场运动中,共同致力于阿拉伯民族的统一与复兴。曾经在埃及流亡过 5 年的时任叙利亚总统舒克里·库阿特利,非常钦佩埃及 1952 年革命,把纳赛尔视为阿拉伯民族的革命领袖。在种种因素的作用下,埃及与叙利亚积极准备两国的联合与统一。

1957 年 7 月,叙利亚议会通过决议,就建立联合共和国事宜,同意与埃及进行谈判。1957 年年底,埃及副议长萨达特应邀率代表团访问大马士革,并通过了建立联合议会的决议。1958 年埃叙两国领导人在开罗通过组成"阿拉伯联合共和国"决议。同年 2 月 5 日,纳赛尔和舒克里·库阿特利在两国议会宣布成立阿拉伯联合共和国,纳赛尔为总统,舒克里·库阿特利为副总统。①

1958 年 3 月 5 日,纳赛尔总统在大马士革颁布阿拉伯联合共和国临时宪法。宪法是在前开罗章程内容的基础上形成的,总计 73 条。其中第 35 条规定:议会休会后,在形势所迫的情况下,宪法赋予共和国总统颁布法律的权力,但议会复会后,总统必须向议会说明颁布的法律。在 2/3 议员通过的情况下,议会有权否决总统颁布的法律。为说明和实施宪法,联合共和国先后颁布一系列决议,其中较为重要的有:确定联合共和国总统的职能;解散叙利亚的各种政党;由原埃及和叙利亚议会议员中的人选,组成联合共和国临时议会;确定联合共和国议会的届期;确定联合共和国国旗,组阁中央政府等。

联合共和国成立后,制定了统一适用于埃叙两地的许多法律。其中行政和司法方面的有:1959 年颁布的《联合共和国政府内阁法》、《司法权力法》、《最高法院法》和 1960 年颁布的《地方行政统一法》和《财政法》等。与当时社会改革密切相关的社会立法方面有:1959 年颁布的《劳动法》和《社会保险法》。联合共和国成立了一些专门的双边委员会,以统一和协调埃叙两地的法律及不同法律的实施。阿拉伯联合共

① 彭树智主编:《阿拉伯国家简史》,福建人民出版社 1999 年版,第 406 页。

和国仅成立 3 年,1961 年 9 月 28 日叙利亚军人与一些持不同政见者发动政变,要求脱离埃及。纳赛尔派军队镇压无效后,次日宣布叙利亚脱离埃及并承认其独立。

《新阿拉伯联合共和国宪法》。埃叙分离后,埃及仍然以阿拉伯联合共和国的名义,推进政治进程,致力革命目标实现。1964 年 3 月 23 日《新阿拉伯联合共和国宪法》颁布,并于同年 3 月 25 日正式实施。新宪法着重肯定了原宪法中的一些基本原则:阿拉伯民族属性,即埃及人民是阿拉伯民族不可分割的组成部分;社会主义制度,即埃及奉行的是建立在广泛的人民力量、社会互助和具有保障之上的社会主义制度;伊斯兰教是埃及的国教;埃及社会是建立在以宗教、道德为基本要素的家庭之上的;埃及国家制度是建立在保障公民权利义务平等、享受广泛自由与民主基础上的。

宪法授予议会立法权,议会议员由埃及人担任,通过无记名投票选举产生,年龄不低于 30 岁,每届任期 5 年;总统有权任命 10 名议员;议会议员至少一半必须是工人和农民;议会每 7 个月举行一次会议,但在特殊情况下,可以举行不定期会议;总统在每届议会开幕时,应向议会阐述施政纲领;总统有权解散议会;议会有权对政府和任何官员的失信行为质询。宪法规定:共和国总统由议会选举,并由全民投票公决后产生,任期 6 年;总统候选人年龄不低于 35 岁,父母必须是埃及人;总统有权指定一名或多名副总统;有权任免各部部长;有权在特殊和因事所迫的情况下,颁布具有法律效力的命令,但须得到议会同意。宪法还说明了执法权的性质与范围、司法独立,以及国防委员会和地方行政制度等方面的内容。

《1971 年宪法》。1970 年 9 月 28 日纳赛尔总统逝世,同年 10 月 15 日萨达特正式当选埃及总统,1971 年埃及国名更改为阿拉伯埃及共和国。萨达特执政后领导埃及走上了一条新的道路,于 1971 年 9 月颁布了一部新宪法,这是一部永久性宪法。新宪法只是对原宪法中的一些枝节问题进行修改外,依然强调原宪法中的阿拉伯民族属性、伊斯兰教是国教、民主政体和社会主义制度等。

二、现代埃及的司法

现代埃及的司法伴随其在争取民族独立的斗争中,走过了一个艰难曲折的道路,它在历史遗留下的多元司法制度下运行,其中有些领域的司法以伊斯兰法律为根据,有些领域以世俗法律为根据。某种意义上说,现代埃及司法演变历史是西方殖民主义在殖民地国家掠取司法权的写照。

1. 治外法权与混合法庭

治外法权是西方殖民列强侵略第三世界国家、干涉其内政、阻挠其独立的产物。治外法权在埃及由来已久。据说早在法老和罗马时代这种制度在埃及就已盛行,公元12—15世纪已被人们所熟知,当时有些在外的意大利商人被允许适用他们国家的法律,服从本国在外的领事条约。

16世纪,治外法权在埃及被赋予了新的概念,主要是指免去在埃及的外国人的纳税和服从埃及法律的义务。1807年穆罕默德·阿里时期,为鼓励西方与埃及合作,治外法权被赋予更大的权力,得到进一步巩固,其权限要比奥斯曼帝国时期的权限广泛得多,这也是19世纪中叶埃及建立混合法庭的政治与司法基础。当时的法律规定:"如果某一诉讼案件与在埃及的外国人有关,不论是原告还是被告的外国人的领事有权审理案件。"①这种状况延续到伊斯梅尔时期,此间他的外交

① 苏布哈·穆哈米萨尼:《阿拉伯国家的立法:历史与现实》(阿文版),贝鲁特知识出版社1981年版,第246页。

大臣努巴尔向他提交一项旨在建立由外国法官和本国法官共同组成的"混合法庭"的报告。在英、法等国家的支持下报告被批准,并于1875年6月28日国家元首发布了建立混合法庭的命令,1876年1月1日混合法庭正式开始受理案件。按照法律规定,混合法庭受理与外国人相关的民事和商事案件,尽管诉讼双方来自不同的国家。刑事案件中,只要诉讼一方是外国人,混合法庭非受理不可。随着西方势力的扩张,混合法庭的权限也在不断扩张,凡是与外国有关的,即使不属于混合法庭受理的事务,它也非受理不可。

殖民主义起初在开罗和曼苏尔等地区建立了初审法庭,在亚历山大建立了上诉法庭。法庭的法官由埃及人和外国人组成,而外国法官的任命,则由埃及政府征求外国政府同意后方可确定。自1872年起,努巴尔授权法国律师玛努尔制定了6部适用于混合法庭的法律,即民法、商法、海事法、刑法、诉讼法和刑事诉讼法,并于1875年颁布实施。这些法律除了保留原先借鉴意大利民法及有关优先权、租赁等伊斯兰法的内容外,完全是法国法律的翻版。而埃及法律原则上不适用于外国人,只有得到外国势力的同意后才能适用。但自1911年以后,这项制度必须得到隶属上诉法庭的"民众协会"的同意后才能实施。混合法庭的正式语言有阿拉伯语、法语、意大利语和英语,但实际上法语是法律适用的唯一语言。起初混合法庭的有效期为5年,此后,这项制度被取消,使之成为无限期的永久性法庭,并附之于保护条约。亦即如果埃及废除混合法庭,而由混合法庭审理的案件,必须交付领事法庭受理。

治外法权与混合法庭严重践踏了埃及的国家主权和人民尊严。在埃及人民强烈要求下,在埃及享有治外法权的国家就混合法庭留存问题于1937年4月12日在瑞士举行会议。会议于当年5月8日发表声明,认为曾适用于埃及的治外法权与混合法庭已完全不符合埃及的社会制度,严重阻碍了其社会进步,应该予以废除,并确定了具体的废止时间。即从1949年10月15日起,在保留有限的、特殊的混合法院之外,应逐步废止。治外法权与混合法庭废除后,埃及制定和创建了普遍适用于本国公民和外国居民的法律制度和法院。

2. 世俗法院

伊斯兰法院(即沙里亚法院)曾经是埃及唯一的、普遍适用的法院,然而,由于受混合法庭和奥斯曼世俗法院的影响,埃及开始有计划、有目的地建立世俗法院(即尼扎目法院),以逐步削弱伊斯兰法及其法院的适用范围和作用。埃及于1881年和1883年先后建立了世俗法院,并颁布一批世俗法律。混合法庭废除后,世俗法院成为埃及主要的法院组织。1949年第147号司法制度阐明了世俗法院适用的法律、组织形式和功能。

一是简易法院。该法院的性质、功能和位置均由司法部确立。简易法院主要受理价值不超过250埃镑的金额较小的民商案件,而且其裁决不具有终裁效力。如果所涉案件的价值不超过50埃镑,其裁决具有终裁效力。简易法院还受理一些不论价值多大的工资、损伤及轻微的违规行为。简易法院对案件的审理和裁决由一名法官完成。

二是初级法院。开罗、亚历山大、赛得港及每个省会城市均设初级法院。初级法院的裁决由三位法官完成,但有关民商和婚姻家庭方面的裁决,只由一位法官完成。初级法院还受理简易法院不宜受理的民商案件。如果初级法院受理的案件,其价值超过250埃镑,法院的裁决不具有最终效力。初级法院也有权受理简易法院不具有终裁效力的急需处理案件。每个初级法院设有由三名法官组成的复议庭,主要复议初级法院裁决过的案件和准备提交刑事法院的案件。

三是上诉法院。上诉法院设立在开罗、亚历山大和曼苏尔等大城市,其法律裁决由三位法官完成。上诉法院专门受理初级法院审结后再次上诉于它的民事案件,同时每个上诉法院均设有由三位法官组成的一个或多个刑事法庭,审理有些刑事案件及因新闻媒体产生的案件。

四是最高法院。最高法院位于首都开罗,其法律裁决由五位法官完成。法院有三个审判庭,分别受理刑事、民商、婚姻家庭案件。最高法院除有权审理部分直接控诉案件外,主要受理其他法院裁决的、当事人不接受的案件。这些案件往往是因违反法律规定和未按法律程序造成的冤假错案。最高法院有权对此类案件的法院判决予以确定或撤销,或依情将其返回,使其重新审理。

3. 行政法院

仿效法国的做法,埃及于 1946 年将司法分为一般司法与行政司法,并于同年 8 月 7 日颁布第 112 号法律。法律规定:埃及国家协商议会具有行政法院的功能,有权撤销错误的行政决定,及责令其单位救济和补偿由此造成的损失。这部法律几经修改,并于 1955 年重新颁布。新颁布的法律将国家协商议会的权力分为司法委员会和立法委员会两种。司法委员会由三种形式的法院组成:位于开罗的最高行政法院,该法院专门受理由于下级行政法院违反法律适用、错误执法、违反审判程序等原因造成的起诉案件;行政裁决法院,该法院的总部也位于开罗,专门受理有关地区和城市因选举、行政决议及其他方面引起的行政案件;行政法院,开罗和亚历山大等许多城市均设有行政法院,这些法院专门受理不属于行政裁决法院范围的案件。

4. 婚姻家庭法院

历史上沙斐仪学派是埃及司法适用的学派,历来艾资哈尔清真寺长老由沙斐仪派的学者担任。奥斯曼帝国征服埃及后,受其法律制度的影响,哈乃斐派取代了沙斐仪派,成为埃及法律适用的学派。但不论适用哪种学派,伊斯兰法及其法院一直是埃及的主要法律和司法系统,在整个法制和司法系统中占有主导地位。但由于受到治外法权、世俗法律、混合法庭和世俗法院的影响,伊斯兰法对埃及社会的功能与作用逐渐萎缩,其权限仅限于婚姻家庭关系的调整,主要包括婚约、结婚、夫妻权利,父母与子女关系、离婚、财产继承等。伊斯兰法院分别于1880年、1898年和1931年多次进行调整与改革。按照1931年的改革方案,伊斯兰法院分为简易法院、初级法院和最高法院。简易法院由司法部长委任初级法院中的一名法官负责,主要受理一些较为简单的案件;初级法院主要受理高一层次的、不属于简易法院范围内的案件;最高法院主要受理不属于初级法院范围内的案件。

在非穆斯林婚姻家庭方面的法律适用,埃及允许不同宗教信仰的人们,依照他们的宗教法律和专门法律处理相关纠纷。如果控诉双方是不同宗教信仰者,鉴于伊斯兰法是调整婚姻家庭关系的主要法律,则按此执行。至于埃及人与外国人缔结婚姻组成的家庭,其婚姻家庭纠纷的受理,起初由混合法庭受理,混合法庭废除后则由世俗法院受理。

需说明的是,把婚姻家庭方面的法律适用从整个国家司法系统中分离出来的做法,源于奥斯曼帝国,此后,这种做法受到奥斯曼帝国统辖的地区,以及大部分阿拉伯国家的效仿。这种做法对阿拉伯国家的法制统一产生了不利影响,有些阿拉伯国家一直试图改变这种做法。埃及曾试图统一不同民族和宗教信仰的埃及人在某些方面的法律适用,如监护、遗嘱等,并于1873年成立了名为《保护委员会》的专门法院,后经几次修改,于1947年将《保护委员会》更名为《保护法院》。《保护法院》隶属国家司法系统,主要审理"保护法律"规定的简易、初级和高级法律事务。这些事务的裁决,首先依照新的法律条款(下文将做阐释),在无新法律条款为依据时,则依据伊斯兰法律规则。这是埃及实施法制统一战略的第一步。

此外,埃及政府制定了法制统一的目标,即政府于 1955 年颁布第 462 号法律。法律规定:从 1956 年 1 月 1 日起,废除包括伊斯兰法院在内的所有宗教法院及相关法律,把有关婚姻家庭、宗教基金等方面的控诉案件交付隶属国家司法系统的普通法院受理。但是,司法的统一不等于立法和法制的统一,故埃及 1955 年第 462 号法律第 6 条作出规定:曾适用于伊斯兰法院的有关处理婚姻家庭和宗教基金案件的法律,可参照普通法院适用的第 280 条例,如在某些具体问题上无法律明文时,则依据哈乃斐派关于此问题的法律规则。概言之,埃及自废除治外法权和混合法庭后,开始逐步实施国家法制和司法的统一,让国家法制和司法普遍适用于所有埃及人和在埃及的外国人。

三、现代埃及的立法

现代埃及的立法与司法具有同根同脉、同出一辙的经历,其形式大致概括为以下三类。

1. 伊斯兰法律

如前所说,沙斐仪学派的创始人伊玛目沙斐仪曾侨居埃及,在埃及教授和传播他的法律思想和观点。因此,自古以来,沙斐仪学派在埃及享有崇高地位,直至法图麦王朝时期,它一直是埃及法律适用的主要的学派。法图麦王朝之后,沙斐仪学派重新成为安尤布王朝官方和民间遵奉的主要学派。拜伯尔斯时代,埃及在保持沙斐仪学派为国家法律适用的主要学派的同时,也采纳哈乃斐、马立克和罕百里学派的法律规则,形成了以沙斐仪学派为主兼容其他学派法律规则的法律和司法体系。奥斯曼帝国统辖埃及后,哈乃斐派取代沙斐仪派,成为埃及官方的主要学派。

奥斯曼帝国时期,由于世俗法院的建立,伊斯兰法院的作用逐渐萎缩,埃及为求得法律与司法的独立及某些政治因素,没有实施包括《通用法律大全》在内的奥斯曼帝国的法律,并于1875年建立了混合法庭,颁布了适用其中的新法律,又于1881年建立了世俗法院,两年后,世俗法院重新组合,并颁布了民法、商法、刑法、海洋法、诉讼法和刑事诉讼法6部法律。这些法律基本上是对原混合法庭法律的翻版,是由埃及人和外国人组成的法律委员会制定的。

2. 新的法律

埃及的国民立法运动是政治运动的结果。1937年在瑞士签订的旨在废除埃及混合法庭的协约,是埃及人民在争取法制与司法独立斗争中取得的重大胜利。此后,埃及陆续制定了一批新的法律,其中较为重要的有:

《刑法》。该法颁布于1937年,于当年10月15日生效,共计395条,涉及有关刑事犯罪和对犯罪处以什么刑罚的内容。《刑法》将犯罪又分为社会犯罪和个人犯罪两种。《刑法》的某些条款后经几次修正被完善。

《民法》。实际上埃及《民法》由来已久。因势所需,政府于1936年开始修改《民法》,并成立了专门委员会。但因经费问题,在不到两个月的时间委员会被迫撤销。后于同年第二次成立了新的委员会,但还因某种原因,被迫于1938年撤销。混合法庭废除后,迫于世俗法院法律适用的需要,又于1938年第三次组建了新的委员会。新委员会由埃及著名法学家阿布都·拉扎克·赛尼呼尔博士担任主任,于1942年完成了《民法》的修改。埃及司法部对修改后的《民法》征求了法律专家和相关学者的意见后,又组成一个由阿布都·拉扎克·赛尼呼尔博士为主任的专门委员会,专门对此进行复审和研究。1945年《民法》的修改复审工作结束,提交埃及议会审议。议会于1948年7月16日通过审议。新《民法》于1949年10月15日生效,这天正是埃及废除混合法庭的日子。

新《民法》总计1149条,内容源自三种法律渊源:比较法律、埃及的司法实践和伊斯兰法。这部《民法》不像埃及先前的法律那样,只是借鉴和吸纳法国法律,而是在借鉴法国法律的同时,也采用其他欧洲国家,特别是埃及司法实践的精华和伊斯兰法的内容。《民法》借鉴了伊斯兰法的无意思能力人的责任、债务的转让、优先权、馈赠和契约等方面的内容,并在第一条明文规定:"法官在无法律明文和习俗时,应求助伊斯兰法律原则裁决案件"。[①] 此外,新《民法》把伊斯兰法作为埃及民事法律的一个渊源,无疑对加强伊斯兰法的研究,以及按照现代社会条件的要求发展伊斯兰法,均具有十分重要的意义,也是弘扬优秀伊斯兰法律文化的渠道。

《民事诉讼法》。这部法律草案于1944年形成,此后,政府成立了一个专门委员会对此进行修改,1948年修改工作结束,提交议会审议,并于1949年7月29日颁布,同年10月15日生效。依照1951年第126号法令,《民事诉讼法》增加了婚姻家庭诉讼程序内容的第四章,使原有的858条款成为1230条款。法律的"概要说明"阐明了《民事诉讼法》的基本特点:首先,《民事诉讼法》以埃及原有法律原则为基础,吸取其中有益于新法的内容,摒弃不利于新法发展的内容,填补了法律实施过程中出现的不足和缺陷;其次,简化司法程序,缩短诉讼时间;再次,扩大法官的权限,使之具有决定性的权力;最后,简化亟待解决案件的程序,以实现效率与公正的结合。

---

① 苏布哈·穆哈米萨尼:《阿拉伯国家的立法:历史与现实》(阿文版),贝鲁特知识出版社1981年版,第261页。

《刑事诉讼法》。《刑事诉讼法》依照1950年第150号令颁布实施,借以废除曾经适用于混合法庭和世俗法院的两部刑法程序法。这部法律共计560条,分四篇:刑事犯罪的确认;法院;程序和执行。

3. 法律的法典化(即法典编纂)

受西方法典编纂的影响,近代史上埃及掀起过"法制国民运动",19世纪后半叶,曾任埃及司法部长的哥德尔按照西方现代民法的模式,以哈乃斐派法律规则为主,编纂的名为《认识个人身份的指南》(该著作共计1405条,分为契约与各种民事法律关系两篇)和《裁决宗教基金问题的公正法律》的法典,被认为是此方面的大胆尝试。遗憾的是这两部法律未被埃及政府确定为适用全国的法律,但由于其体系新颖,便于查阅,在许多阿拉伯国家民事和宗教基金的法律适用中被广泛适用,备受喜欢。

此后,埃及政府授权哥德尔按照哈乃斐派法律观点和法律规则编纂了《个人身份法》法典,该部法典总计647条,分别阐述了婚姻、离婚、遗产继承、馈赠、遗嘱等方面的内容。这部法典也因种种原因,没有以政府名义确立为通用全国的正式法典,但它已成为埃及和其他阿拉伯国家伊斯兰法院最重要的审判参考依据,作为法官的必备参考书籍和官方学校、民间组织的使用教材,广为流传,更为重要的是这些法律的出台,为构筑伊斯兰法的现代体系迈出了重要步骤。

以哲马鲁丁·阿富汉尼、穆罕默德·阿布都、拉希迪·里达和穆罕默德·穆斯塔法·穆拉尔等为代表的伊斯兰现代主义兴起后,积极强调伊斯兰法应回归经训及其法律原则和精神,而不应拘泥某些法学家及其学派的观点。埃及的法典编纂深受其思想影响,尤其伴随埃及《民法典》的编纂,伊斯兰法的地位得以加强,成了埃及民事法律的基本渊源,以及在无法律明文时法官必须赖以的裁决根据。与此同时,政府也在积极探索其他法律的制定，并于 1936 年 10 月 5 日组建了由著名学者组成的法律编纂委员会，基本任务是从各个伊斯兰法学派中采纳符合时代要求、更加有益于人们和社会的法律规则，按照现代法律规范形式编纂法律。经过努力，委员会先后编纂了《伊斯兰继承法》、《瓦格夫法》和《伊斯兰遗嘱法》等。这些法律的颁布和实施使伊斯兰法重现活力，再次发挥它应有的社会功能和价值。

第十四章　法律史的核心命题：伊斯兰人权的法律保护

新的国际政治经济关系形成后，和平与发展成为时代的要求，各国政府越来越多地把以人为本作为本国政治、经济和社会发展的价值理念和重要内容。因此，人权运动成为一股强劲的浪潮，席卷全球。然而，在人权作为一种理念、获得世界普遍认同的同时，且因人权理论和国际政治的演变，有关人权的概念、原则、实践等问题，反而成为颇有争议的国际性问题。不同社会制度、意识形态的国家之间，发展中国家与发达国家之间对此存有尖锐矛盾，它已成为当今国际政治和意识形态领域斗争的焦点，更已成为伊斯兰国家内部及其与西方国家争论与冲突最激烈、最直接的政治、法律和宗教问题。[①]

实际上，对各国人权问题的研究和评估，不能完全脱离其民族传统，应以民族主休文化、历史背景和具体国情为基础，客观深入全面系统地予以研究，科学地阐述其人权理论和制度，才能认识其人权的性质与特征。一般来讲，人权不是抽象的，而是具体的，各国人权理论和制度的产生、发展和完善不是孤立偶然的，它与其民族长期的思维方式、生产劳动、价值观念和社会理想等传统有着必然的联系，受特定社会经济、政治、文化等许多因素的影响和制约，它是人们现实生活中的实际

---

① 人权和民主是伊斯兰世界与西方世界最具争议和冲突的两大政治、法律和宗教问题，故本章和第十五章就这两个问题予以阐释。

需要和一定社会精神、物质文化关系的实际反映。在丰富多彩的人权观中,伊斯兰人权观以其原则和精神为思想基础和指导方针,形成了自己观点鲜明、独具特色的人权理论和制度。

一、伊斯兰人权的法律思想基础

权利是法律有机体的细胞,是法律大厦的基本构件,是法制王国里一道普照的光,是真正的法律上的力,它使法的一切领域均受到它的穿透和吸引。几乎可以这样说:认识了权利也就认识了法,抓住了权利也就抓住了法的真谛。权利是法的重要价值范畴,更是法的本体范畴,蕴涵着法之为法和法之成为法的深刻内容和法律有机体的各种奥秘。[①]

伊斯兰人权观在认主独一信仰的基础上,主张万物皆为真主创造,真主对世人享有绝对、终极权的同时,承认并保护人被赋予的许多权利。"我确以优待阿丹的后裔,而使他们在陆上或海上都有骑乘,我以佳美的食物供给他们,我使他们大大地超过了我所创造的许多人。"[②]但人所拥有的权利不是天生就有的,也不是自然赋予的,而是真主授予的,是真主权利的相对而言,它根源于伊斯兰法。具体地讲,伊斯兰人权真主赋予的观点与西方近代政治自由学说主张的"自然权利"的观点有着本质的区别。西方是以自然法为人权论的人权理论,主张人权是必然的,适用于每一个人的权利,它是人之所以为人的基本权利,是与生俱来的,不可剥夺和转让的。伊斯兰人权观主张,伊斯兰法是个人权利、自由的渊源与基础,个人权利与自由源自伊斯兰法。具体而言,人以群分,物以类聚是社会形成的根源,人是生活在社会群体之中的,任

① 文正邦:《当代法哲学研究与探索》,法律出版社 1999 年版,第 335 页。
② 《古兰经》,夜行章,70 节。

何人都不能离群索居,人们在社会中合群而居,共同生活,彼此之间就必然要结成一定的社会关系,并发生这样或那样的社会行为。人类社会就是由人们的种种社会关系构成的,这种关系是一种相互间既排斥又依赖,既给予又索取的关系。在社会生活中,某个人总是要向社会或他人提供某种行为或不行为,并相应地获得社会或他人对自己提供的某种行为或不行为,否则就形成不了稳定的社会关系。因此一切社会关系无不包含某种利益,人们相互的社会交往涉及不同利益,不免发生争议与冲突。为维护社会生活的有条不紊,作为调整穆斯林社会关系的伊斯兰法,正是将社会关系中的各种利益用法的权利义务的形式固定下来,使之法律化与程序化。之所以将伊斯兰个人人权主张是真主赋予的,真主是伊斯兰法的唯一立法者,法是真主对个人和社会行为权利义务性的规范,个人和社会权利的实践须以伊斯兰法为准则。

从宗教价值观角度,主张伊斯兰法是个人人权与自由的源泉,是指伊斯兰法理论把人权的实践视为对真主法度的服从和遵循,是对伊斯兰信仰的表白和体现,是博得真主喜悦和完成自我价值的善行和美德,它并非是个人主义至上论思潮的泛滥。基于此,伊斯兰法要求人们成为自己行为的意志者和选择者,个人应对自己的行为负完全的责任,把理智作为责成其义务与责任的标准。因此,除精神病人、无行为能力的未成年人和被强迫者之外,伊斯兰法在赋予个人权利之前,首先责成其义务,即成为权利人之前,首先是义务人。个人对权利的享受来源于他相信该权利是以自己为他人和社会尽义务为条件的,是自己承担责任的结果,如果自己不履行对社会和他人的义务,也就不应享受权利。这就充分肯定了伊斯兰个人权利不是孤立存在的,它总是与相应的义务密不可分。在伊斯兰社会中,没有无义务的权利,也没有无权利的义务,两者相辅相成,相得益彰。这种权利与义务的统一性,使伊斯兰人权具有相对性和责任性,它并不是无条件和毫无羁绊的,而是受伊斯兰法的约束和规范,伊斯兰法成为各种权利得以实现的合理限度和根本保障,也是权利与义务的统一。它并非像现代法哲学主张的,权利的渊源、性质和实践是对政治权力绝对化的约束,这种观点在伊斯兰法中是不存在的,伊斯兰立法权仅归真主,而不属于某一政治领袖或政治集团,伊斯兰国家中的政治领袖和政治集团的权力始终受伊斯兰法明显的界定和约束。[①]《古兰经》指出,"各人将因自己的营谋而作抵押"。[②]"各人要享受自己所行善功的奖赏,要遭受自己所作罪恶的惩罚。"[③]

二、伊斯兰人权的法律保护

人权是权利的一般形式,是人应该获得的基本权利。生活在社会中的一切人,都有某些共同点,在这些共同点所及的范围内,他们都有平等的生存、政治、经济、社会等诸多权利,这些权利的确认和保护,虽然在各个国家的法律上得到反映的情况、程度、性质各异,但只要是法律都以规定不同人们的不同权利关系为内容,都以保障这些权利的实现为使命。对此伊斯兰法也毫无例外,提出了基于其价值观的人权哲学的理论与实践。主张人类由于理智的局限,想要单纯依赖自己的能力去正确判断和领悟宇宙万物间绝对的善与恶及其真实本质,来实践个人与社会的权利是十分困难的。真主创造了人类世界,赋予人类最美的形态和无比的尊严,授予他们各项权利,使之优越于众生的同时,并没有弃之不管。为使人类社会生活有条不紊,健康发展,避免争权夺利,导致人的基本生存和各项权利的分崩离析,真主从人类中选择了先

① 法特哈·都莱尼:《当代伊斯兰思想研究》(阿文版),贝鲁特中心出版社1988年版,第91页。

② 《古兰经》,盖被的人章,38节。

③ 《古兰经》,黄牛章,286节。

知与使者，降示他们启示与法则，作为人类社会共同生活之规范。穆圣作为人类的最后先知使者，降示他的《古兰经》及从中演绎出的伊斯兰法是人类社会共同生活的准则和人权的社会保障。

伊斯兰法作为人权的社会保障制度，具有全面性和包容性，它以人为终极关怀，为人的自身价值的实现进行宏观和微观的精心设计，对人在母腹、现实生存至死亡的全过程，都做了详尽的法律保护，涉及精神和物质生活的各个层面，其制度囊括了传统与现代人权的诸如生存、人身、人格、社会、宗教、政治、经济、文化等权利的所有内容，并对这些权利的法律保护采取两种形式，除了从实体上对人权的基本内容加以确认和保障外，还从程序上对人权的实现予以保护。

一是实体权利的法律保护。伊斯兰法从整体上对个人人权的实质即利益，做了不同层次的划分。认为个人人权的首要和基本要素是个人利益，个人人权是人们为满足一定的需要，获求一定的利益而采取的一定行为的资格和可能性。利益既是权利的基础和根本内容，又是权利的目标指向，是人们享受权利要达到的目的之所在。换言之，权利保护就是利益保护。但人类的利益不尽相同，需求不一，法学家依据伊斯兰法原则与精神，以及利益对人们生活的影响和人们对它依赖的程度将其分为三类。依次是：

必需利益。指这些利益在社会生活中占有举足轻重地位，是现实生活中必不可缺的。如果人类失去它，社会生活就会处于无序状态，各种利益荡然无存，人类生存会遭到威胁、破坏、损失乃至死亡。它包括宗教、生命、理智、血缘、财产五项权利。伊斯兰法把这五项权利作为立法宗旨的首要目的，以保障它们的合理存在。

需要利益。即人类对此利益的需求是因其能保障生活的安逸和舒适，有助于解决人类的困难和负担的减轻。失去这些利益不会像必需利益那样造成生活的无序与混乱，也不会威胁生存，但却会给生活带来不便、窘境和困难。如人权理论中的意见自由、工作权等。

择善利益。即为完善优秀的人品和高尚的道德而要求的利益。人类以这一利益使生活更加美好,生活秩序更加完善,思想品德更为高尚。如果失去这一利益不会像必需利益那样会威胁到人类的生存,也不会像需要利益会造成生活的困苦,但却会使生活有悖于高尚的道德、生活的情操、良好的风俗,从而失去人的尊严①。

这三种利益在伊斯兰社会生活中均不等同,但互不分割,彼此完善。必需利益的法律保护属立法原则和宗旨的最高范畴;其次是需要利益的法律保护,它是对必需利益的完善;再次是择善利益的法律保护,它是对需要利益的完善。虽然伊斯兰法对这些利益的保护侧重不同,轻重不一,但它把维护人类的各项权益的实现作为立法的指导思想和价值准则。具体而言,每一个社会、每一个时代、每一个国家都有其立法指导思想和价值准则。不同的社会形态,立法的指导思想和价值准则有很大差异。伊斯兰法把对个人人权的保障作为法律创制活动中应遵循的普遍的和根本的具有指导意义的思想和必须遵循的具体准则,以体现人权的人道、政治、经济之意义。因为伊斯兰法保障各项权益的实现,恰恰是在社会中实践和发展立法指导思想和价值准则的基本手段和必备途径,两者是手段与目标之关系。② 社会中的个体还是群体如没能较好地运用伊斯兰法享有权利和承担义务,事必导致伊斯兰立法指导思想和价值准则在社会实践中丧失,手段的丧失意味着目的的失败,继而造成责任与义务的无法履行。而法律责任与义务,伊斯兰法将其视为人类生存意义之所在。诚如《古兰经》所说"他创造了生

---

① 沃哈布·祖海里:《伊斯兰法理学》(阿文版),大马士革思想出版社 1986 年版,第 1020 页。

② 法特哈·都莱尼:《当代伊斯兰思想研究》(阿文版),贝鲁特中心出版社 1988 年版,第 100 页。

死,以便他考验你们谁的作为是最优美的。”[①]因为,责任与义务是维持权利和社会存在的手段,是个人与他人及社会联系的方式。任何社会存在,必须有责任与义务予以维持。无责任与义务存在,社会中的权利将不受任何义务的约束或限制,自由将不受任何纪律的约束或限制,社会秩序将混乱无序。

为能更好、具体地说明伊斯兰法从实体上对人权的保护,将其制度中的生命权的法律保护作为范例予以阐析。

生命权,无论在古典人权观,还是在现代人权中,都是最基本的人权之一,是整个人权体系的基础和主体性突出的权利,也是其他人权要素的前提,其他人权要素只是它的繁衍与派生。如果没有一个有生命力的人类个体的存在和正常行动,那全部人权将无从谈起,人权问题也无任何意义。因此各国的宪法和法律明确规定了对生命权的保护。伊斯兰法也毫无例外地将生命权的保护置于极其重要的地位,从人的物质和精神两方面加以保护。前者如保护人的生命、身体的合理存在和正常行动;后者如人的尊严、信仰、思维创作等权利的保护。由于人具有集物质与精神于一体的特征,人的生命及各种权利不论在伊斯兰立法原则,还是实体法中得到了广泛、全面的重视,把其纳入到了维护宗教信仰之后的第　必需利益保护的范围。

伊斯兰认为,人类在语言、肤色、种族上的差异与人的权利毫不相干,历史上把这些差异当做衡量人尊严、人格、身份的标准,是有悖于人类公正平等原则的,导致了种族歧视的恶果。这些差异并非是人类自己意志的行为,而是创造者的意志和能力的体现。“他的一种迹象是:天地的创造,以及你们语言和肤色的差异。”[②]旨在使人类适宜不同环

① 《古兰经》,国权章,1—2节。

② 《古兰经》,罗马人章,22节。

境地域中的生存,更好地履行治理大地、建设文明的义务。因此伊斯兰把人类在社会生活中表现出的行为作为衡定高贵与尊严的标准,“各人只能享受自己的荣绩;他的劳绩,将被看见,然后他将受最完全的报酬”。[①]“行善的人和作恶的人都各有若干等第,(以报应)他们所行的(善恶)。”[②]而人的生命恰恰是人类行为和利益产生的渊源,只有对生命权加以确切保护,才符合人作为宇宙精华、万物灵长的崇高地位。故伊斯兰认为,故意制造流血和伤害生命的行为,不仅是对受害者本人及其家属犯罪,而且是对全人类的犯罪。《古兰经》指出:“凡枉杀一人的,如杀众人;凡救活一人的,如救活众人。”[③]它昭示了此犯罪是对人类感情的伤害和生存的威胁,与人类的发展背道而驰,为确保人类的生存必须铲除这一犯罪。

由于家庭、社会等诸多原因,现代人的精神负担不断加重,心理素质不断衰弱,加之人性固有的脆弱,自杀已成为当今社会的严重问题,无不困扰着各国政府。各国法律对此束手无策,无法作出事实裁定,甚至不把它视为犯罪。理由很简单:法律惩罚是针对活人的,自杀一旦酿成,法律对此无济于事,于事无补。这不能不说是人权保护中的一大缺陷与遗憾。造成这一状况的原因是人们对人生及其价值概念的错误认识。而伊斯兰法中的宗教要素,成功地扼制了这一社会问题。它向人们树立了基于伊斯兰信仰的人生观与价值观,主张生命不是个人私有财产,而是真主的财产,真主对此享有绝对权利,说明人不因自己而活着,他的生命与他所受的责成和信托有着直接的联系,他所维护的不仅是自身的利益,而是他人、社会、公众的利益以及自身的长远利益。正因如此,他不但有生存权利,更有生存义务,这一生存义务并不是独立

---

① 《古兰经》,星宿章,39—41 节。

② 《古兰经》,宴席章,132 节。

③ 《古兰经》,牲畜章,32 节。

于生存权利之外的,它是与生存权利对应和对等的,是对象化了和内容发生了转化的权利,是直面真主与社会的,以此来解释人作为大地代治者的含义。因此,任何人不拥有自己,或促使他人伤害自己生命全部或部分的丝毫权利,除诸如自卫战争,或身体某部位成疾,在医生的诊断下,如不做切除手术会影响生命安危等伊斯兰法允许的范围。此外任何形式的故意仇视、伤害生命的行为属非法行为,是对真主权利的侵害。"你们不要违背真主的禁令而杀人,除非因为正义。"①圣训对此含义又予以明确肯定,把任何形式的自杀判为大罪,说:"谁用铁自尽,手中的铁在火狱中乱刺腹部,并永居其中,谁悬梁自尽,属判教者,将永居火狱。"②

二是程序权利的法律保护。是指伊斯兰法确立对实体法规定人们在政治、经济、社会等各方面的权利进行保护的方法和手段。其主要表现在审理穆斯林当事人民事、商事、刑事等方面的伊斯兰诉讼法中。旨在维护一切合法权益,制止一切非法行为。包括伊斯兰法在内的任何一种法律对人权的保护与其他社会性保护的一大区别就在于它的程序性,程序性被认为是克服专权、维护公正、保障人权的重要手段。故伊斯兰程序权利在人权的法律保护关系中,始终占有举足轻重之地位,它与实体权利的法律保护相互对应,互为依存,一脉相承,密不可分。实体权利的法律保护决定程序权利的法律保护,如果没有实体权利的法律保护,程序权利就会变成空洞的毫无实际意义的东西。反之,程序权利的法律保护是实现实体权利的方式和手段。如果实体权利受到侵犯,只有通过正当的法律程序寻求保护,所以程序权利的法律保护是实体权利得到保护的前提。只有实体权利而无程序权利,人权的法律保

① 《古兰经》,牲畜章,151 节。

② 引自法特哈·都莱尼:《当代伊斯兰思想研究》(阿文版),贝鲁特中心出版社 1988 年版,第 96 页。

护只是一纸空文,徒具形式。

三、伊斯兰个人权利与社会权利的法律关系

个人与社会的关系问题,贯穿于人类社会的始终,它直接影响甚至决定个人权利与社会权利的关系。历史上哲学、宗教学和社会学把其视为重要的议题,始终主要沿着两个基本方向去思考和回答。一部分哲学家、思想家强调整体性,主张整体优于个别,社会权利优于个人权利。另一部分哲学家、思想家沿着相反的方向看待个体与整体、个人与社会的关系。主张个别优于整体,个人权利优于社会权利。其实,片面地强调个人权利的优先或社会权利的优先,都是十分困难的。因为无论是个人还是社会,也不论是个人权利还是社会权利,都是一定历史条件下并与特定条件下的经济、政治文化传统密切联系在一起的。因此,抽象强调和极端倾向社会权利优于个人权利或个人权利优于社会都是错误的。[①] 伊斯兰法避免了个人权利至上论和社会权利至上论的片面性,从个人权利与社会权利的统一性出发,把权利以其享有者为标准分为三个方面。一是真主的权利,真主对世人享有权利,此权利代表着社会大众的利益,通常又称之为社会权利。依伊斯兰法哲学,真主是万能的,无求于世的,无须任何权利,之所以将该权利归于真主,证明它的广泛、普遍、尊严和不可剥夺性;二是人的权利;三是兼具真主与人的权利,此中或许真主的权利占据上风,侧重较大或许相反。

这三项权利在伊斯兰社会中互不分割,融为一体。伊斯兰创建的社会基于一种道德价值标准,它反对以氏族血缘、等级阶层为纽带的社

---

① 曲新久:《个人自由与社会程序的对立统一以及刑法的优先选择》,载《法学研究》2000年第2期。

会体系，把社会成员间的关系建立在兄弟情意、互敬互助的基础上。个人和社会权利皆根源于伊斯兰法，法律被赋予最高权威，包括政府在内的任何社会机构和个人都必须服从法律，对此人人平等。它不允许个人为实现自己的权利损害社会权利，也不允许社会为实现自己的权利剥夺个人权利。因为个人必须生活在社会中，个人是社会政治性动物，不能脱离社会，只有在社会中才能得到生存与发展，社会本身又是人的社会，无数个人是社会的基本单位与细胞，个人有义务保护推进社会权利，是社会利益的守护者。但个人在维护社会权利的同时，社会也应在法律范围内行使权力，不能肆意侵害个人权利，而应向个人提供一定基本权利和自由的保障。因此，伊斯兰个人权利与社会权利是内在统一的，个人权利是社会权利的根据，社会权利是个人权利的保障，没有个人权利，社会权利的价值就不完整，没有社会权利，个人权利难以保证。诚如圣训比喻的，伊斯兰社会如同海上航行的船舶，社会的个体还是群体都是乘船的航行者，都有义务负责船的安全行驶，任何人无权以个人权利和自由的名义损害属于他的那一块。“遵守真主法度者和违犯者，犹如一群乘船航行的人，他们抽签分配船座，其中一伙抽到上等舱，另一伙抽到下等舱。下等舱的人的饮水须到上等舱去取，故他们说：‘我们若在属于自己的位置上钻通船底取水，就不会打搅上面的人。’如果上等舱的人放纵他们为所欲为，大伙定会船毁人亡，同归于尽，若严厉制止，大伙便都安然无恙。”①

但个人权利与社会权利间的这种内在统一关系，并不否认彼此权利的存在，也不意味着这些权利可以相互替代。如果个人权利和社会权利发生矛盾，伊斯兰法在两者间寻求一种平衡，兼顾两者矛盾，采取

① 引自阿布都·克雷姆·奥斯曼：《伊斯兰文化》（阿文版），贝鲁特使命出版社 1982 年版，第 27 页。

多种多样的形式处理矛盾:从积极方面讲,包括对有关权利加以确认、鼓励和保护;对实现权利提供机会或优越条件;协调不同权利问题矛盾;预防权利矛盾的产生和激化,等等。从消极方面讲,包括对有关权利的限制、禁止;对权利纠纷加以裁决;对受损害一方提供补救,对损害他人一方实施制裁[①],等等一整套法律规范,从而正确界定了个人与社会的权利关系,成功统一了彼此的目标,有效克服了极端个人主义和极端社会主义的一切异议。

当个人权利与社会权利间的矛盾难以调和时,伊斯兰法作为社会控制的手段和生活原则,以社会公共权利为本位,让社会权利高于个人权利,要求个人把自己的权利置于社会权利的范围,个人权利的实现以不触犯社会权利为前提,个人对社会关系负有直接的责任。因此,伊斯兰法把个人权利以法律形式固定下来的同时,还对它的运作和实践做了具体立法,使其受到许多严格条件的限制和约束。穆斯林作为伊斯兰社会成员,是自由独立的主体,但他的权利与自由不是完全独立和毫无羁绊,而是相应地与社会和他人权利有着互敬互爱、共同发展的必然联系。"你们为正义和敬畏而互助,不要为罪恶和横暴而互助。"[②]这一《古兰经》节文是伊斯兰社会保障制度中的一条基本原则,一方面它要求人类互助互爱,共同创建人类文明;另一方面要求他们弃恶扬善,远离犯罪。这是伊斯兰人权的社会性体现,亦即保护个人生命、财产和名誉等各项权利,免遭他人的侵害,是各国法律和人权宪章的基本内容和宗旨,但这种内容和宗旨在伊斯兰人权观中有着双重含义,它不仅是对私人身份和财产的保护,更是对真主权利即社会权利的保护,即使此权利的实质纯属个人。侵犯他人的权利,或个人若把自己的权利置于社

① 沈宗灵:《法、正义、利益》,载《中外法学》1993年第5期。

② 《古兰经》,宴席章,2节。

会权利之上，势必导致社会生活紊乱，社会终究会成为唯我是从、自私自利的空间，社会关系遭到破坏使之陷入无序状态和误入歧途。但强调伊斯兰人权的社会性，并不意味着伊斯兰个人权利的本质是维护社会权利而存在，这将会错误地消除个人权利的实际存在，使其成为实现社会利益享有的单纯名义并无实际利益而已。所谓伊斯兰人权的社会性，是指个人的社会职责在其权利享受中的作用。它要求个人在维护自身权利的同时，应不遗余力地维护社会和他人的权利，以消除各自权利发展道路中障碍，达到为个人和社会趋利避害的目的。这是伊斯兰法一致倡导的基本原则。如果个人忽略了这一原则，国家有权通过法律责成其遵循这一原则，以维护社会权利。

总之，伊斯兰法作为调整各种权利的社会保障，权利调整是它的一大职能。伊斯兰法公平与否，取决于它对权利分配的公平与否。因此，在权利的分配上，伊斯兰法没有光考虑个人一方的权利，也没有仅仅照顾社会一方的权利，而是最大限度地兼顾两种权利，在两者之间进行平衡，使两者健康发展。

第十五章　政治制度的核心原则：伊斯兰民主协商制度

如同人权问题一样，民主问题也是伊斯兰国家内部及其与西方国家争论与冲突最激烈、最直接的政治、法律和宗教问题。因为，一方面，伴随近代西方殖民主义在伊斯兰世界的扩张，西方的民主和议会制度在伊斯兰世界大行其道，基于伊斯兰价值的政治制度受到很大遭遇；另一方面，当今一些西方国家出于本国利益的需要，实行双重民主标准，将民主问题政治化，肆意诽谤伊斯兰的民主政治制度，横加指责伊斯兰世界的民主现状。

面对遭遇和指责，特别是伴随当代伊斯兰教的觉醒，伊斯兰世界思想家、政治家、法学家们积极做出反应，他们以批判的眼光和否认的态度看待西方民主观念与制度的同时，积极复兴伊斯兰价值的民主政治。主张伊斯兰政治是民主政治，但它不同于西方民主。伊斯兰政治制度同伊斯兰教在公元7世纪同时产生，导源于《古兰经》，发轫于先知穆圣时代。源远流长、博大精深的伊斯兰文化无须借用外来文化，伊斯兰国家只要挖掘自身的潜力，弘扬自身文化传统，并从中汲取营养，就能够迎接任何内外挑战。他们从经训及伊斯兰法中的阿拉伯语读作“舒拉”（الشورى）的协商制度中，寻求并构建伊斯兰价值的民主或民众政治参与的现代制度。即民主的伊斯兰化是以重新解释传统的伊斯兰“舒拉”制度的内涵，以及以新的眼光看待伊斯兰价值体系在现代民主制度中的地位与作用这一现代化进程的基础上进行的。

一、伊斯兰民主协商的法律依据

从词源上说,民主的本意是指多数人掌握政权的政治统治形式,但在现代社会,民主的含义较为广泛:从广义上讲,泛指在社会生活的各个领域中实行按照多数人的意志进行决定的社会活动机制。它既适用于国家形态的领域,也适用于非国家形态的领域。从狭义上讲,民主是指民主政治,主要表现为国家政治制度层面的民主。因此,民主本身是一种政治制度,在这种制度中为实现国家和社会的利益,全体公民享有和肩负参与国家的政治、经济、文化、教育等方面决策的权利和义务。

自由、正义、平等、协商、提出异议、自我批评是伊斯兰民主政治制度中的六项基石。协商是其核心原则,也是一大特点,贯穿于伊斯兰国家和社会生活的各个领域。它不仅是穆斯林个人与社会享有的法定权利,更是必须履行的法定义务,具有权利与义务的双重性。

历代穆斯林学者对伊斯兰协商制度界定了许多定义,可谓是个见仁见智、各执一端的概念。伊本·阿拉比说:"协商是指就某一问题(大家)汇集一起,畅所欲言,各抒己见,得出结论。"①拉厄布·爱索法哈尼说"协商是指就某一问题(大家)各抒己见,交换意见,得出结论"。② 另外现代学者关于协商的定义有些是围绕政治协商的,有些是围绕一般事务的。实际上协商原则贯穿于伊斯兰社会生活的各个方面。但是基于大多数学者关于协商的观点,其基本含义是指穆斯林法学家(即穆智台哈德)及相关专家、学者,依据经训明文与精神及伊斯兰法的基本原则、法律渊源和创制程序,运用理智推理、比较判断等方法,就伊斯兰社

---

① 伊本·阿拉比:《〈古兰经〉的法律规则》(阿文版),第一册,第 297 页。

② 拉厄布·爱索法哈尼:《〈古兰经〉中的生僻词汇》(阿文版),第 207 页。

会生活中出现的经训明文未涵盖的新事物、新问题,汇集各种意见,做出正确结论,创制出与经训明文与精神及伊斯兰法宗旨并行不悖的法律规范,作为伊玛目、法官和广大穆斯林法律适用的根据。从这一角度,实际上伊斯兰民主协商是伊斯兰法的创制的表现形式之一。

溯源伊斯兰协商制度产生的历史,不难发现,它不是伊斯兰初期阿拉伯半岛社会的产物。当时,不论是伊斯兰的信奉者,还是反对者,无人提出要建立协商制度,也无人因没有该制度感到忧虑与困惑,而是《古兰经》提出了这一制度,几段着墨不多、提纲挈领的节文成为它的理论根据和指导思想。在阿拉伯历史上《古兰经》之所以史无前例地提出这一连阿拉伯人从未听过、也从未想过的制度,并将其中一章命名为"协商章",旨在于塑造穆斯林民族的优秀品格,建立正义有序、文明进步的伊斯兰社会。《古兰经》云:"也归于远离大罪和丑事,且在发怒时能赦宥者;也归于答主的号召,且谨守拜功者;他们的事务,是由协商而决定的;他们分舍我所赐予他们的。"①《古兰经》阐明了穆斯林应具备的品行,要求他们在处理事务中进行商议,并把协商与礼拜、施舍、弃恶扬善联结在一起。对此,学者们主张:经文把协商同礼拜、天课联结在一起,这就使两者具有同等法律效力,否则这种联系就毫无实际意义。即礼拜和天课是伊斯兰教的基石,是制定于穆斯林的基本义务,协商与其联系在一起,自然也成为伊斯兰政治中的一项基本制度。

《古兰经》又指出:"你当与他们商议公事。"②经文中承载"商议"含义的词,是以阿拉伯语命令式动词表达的。依伊斯兰法学原理,凡命令式动词表达的经训明文,若内容是指善行,其行为为积极的义务规范(法雷兑或瓦吉卜),若内容是指恶行,其行为为消极的义务规范(哈拉

---

① 《古兰经》,协商章,37—38节。

② 《古兰经》,仪姆兰的家属章,159节。

姆),除另有使积极的义务规范转换为嘉许规范(曼杜卜)、使消极的义务规范转换为可憎规范(麦克鲁赫)的经文和法律原则外。此节经文中,没有使积极的义务规范转换为嘉许规范的经训明文与法律原则,故协商已成为伊斯兰政治制度中必须履行的积极的义务规范。此外经文中的"你"是指穆圣,即践行协商原则是穆圣必须履行的义务,那么对于他之后的伊斯兰国家元首、领袖们更应如此。

穆圣及历代的哈里发始终不渝地遵循《古兰经》的协商原则,并言传身教、因时制宜、因事制宜地实践这一原则,使其成为理论与实践相结合的制度。穆圣说:"你们中的任何人,当向他的兄弟征求意见时,他应该与他商议。"①"协商是悔恨的碉堡,是谴责的保障。""一伙人只要是商议了,他们的事情就会得到正确解决。"②拜德尔战役中,就战略问题,穆圣多次征求门弟子的意见:"人们啊!请提供你们的建议"。伍侯德和壕沟等战役中,他同样积极地征求大家的意见,得到他们对战略的意见。因此,艾布·胡莱勒说:"任何人(对事务)的商议,莫过于真主的使者"③。

二、伊斯兰民主协商的范围与方式

虽然伊斯兰政治协商的领域较为广阔,且由于经训是其理论和实践的根本大法和权威准则,任何事物的协商意见和结果若与经训有悖,是不被接受的。所以伊斯兰法把协商事务的范围界定在经训明文未确

---

① 伊本·马哲传之,转引自穆罕默德·阿布都·尕地勒·艾布·法勒西:《伊斯兰政治制度》(阿文版),约旦准则出版社1986年版,第92页。

② 沃哈布·祖海里:《伊斯兰法学及其根据》第6册(阿文版),大马士革思想出版社1989年版,第713页。

③ 布哈里传之,转引自穆罕默德·阿布都·尕地勒·艾布·法勒西:《伊斯兰政治制度》(阿文版),约旦准则出版社1986年版,第91页。

立、涵盖的领域,诸如战争、契约、国家领袖的任免等。至于有经训明文可依的事务,并且该明文的含义断然明确、明晰可见,穆斯林大众只有遵循该明文规定的义务,而无协商的权力与权利;若该明文的含义具有或然性,那么,对它的真实含义只有具备特定条件的学者们可以商议,得出正确结论。因为,在伊斯兰教中《古兰经》是真主的意志和权力的体现,真主的意志与权力至高无上。现代西方政治制度强调主权在民,人民是国家权力的来源,主张以人为中心,因为人被看做是思想与行为的起点。伊斯兰政治哲学在确信一切权力和权威皆源自真主,主张真主对人类享有终极权的同时,也承认人类享有的权力和权利,但它们不是与生俱来的,而是真主赋予的。这种权力(权利)概念与西方的权力(权利)概念形成鲜明对照。就伊斯兰民主与西方民主间的本质差异,诚如著名伊斯兰思想家茂杜迪所说:"西方民主基于人民主权概念,而伊斯兰的主权则归真主,人民只是他的代表。西方是由人民自己制定他们的法律,而伊斯兰的法律早由真主定好,人民必须遵奉它,西方政府所要实行的民主是人民的意愿,伊斯兰政府和成就它的人民所要实行的只有真主的意旨。总之,西方民主可以自由行使它的绝对权力,而伊斯兰的民主必须服从真主的法律,依照真主的命令,并在他规定的范围内行使职权"①。它也说明伊斯兰民主协商的本质、内容和形式都是基于伊斯兰信仰与原则的,是由伊斯兰法律和社会制度决定的,并随着伊斯兰国家和社会经济文化的发展而发展的。

《古兰经》规定了伊斯兰政治协商的原则,几段节文成为其理论根据,但就具体形式与方法没有明确、具体的说明,旨在给伊斯兰社会回旋余地,让伊斯兰学者发挥主观能动性,使之适用于不同时代、不同地域,以体现伊斯兰协商的普遍与特殊、原则与变化、稳定与灵

① 茂杜迪:《伊斯兰生活方式》,买德麟译(内部资料)。

活的特征,从而在伊斯兰社会中真正树立起这一制度。故而,历史上特别是近代以来,几乎所有学者一致认为:伊斯兰政治协商的实施方式,在不违背经训和伊斯兰法原则的前提下,应当以伊斯兰社会公共利益为基础,可以因地制宜,因时制宜,因事制宜,可随着社会的变化而变化。因为,先知和四大哈里发未曾采用过一种机械的协商方式,主要是根据社会环境的变迁与需求,采取灵活多样的方式,履行这一职责的。先知常同才华出众、贤明能干的门弟子交换意见、商议事务,如艾布·伯克尔、欧麦尔、奥斯曼、阿里、穆阿兹·杰白利、宰德·撒比特等,这些圣门弟子类似今天协商议员。例如,壕沟战役之时,他想和阿托法尼人和谈。之前他与奥斯和赫兹赖吉两部落的首领赛阿德·本·穆阿兹和赛阿德·本·尔巴德商议,想听取他们的意见,最终他采纳了他们不主张和谈的意见。

由此看来,早期伊斯兰社会不存在今天意义上的专门协商机构。但常与穆圣议事的圣门弟子有两类:一类是熟谙经训和教义的学者型;一类是精通政治、军事和社会问题的专家型。因此,现代一些学者指出:由于社会条件的变迁,当今伊斯兰国家政治协商机构,不论采用何种名称和称谓,应当由两种不同性质、相互依赖的组织组成:一是代表会议。它由穆斯林大众推举出的包括各类专家、学者和工程技术人员在内的社会各阶层代表组成。其依据是:第二次阿克白之约时,先知要求与他缔约的人们,从他们中按照部落选举出12位代表,代表大家与他缔约。其中9人是赫兹赖吉部落的,代表着36位缔约者,3人是奥斯部落的,代表着12人。二是伊斯兰法学家会议。它由精通阿语、熟谙经训和伊斯兰法知识的伊斯兰法学家组成。由这两种会议组成的协商会议,其性质是立法和咨询机构。

如果说,当今西方国家的民主制度,在西方社会中有着特殊的历史、政治地位及优越性的话,那么,由这两种会议组成的伊斯兰协商机构,在伊斯兰社会中也有着它的必然性与重要性,它是由伊斯兰政治制度的价值取向和特定因素决定的。即伴随经济的快速发展,科学技术的日新月异,伊斯兰社会发生了较大的变化,使得协商机构面临解决的事物具有多样性和复杂性。其范围不仅限于宗教,也已扩充到政治、经济、科技、教育、卫生、商贸、工农等领域,这就需要伊斯兰法学家和其他具有专业知识和业务水平的高级人士携手努力,共同完成协商大事。如果协商机构仅由代表会议组成,它的议员不是法学家,协商机构就会因缺乏对伊斯兰教义、法律的足够认识,很难确保商议结论与伊斯兰法相一致,从而失去它在伊斯兰社会中的合法性和有效性。反之,若把具备伊斯兰法律知识作为协商机构候选人的基本条件与资格,必将导致机构成员成为清一色的法学家,而法学家因其知识的局限性,对专业性较强的事物并无足够的认识,若肆意做出判定,其结论不但不被社会接受,反而有损伊斯兰法的包容性与神圣性,更会给社会造成危害。因此,由这两种会议组成的协商机构,把伊斯兰法学家与社会各界人士联结起来,大家献计献策,共商大事。

就两种会议的关系,皆以经训为基础,以伊斯兰法为准则,以国家、民族利益为根本,均享有提案权。一方通过、发布某项法律,须得到对方的同意与支持,否则无效,以体现两者的平等地位。就两种会议议员产生的具体方式,现代多数学者主张:通过全民公决、大众参与的方式产生,使每个具备法定条件的公民,均享有选举议员和参与协商的权利义务,旨在通过这种选举制度促进社会各阶层的协商与融合。

三、伊斯兰民主协商机构与国家元首

如前所述,协商机构的商议过程和决策结果,不论采用何种方式,都应当在经训和伊斯兰法范围内进行。但由于有些经训含义的或然性和相对性,以及人类思维方式的差异,在某些情况下,就关乎国家和民族利益的大事上,或许会导致协商机构与国家元首之间的意见不和时,是以协商机构的意见为最终裁定?还是以国家元首的意见为最终裁定?换言之,国家元首享有对协商机构裁定的否决权,还是执行协商机构的裁定是他必须作为的积极义务。这一问题在伊斯兰政治制度中具有重要意义,在某种程度上决定着国家的政体模式。

一种观点认为,国家元首不享有对协商会议裁定的反对权和否决权,执行协商机构的裁定是他必须作为的积极义务。持此观点者主张:穆圣和四大哈里发在有关事物的商议中,常放弃个人主张,尊重大众意见。例如,伍侯德战役的战术问题上,尽管穆圣认为自己的意见是正确的,但他还是放弃了个人主张,采纳了大多数门弟子的意见。穆圣常与艾布·伯克尔、欧麦尔共商事宜,并说:"凡你俩商议决定的事,我不会反对"①。他告诫门弟子说:"你们应与大众在一起,真主与大众同在。"②"你们应遵从大多数(人的意见)。"③他们援引伊斯兰权威安萨里的话:"凡原则问题上产生的分歧,应侧重和尊重大多数人的意见。"④还应用"类比"方法指出:法学家对待有分歧的问题,通常以大众法学家一致的意见为裁定,法理学家在确立"众议"原则时,也以多数人的意见为最终意见。

此观点的逻辑判断是:协商机构依照法定程序和法定权限行使的权力,是法律赋予的一项基本权力,是国家公权力的组成和体现,具有神圣性和不可侵犯性。它代表民众决策国家大事,体现着全体或大多

---

① 姆尼勒·白亚提:《伊斯兰政治制度》(阿文版),安曼报喜出版社 1994 年版,第 189 页。

② 同上。

③ 同上。

④ 同上书,第 88 页。

数民众的利益,对促进政治民主化和法治化有着重要的作用。协商机构的立法和裁决,与世界其他国家的立法机构一样,经常得不到全体议员的同意与支持,只能以大多数人的意见或票数为最终通过。因此,在立法领域中很难找到一个比大多数人的意见为最终意见更好、更有效的方式。其次,伊斯兰法禁止包括国家元首在内的任何人在国家事务决策中的独断专行。倘若协商机构的协商结果,对国家元首只是可有可无的话,不仅协商结果得不到有效执行,其制度也不过是摆设而已,更起不到制约其权力专制、腐化的作用,终将养成国家元首唯我独尊、独断专行和政治的腐化,给国家和民族带来灾难。

第二种观点认为:国家元首不能放弃个人主张去遵从协商机构的意见,国家元首享有对协商机构意见的否决权,并且协商机构也应将国家元首的意见作为最终裁定。其依据是《古兰经》"当与他们商议公事,你既决计行事,就当信托真主"①的明文。经文命令穆圣决计行事时,只能信托真主,而不依赖他人,并没有命令他遵循大多数人的意见。

持此观点者的理性依据是:国家元首肩负着国家、民族赋予的重任,法律在授予国家元首权力的同时,也规定了他应负的责任。承担责任与使用权力的自由是等同的,否则责任的履行无法实施。我们常讲的责任自负,顾名思义,是指个人应该对按照自己的意志、意思和自由、而非他人强迫的行为负责。未能使国家元首心悦诚服的意见,不得强加于他,不然有失责任自负与使用权力自由的均衡。其次,伊斯兰政治原则之一:国家元首的就职任命,必须通过民众对其宣誓效忠方能生效。只要待协商事务属创制法律规范的范围,只要国家元首没有违反伊斯兰法,按照这一原则,包括协商议员在内的穆斯林大众应无条件地服从他。最后,用人数的多寡,作为意见正确与否的标准和对事务裁定

① 《古兰经》,协商章,37—38节。

的根据,显然有失公允。正确性源自对事务本质与真相的认识。一件事既产生分歧,那么矛盾的双方,不论人数的多寡,其意见的正确性是相对的,或许正确性在人数多的一面,或许相反。

上述两种观点,长期以来,伊斯兰学术界争论不休,尚未定论。现代一些学者在此基础上又提出折中的观点。但是,不论过去还是现在,第一种观点占据上风,侧重较大,反映了伊斯兰政体模式选择的基本倾向。因为,从政治学的一般角度,作为政治权力运作主体的人,具有个人利益的自然属性,即政治的私人性。存在于政治中的私人性,不仅是客观的,而且是不能消除的,并在实践上是通过政治权力的运作表现和实现的。由于政治权力操作者个人政治私人性的始终存在,如若没有适当的制约机制来约束政治权力的运作,政治权力的滥用则不可避免①。当然,这两种观点是非曲直,其发展前景,有待历史做出客观的证明。

---

① 梁木生:《论制衡政治制度的民主构建》,载《社会科学》1999 年第 5 期。

第十六章　伊斯兰法：中国穆斯林传统法文化的形成基础

文化是民族差异性的重要表现，不同类型的文化是各民族在社会实践活动中创造和传承的精神和物质成果的总和，对各民族的社会生活发挥着能动作用。在各民族整体文化的构成要素和内容中，法文化是不可缺少的一个方面。中国穆斯林传统法文化是在中国穆斯林民族历史发展过程中，以法的行为规范为枢纽而形成的中国穆斯林民族关于法的观念形态、行为方式及社会组织结构等各种要素的总和，[①]是独立于国家制定法之外的作为民族内部成员遵守的行为规范的总和，用以调整民族内部成员间的社会关系，具有一定的约束力。即这种传统法文化只是在一定的地域内实际调整民族成员之间的权利与义务关系的非国家强制性的行为规范。在其形成和发展过程中对中国传统法文化特别是伊斯兰法文化均产生深刻作用和深远影响。中国穆斯林民族传统法文化在现实当中涉及的范围较为广泛，包括宗教礼仪、婚姻家庭、财产继承、商业贸易、经济行为、丧葬饮食等，对其社会历史的发展起着十分重要的作用，在地方治理中发挥着特有的功能，具有一定的现实意义和价值。

一、中伊双重文化构建的中国穆斯林法律意识

法律意识是社会意识的一个特殊形式，是人们关于法和法律现象

① 马克林：《回族传统法文化研究》，中国社会科学出版社 2006 年版，第 46 页。

的思想、观点、知识和心理的总和。从内容上，法律意识包括人们对各种法律以及主体法律行为的理解、感觉和评价；从形式上，法律意识表现为人们对法律现象的本质和作用的理解、感觉、评价，以及关于法律的知识、愿望和情绪。作为一种自觉的精神力量，法律意识是法律文化的重要组成部分，具有巨大的社会作用，人们的一切法律活动都是在一定的法律意识支配下进行的，法的制定和实施的整个过程无不渗透着法律意识，并发挥着重要的影响和作用。

中国穆斯林民族的法律意识是在长期历史发展过程中形成的，它深刻影响和规制着中国穆斯林民族的法律观念和法律行为。这其中伊斯兰法文化是中国穆斯林民族法律意识形成的核心和根基。作为基本理念，伊斯兰法文化对中国穆斯林民族法律意识的形成产生了重要影响，起到了主导作用，①同时中国传统法文化是中国穆斯林民族法律意识形成的又一大成因，它与伊斯兰法文化相结合，形成了中国穆斯林民族法律意识伊斯兰化和伊斯兰法律意识中国化的双向发展趋势，是人类法文化语境中特殊的“法律话语”系统。

中国穆斯林民族由 10 个全民信仰伊斯兰教的民族构成。它们是信仰本位性的民族，它们将伊斯兰教以及由此而衍生的价值观念、人伦礼仪、风俗习惯的崇信和尊奉视为立族之本。在中国穆斯林民族的观念中，教存族方可存，无教便无族，如果失去了伊斯兰教，没有对伊斯兰教的信仰，那么中国穆斯林民族的共同体也将会消失。② 正是对伊斯兰教忠贞不渝、坚信不移的信念，使得作为伊斯兰文化精髓与核心的伊斯兰法，在中国穆斯林民族法律意识的形成中具有支配性的作用。

---

① 毋庸置疑，中国穆斯林民族法律意识的形成是双重法文化即伊斯兰法文化和中国传统法文化影响与作用的结果。其中伊斯兰法文化是中国穆斯林民族法律意识形成的根基与核心，故本章主要阐释伊斯兰法文化在中国穆斯林民族法律意识形成中的作用和影响。

② 马宗保：《多元一体格局中的回汉民族关系》，宁夏人民出版社 2002 年版，第 43 页。

作为一种行为规范和价值体系,伊斯兰法从不同层面影响和规制着中国穆斯林民族的法律意识和法律行为。在价值评判上,中国穆斯林民族对于法律主体价值的评判,总是以伊斯兰法为标准。在中国穆斯林民族法律意识中伊斯兰教与伊斯兰法是两个等量齐观、不可分割的概念。伊斯兰法在中国穆斯林民族法律意识中具有至高无上的地位:穆斯林的言行凡是符合伊斯兰法的,均是有价值的,凡是违背伊斯兰法的,都是有悖于价值的。这一价值评判标准,确立了伊斯兰法律规范、法律原则和法律宗旨在中国穆斯林民族的社会意识中的核心地位,是它们法律意识和法律价值形成的因子,更是法律权威在它们心目中产生和法律能够被信仰的基本条件,以及它们自觉遵守法律和法律得以有效实施的重要保障。因为,"当法律不被信仰、信仰而使法律形同虚设时,即使制定出千百部法律,也难以内化为一种民族传统和民族精神,从而难以完成建设法治国家的历史使命。"①

在行为规范上,对于中国穆斯林个人,伊斯兰法是一整套的宗教教义和法律制度,深深根植于个人的心灵深处和法律意识,并规定了他们的生活方式和精神态度;对于中国穆斯林社会,伊斯兰法要求顺从真主的意志,奉行伊斯兰法律制度。因此,中国穆斯林民族的生活习惯、社会规范、社会心理、社会行为、社会组织等,无不受伊斯兰法的深刻影响,从其宗教礼仪到物质消费、精神娱乐、婚丧嫁娶,处处都有伊斯兰法的滋润和渗透。可以说,伊斯兰法既是中国穆斯林民族法文化的核心,也是中国穆斯林民族法文化的灵魂。说它是核心是指它是中国穆斯林民族法文化的主体部分,说它是灵魂是指它渗透于中国穆斯林民族法文化的始终。

中国穆斯林民族既是信仰伊斯兰教的民族,又是中华民族大家庭

---

① 范进学:《法的观念与现代化》,山东大学出版社2002年版,第3页。

中的一员，它们与以汉族同胞为主体的中华各民族一道，共同创造了源远流长、光辉灿烂的中华文化和悠久历史。中国传统法文化是以特质的中国传统文化为背景，体现着包括民族精神、法律精神、法律价值、立法原则、法律规范、法律渊源和司法制度在内的中华民族的法律传统。不可否认的是，中国传统法文化对中国穆斯林民族法律意识的形成具有必然的酵母功能，这是由中国穆斯林民族在中国与汉族，以及其他民族长期杂居的生存环境所决定的。

中国穆斯林民族在中华大地形成之初，以自我封闭的姿态保持着自己的独立性，但是面对中国封建专制制度的压力和中国传统文化的强大同化力，尤其是像回族等内地的中国穆斯林民族在社会交往中通用汉语言文字和为了自身的生存与发展，受到中国传统法文化的影响是历史的必然。① 在法律观念上，中国传统法文化反映的是以儒家学说为理论基础的中国文化的内涵，是一种诸法合体、礼刑混杂、民刑不分、结构独特的法系。中国传统法精神与性善论的哲学思想相联系，不太注重法的规范作用，而特别重视道德的规范作用，其显著特征是德主刑辅，礼刑并用。诚如孔子所说："道之以政，齐之以刑，民免而无耻，道之以道，齐之以乱，有耻且格。"②即刑只能从外部对人们施加压力，而只有实行德治才能提高人的素质。正是受到这种传统法律文化思想的影响，中国穆斯林民族普遍具有了"合德者法、悖德者不法"的法律意识，从而"德"也成了中国穆斯林民族评判主体思想、行为得当的价值标准。也就是说，中国传统法律文化对中国穆斯林民族法律意识的影响，必然对中国穆斯林民族法律行为具有支配作用，使得它们的法律行为在伊斯兰法规范和中国传统伦理法规范之间寻求到了契合点。因此，

---

① 刘淑媛：《回族习惯法探究》，载《回族研究》2000 年第 1 期。

② 《论语·为政》。

它们的身上无不体现着敬老爱幼、笃信真诚、表里如一、刚正不阿等行为规范。这是中国传统法文化对中国穆斯林民族法文化具有的行动的加固剂，也是中国穆斯林民族法律意识脱离不开中国传统法文化因子的使然。①

二、德法并举、标本兼治的中国穆斯林法律理念

法治与德治历来是治理国家的两种手段，作为调整社会关系和维护社会稳定的根本性控制手段，两者历来是相辅相成、殊途同归，两者的地位和作用在国家治理中都是非常重要的。但是，由于法治与德治在生成方式、行为标准、存在形态、调整方式、运作机制、强制方式等方面的差别，使两者在国家治理的问题上成为两种不同的治理方式，进而导致不同国家和民族在其选择方式上的不尽一致。如前所述，中国传统法律文化的指导思想是以儒家学说为基础的道德理想主义，重在强调德治。而西方法律文化中法治占有一定的统治地位，西方特别重视法的作用，把人与人之间的政治、经济、社会等关系严格置于法律之下。在西方大智大慧的古希腊人首开法治理论的先河，在柏拉图、亚里士多德等人的思想中已呈现出“法治”的精辟论述。

与中国传统法律文化和西方法律文化形成鲜明对照的是，伊斯兰法文化把“德法并举、标本兼治”的理念运用于法律实践中，重视法律与道德的双重引导，反对在道德与法律之间偏重一方而忽略另一方的做法，把道德与法律视为完整的统一体，缺一不可，以实现道德和法律的完美结合。正是受到中国传统法文化的道德理想主义，特别是伊斯兰法文化德法并举思想的影响，使中国穆斯林民族具备了德法并举、标本

① 谢晖：《回族法文化研究概说》，载《宁夏社会科学》1994 年第 1 期。

兼治、重在治本的法律理念。

仅从伊斯兰法文化对中国穆斯林民族的影响而言,中国穆斯林民族始终将伊斯兰教规定的有关道德准则和法律准则,无条件地内化成一种自我意识和社会意识,让它来控制和指导个人生活和社会生活。中国穆斯林民族的一切行为规范,皆以伊斯兰教制定的道德标准来衡量,而这些标准又通过法律上的立法得到加强和巩固。从这个意义上说,中国穆斯林民族受道德和法律的双重约束。道德和法律通过对中国穆斯林个体、群体乃至整个社会组织的双重调节,使社会的物质文明建构和精神文明建构有序地沿着正确、公正、远大的目标运行。① 对于中国穆斯林民族来说,法律关注的是他们的外在行为,约束的是他们的外在行为,其作用是"矩行"治标,其特点是他律;道德直接面向他们的心灵,关注的是他们的内心动机和内心愿望,其作用是"收心"治本,其特点是自律。法律以道德为基础,离开了道德基础,法律就会偏离社会正义,道德以法律为保障,没有法律的后盾,道德只能变成流于形式的说教,两者相互渗透、相互补充,成为两种平行的社会控制手段,以实现法律的道德化和道德的法律化。

具体而言,伊斯兰法文化把中国穆斯林的法律观与道德观有机统一起来,一方面,把道德作为法律的内在价值基础,使中国穆斯林的法律道德化。因为,法律是社会关系的调节器,它的着眼点是人,如果法律自身不体现一定的道德要求,不反映基本的人道主义精神,那么它不仅是反人性和道德的,而且还会变成社会动荡的原因。因而,不体现道德要求的法律不是好的法律,是不会促成良好法治秩序的法律,而体现道德精神和内容的法律,一般来说,是好的法律,是体现社会进步的法

① 周立人:《思想纬度的重构》,香港天马出版社 2000 年版,第 113 页。

律。这种法律道德化的意义有利于在中国穆斯林法律观念中灌输牢固的道德精神,使他们的法律观念获得正义的合法性依据,使法律的实施得到他们道义上的支持,从而减少了法律实施中的阻力,增强了法律的权威;另一方面,中国穆斯林的道德的法律化,使道德具有法律的功能,不仅他们的道德原则转化成强制性的规范,增强了他们道德的约束力,而且有利于强化他们内心对道德规范的认同,进而实现他们的道德从原则的转化,有利于培养他们自觉的道德意识和道德观念,为法律的运行提供了良好的社会道德环境。[①] 这一点,我们通过对伊斯兰法律结构和内容的剖析予以更加明确清晰的说明。

如前所述,从应用法学的角度,伊斯兰法内容可划分两个方面:

一是调整人与真主之间关系的宗教规范(即道德规范)。[②] 它是指伊斯兰法规定穆斯林的五项基本宗教义务:信仰的表白(念功)、礼拜、斋戒、天课和朝觐。世俗法学认为,法律主要作用于人们的外部行为,着重要求人们外部行为的合法性,只调整那些对建立正常社会秩序具有重要意义的社会关系,而思想和信念不属法律调整的对象。伊斯兰法则不然,作为一种宗教法系,它的显著特点在于集宗教教义、道德规范、法律制度于一体,以法制形式把穆斯林内心信念的规范和外部行为的规范融为一体,有机结合。通过念、礼、斋、课、朝五项宗教规范(即道德规范),规范他们的思想,统一他们的意识,深化他们的信仰,净化他们的

① 冯怀信:《伊斯兰法的道德价值及其现代启示》,载《中国穆斯林》1994年第1期。

② 伊斯兰法作为宗教法系有其自身的特点。仅从应用的角度可分为调整人与真主之间关系的宗教规范和调整人与人之间关系的社会规范两个方面。宗教规范在伊斯兰法中属于法律规范、而非道德规范的内容。但依世俗法学的观点:法律主要作用于人们的外部行为,着重要求人们外部行为的合法性,只调整那些对建立正常社会秩序具有重要意义的社会关系,而思想和信念不属法律调整的对象,故在世俗法律中宗教规范不属于法律规范的范畴。基于此,在这里我们把调整人与真主之间关系的宗教规范视为道德规范。

心灵,完善他们的人格,使他们摆脱一切低级庸俗的行为,成为高尚和有教养的人,诚如《古兰经》所说:“有教养的人确已成功了”①。依伊斯兰世界观,宇宙以及其中所有都属于真主的,而人类则是真主在大地上的代理人和代治者。“他必使他们代他治理大地,正如他使在他们之前的逝去者代他治理大地一样。”②类似的节文在《古兰经》中不胜枚举,它阐明了包括中国穆斯林在内的所有穆斯林在现实生活中的基本职责是:建设大地,创建文明,营造健康、和谐社会,使自己成为秩序与正义的缔造者和实践者,以体现人类作为大地代治者的地位。然而,陶冶情操、净化心灵和完善人格是他们能否遵纪守法、进而能否脚踏实地地建设人类文明的先决条件。衡量一个穆斯林为社会担负责任的大小,作出贡献的多寡,则取决个人思想高尚、心灵纯洁、人格完善,以及摆脱道德沦丧、自私自利、专横跋扈等劣行的程度。

二是调整人与人之间关系的法律规范。较之宗教规范,伊斯兰法律规范的内容更为广泛,篇幅更大些,它基本囊括了现代法律中的公法与私法、民法与刑法、实体法与程序法的全部内容。伊斯兰法运用以国家机器为后盾的强制手段,在这些领域对穆斯林的行为进行约束和规范,以改造人性中恶的一面,使人避恶向善,为社会趋利避害,达到人性优化、社会安定的目的。③

---

① 《古兰经》,至尊章,14 节。

② 《古兰经》,光明章,55 节。

③ 需说明的是,作为主权国家,中国制定的法律法规完全适用于包括中国穆斯林在内的一切中国公民。作为中国公民,中国穆斯林的行为理应受到中国法律的规范。但是,中国穆斯林基于宗教信仰的要求和出于对宗教信仰的虔诚,他们除了自觉遵守伊斯兰私法领域中的相关法律之外,如婚姻的条件、不得使用利息、买卖必须具备特定的条件等,整个伊斯兰法律规范不强制适用于中国穆斯林。然而,深受伊斯兰法律规范的影响和熏陶,中国穆斯林树立了较强的法治观念。他们深知国家离不开法律,法律离不开国家。法律作为控制社会和调整社会关系的主要手段,其权威要由国家予以确立和推行,国家为法律的实施创造了广阔空间和广泛社会基础,同时国家作为实行统治和管理社会的组织,要由法来协调其内外部关系并为其活动指明方向,提供调整社会关系的各种规则。

三、中国穆斯林传统法文化在地方治理中的功能与价值

中国穆斯林传统法文化是其悠久历史积淀的结果。它的形成与完善始终与该民族的产生与发展相同步,在千百年的发展过程中,逐步被该民族特定的社会群体了解接受和选择施行,并且已根植于民族的思想意识和行为中,从而内化成民族成员之间的一种生活逻辑和礼治秩序,成为一种民族心理,一种深入人心的民族文化,成为民族内部是非曲直的判断标准,民族成员利益调整的解决途径。中国穆斯林民族传统法文化在现实中涉及的范围较为广泛,包括宗教礼仪、婚姻家庭、财产继承、商业贸易、经济行为、丧葬饮食等,对其社会发展具有十分重要的作用,在地方治理中被使用,发挥着不可替代的特有功能。

首先,规范民族成员的社会行为,具有一定的民族凝聚功能。中国穆斯林传统法文化伴随中国穆斯林民族不断壮大而向前发展,发挥着规范民族内部成员的社会行为的作用,是民族意识和民族精神的反映。在与中国传统法文化的磨合过程中,其没有被同化,相反,却不断吸收其他民族的文化成分,不断发展壮大自己,并且始终保持其不会被解体。可以说,中国穆斯林传统法文化在增强中国穆斯林民族凝聚力,维护中国穆斯林民族文化传统方面起了重要作用,成为民族发展的内在动力。

其次,传递中国穆斯林民族文化的一种重要途径,具有文化传承功能。中国穆斯林传统法文化是中国穆斯林民族千百年来意识、思想和心理等方面长期积淀的结果。通过言传身教、文字记录等载体,靠中国穆斯林民族世代相传,并不断被归纳、继承和创新。它在不断被运用的过程中,表达了民族文化的信息,并逐渐形成和升华为一种民族文化的遗传基因。在一代代中国穆斯林民族的沿用过程中,不断融入民族意

识之中,成为一种自然的行为规则。民族文化形态和观念在一定意义上通过这种形式沿袭着。

最后,满足民族成员个人的需要,成为中国穆斯林社会内控性的制度,具有社会规范功能。通过中国穆斯林传统法文化的传递,调整和规范民族成员的行为,既维持了民族成员之间的和谐性和社会的稳定性,也最大限度地满足了成员个人合法意义上的需要。中国穆斯林传统法文化的规范功能主要表现为通过运用传统法文化对中国穆斯林个人或社会组织的行为进行规范和调控。首先,通过心理和思想来体现。即中国穆斯林信仰和尊奉伊斯兰法及本民族的传统文化,对于伊斯兰法以及本民族的传统文化,他们都会自觉地去遵守。其次,作为一种社会规范,传统法文化本身就具备法的功能,通过教育、评价、指引等作用,对合法行为进行保护,对违法行为进行震慑和惩罚,从而协调民族成员间的利益,达到民族内部的稳定,促进民族发展。①

此外,中国穆斯林传统法文化在地方治理中也具有十分重要的现实价值,主要表现为:

第一,正确运用中国穆斯林传统法文化化解矛盾,既具有一定的效率性,也具有极强的说服力。② 中国穆斯林传统法文化是在中国穆斯林长期历史发展过程中自然形成的,是调节民族内部社会关系的行为规则的总和,独立于国家制定法之外,被广大中国穆斯林所遵守。正确运用中国穆斯林传统法文化解决纠纷,化解矛盾,既具有较高的效率性,也具有极强的说服力。这是由于它是中国穆斯林社会成员所认可的,同时也已深深植根于中国穆斯林社会成员的思想意识和行为当中。适用中国穆斯林传统法文化解决纠纷,其解决方式和结果都会易于被

---

① 马克林:《回族传统法文化研究》,中国社会科学出版社2006年版,第295—301页。

② 潘丽萍:《论法制现代化进程中国家法与民间法的融合》,载《甘肃农业》2006年第11期。

社会成员所接受。因为,在传统法文化的熏陶下,中国穆斯林认为其解决方式是合理的,结果也是公平的,同时也符合民族习惯。从另一方面来说,通过其他途径解决,可能接受程度会大打折扣。因为,有些途径可能不符合民族习惯,有些判决结果在他们看来可能存在着不公平,他们本身对运用这些途径存在一些疑虑和不认可。所以说,通过中国穆斯林传统法文化来解决纠纷,认可度比较高,具有较强的说服力。在解决过程中和结果产生上,矛盾双方都认可运用本民族内部沿用已久的规则作为判定标准,这样易于被接受,从而提高问题的解决效率。

第二,运用中国穆斯林传统法文化解决纠纷的方式对国家法律功能的良好发挥具有一定的补充作用。① 对于少数民族地区而言,国家法有时可能因为与民族习惯相悖,不能被很好地运用,否则强硬地采用与民族习俗不符合的国家法将会引起少数民族地区社会的不稳定。正如苏力教授所说:由于种种自然的、人文的和历史的原因,中国的权力至少对某些农村乡土社会的控制是软弱的,国家司法权力在国家边缘地带试图建立起自己的权威得要注意自然空间与人文空间的作用;一个权力要离开自己的权力基地或中心地区,以外来力量进入一个相对陌生的社区本身就有风险。② 我国宪法也很好地反映了这一点。“民族自治地方的人民代表大会有权依照当地民族的政治、经济和文化的特点,制定自治条例和单行条例。”③运用中国穆斯林传统法文化分配成员内部的权利与义务,调整和解决他们间的利益冲突,不像国家法那样,其运行没有外在强制力保障,主要是依靠相关主体对该规则的普遍认可。也就是说,它的实施主要依靠的是一种心理认可、民族情感及社

① 张娟:《论国家法与民间法的冲突与协调》,载《法学研究》2006 年第 11 期。

② 苏力:《送法下乡——中国基层司法制度研究》,中国政法大学出版社 2000 年版,第 41 页。

③ 《中华人民共和国宪法》(注释本),法律出版社 2006 年版,第 116 条。

会舆论。[①] 传统法文化在解决纠纷问题上主要运用调解手段，在国家法无法触及或不能触及之时，传统法就会积极发挥作用，藉以体现了对国家法律功能良好的补充作用。

第三，发挥中国穆斯林传统法文化在地方治理中的作用，保留一定的弹性空间，放弃运用国家法通过司法机关这种一元主义的路线观念，不仅维持了民族内部处理问题的和谐性，也体现了浓厚的民族色彩。[②] 中国穆斯林传统法文化反映的是民族的思维方式和社会心理。在运用过程中既尊重了民族的风俗习惯，又符合民族的思维习惯，保持了较浓厚的民族色彩。此外，运用中国穆斯林传统法文化会保留了一定的弹性空间。国家法是由具有立法权的特定国家机构制定的，是自上而下的在整个国家内实施的法律，其强调集中统一，通过外在的国家强制力来保障实施。一旦一个纠纷通过国家法进行解决，就会按照严格的法律秩序，通过国家司法机关和执法机关来予以处理。但是，在社会矛盾解决中还存在一定的"私了"空间，国家法的运用也会出现"真空状态"。因而，运用中国穆斯林传统法文化，在注重调解的前提下，就会最大限度地化解矛盾，避免通过国家法程序而出现的因为刚性要求而违反民族习惯或破坏民族内部的和谐性。

第四，肯定中国穆斯林传统法文化的现实意义和价值，建立中国穆斯林传统法文化与国家制定法之间的沟通桥梁，共同推动中国穆斯林民族地区的稳定发展。[③] 作为一种演习数千年的规范形式，中国穆斯林传统法文化对民族成员间行为的规范主要依靠当事人的自觉性和社

① 李霞、唐萍：《法律多元视野下的国家法与民间法》，载《盐城师范学院学报》（人文社会科学版）2007年第3期。

② 王亚明：《民间法与国家法作用新论》，载《理论与现代化》2006年第3期。

③ 李霞、唐萍：《法律多元视野下的国家法与民间法》，载《盐城师范学院学报》（人文社会科学版）2007年第3期。

会舆论等,满足了成员之间的需要,贴近民族地区的道德要求和思想意识,起到了更快更好解决纠纷的作用,这是由中国穆斯林传统法文化所具有法律规范与宗教(即道德)规范相融合特点决定的。然而,作为社会调整方法,国家法具有的普遍性与强制性特点,使其在某些领域中的实施与制裁效力低下,发挥作用的范围有限。国家法面对中国穆斯林民族地区特有的宗教规范和风俗习惯,也许不能发挥很好的作用,如果强行使用国家法加以规制,会不符合民族习惯和民族心理,可能导致不稳定因素的产生。

因此,在中国穆斯林传统法文化与国家制定法之间建立起良好的沟通桥梁,更好地使两者之间发生良性互动乃十分必要。通过二者之间适度的双向制衡,既弥补彼此之间的不足,也促使双方积极地完善自己。中国穆斯林社会内部由于宗教信仰、思维习惯,也由于在一些穆斯林民族地区自然经济仍占据主要地位,使得更多地运用传统法文化化解矛盾。在合理的范围内,国家制定法与中国穆斯林传统法文化积极沟通,更好地发挥两者自身的作用,从而可以共同推动民族的稳定发展。

第五,在充分实现民族自治的前提下,将一些不与国家法相冲突的中国穆斯林传统法文化上升为法律。① 我国是一个拥有56个民族的国家,是一个多元文化的社会,这意味着我国除了国家制定法之外,还有大量的包含在各民族法文化内的民族习惯和民族规范。同时,我国又实行民族区域自治政策的国家,即在国家的统一领导下,各少数民族聚居地方实行区域自治,设立自治机关,行使自治权。国家实行民族区

---

① 这里主要是指民族自治地方要利用好立法自治权和立法变通权,在坚持国家法治一体化的前提下,制定符合本民族的自治条例和单行条例,从而实现与国家法的良好对接与沟通。参见于现忠:《我国现代乡土社会中国家法与习惯法的冲突与消融》,载《天水行政学院学报》2002年第5期。

域自治,对于加强民族平等、团结和互助,维护国家统一,加快民族自治地方发展,促进少数民族进步,起到了巨大的作用。因此,对于中国穆斯林民族地区来说,运用传统法文化解决纠纷的自治方式,应予以一定的保留。同时,对于一些与国家法律法规相统一的传统法文化,通过一定的立法手段,使其上升为制定法,成为成文法的内容。这样既肯定和保护传统法文化中的积极意义,又可以为传统法文化的运用实施,以及更好地作用于中国穆斯林社会和成员内部矛盾纠纷的解决提供国家强制力意义上的保障。

附录一 伊斯兰法的时代性*

[叙]穆罕默德·布退博士

当前，许多突出的社会、经济和法律问题，需在伊斯兰法准则内得到正确解决。

阐释这些问题前，我想问大家的是：我们是否对伊斯兰法的真实含义，并坚信它是揭示和解决人类社会深奥和棘手问题的准则达成共识？换言之，伊斯兰法与社会生活两者间的出发点是什么？是用社会现实解决伊斯兰法中存在的问题？还是用伊斯兰法解决社会现实中存在的问题？

或许有人不假思索地说：伊斯兰法中存在着一些亟待解决的问题，而解决这些问题的准则，应当是社会现实。

这种说法正确吗？

若将此问题展开讨论，并想得到正确严谨的答案，势必引起所谓的伊斯兰法能否适宜不断变化的社会环境、伊斯兰法的衍新，以及有人做作地提出的用"现代观念"审视伊斯兰法的作用等无休止的争论。

如果买卖双方达成等价交换的共识，就不会在价格支付的标准是衡器，衡器的标准而非价格上产生分歧。如果双方产生分歧，说明就此事并未达成共识。

---

* 本文选自当代著名伊斯兰思想家、大马士革大学伊斯兰法学院教授穆罕默德·布退博士的《当代伊斯兰法问题》(大马士革法拉比出版社 1994 年，第 5 版)一书的前言。本书作者翻译。

我们深信伊斯兰法是真主通过经训制定给其仆人的法律规范总和。真主命令他们适用伊斯兰法裁决他们的一切事务与行为。这些法律规范中,有些以断然明确含义的经训明文确定,此中毫无意见分歧,也毫无创制余地;有些则以或然含义的经训明文确定,而对它的真实含义和法律规范,只有那些具备创制条件的法学家,才有资格依照严格规程进行解释和创制。

毋庸置疑,伊斯兰法,不论人们对它的认识程度如何,它以稳定性和灵活性的特点,完全能够适宜人类的真正利益。譬如把人类的真正利益集中在一位英俊标致的男子身上,而伊斯兰法以其稳定性和灵活性的特点,就像其合体的外衣,使其更加端庄潇洒、英姿焕发。

我们为什么对此还要怀疑呢?我们已坚信伊斯兰法是源于真主的规范与责成,并深信真主是最公正的判决者和最仁慈的主。

真主在嘱咐人类遵守他为他们制定法律的同时,也为他们制服了宇宙万物。很显然,被制服的宇宙万物是实现人类利益及眷顾人类福祉的。真主为人类制定法律,只是为他们趋利避害的。

众所周知,人类真正利益应当由毫无私心杂念的纯洁理智界定。但不论过去,还是现在,在认识和界定人类真正利益及真善美和假丑恶问题上,理智与私欲始终进行着殊死搏斗。其直接表现是:自古至今,心理学家和伦理学家对人类真正利益的界定依旧分歧。尽管他们为此进行了不懈探索与尝试,但迄今尚未成功界定出一个被人类共识的准则。

正因为人类对此问题的无能解答,则迫切需要真主对人类的怜悯和慈爱,故真主通过为他们指引康庄大道,向他们阐明有益自身的待人接物、行事处世的准则,以满足他们对人类真正利益认识的需要。

这一切凭借真主的慈爱与睿智已完成。

具体而言,为实现这一切,真主差遣众使者,降示他们启示。使者们的使命是:首先,向人们阐明他们的主宰和创造者;其次,向人们说明自身本质及其现世存在的意义和价值;尔后号召他们遵循真主为他们制定的在社会生活中交往处世的法律,并肯定这部法律是他们通向安康幸福的唯一保障。真主在责成人祖阿丹时说:"如果正道从我降临你们,那么,谁遵循我的正道,谁不会迷误,也不会倒霉;谁违背我的教诲,谁必过窘迫的生活。"①又说:"有一道光明,和一部明确的经典,确已从真主降临你们。真主要借这部经典指引追求其喜悦的人走上平安的道路,依自己的意志把他们从重重黑暗引入光明,并将他们引入正路。"②这足以说明伊斯兰法是规范和裁决个人和社会行为合法与否的准则。很显然,准则应当是规范个人行为和社会现实的根源,而个人行为和社会现实则是恪守准则的枝节。

凡坚信伊斯兰法为真正准则并毫无违反它的人,尽管该法律与其个人兴趣和嗜好不相吻,怎会把伊斯兰法与社会生活的原本关系主次颠倒、本末倒置?凡坚信伊斯兰法为真正准则,却又遐想其无法适宜不断生成的人类利益的人,实际上已陷入理性与逻辑无法接受的自相矛盾之中。

或许有些人具备对伊斯兰法的真实信念,但却误认为穆斯林法学家为使伊斯兰法适宜不断衍生的新生事物,人为扩充法律的范围。他们有意无意地认为,不断衍生的新生事物是裁决准则,伊斯兰法律规范只是新生事物的附随和被裁决者。

实际上他们大多数人身上表现出的对伊斯兰法的敬重和敬畏,只不过是戏言和诡辩。若究其思想,定会发现他们根本没有给伊斯兰法树立权衡。这些人对伊斯兰法的肤浅认识,与那些东方学者的认识完

---

① 《古兰经》,塔哈章,123—124节。

② 《古兰经》,筵席章,15—16节。

全一样、别无二致，如夏赫、库尔森等，他们把伊斯兰法说成是历代法律智慧们创制的纯粹人为的法律。

由此看来，与这些人谈论伊斯兰法的创制及其必要性，以及伊斯兰法的时代适宜性，是毫无意义和价值的。关键在于先要引导他们去认识被科学和逻辑证实的伊斯兰信仰，并在此基础上使他们知道被称为"沙里亚"的伊斯兰法是天启法律，从中发展出的称为"斐格海"的伊斯兰法实体，也是严格依照真主启示的原则、精神和程序，并运用个人理智、智慧和意见完成的。它并非纯属人类理智的产物。如果硬要它说成纯粹人为创制的法律，显然是错误和荒谬的。

雄辩事实已证实，伊斯兰法，不论称之为沙里亚，还是斐格海，是真主的恩泽在仆人上最具体的体现。它阐明了人与宇宙、人与社会和人类之间相互关系和共同发展的康庄道路和最佳模式。这一康庄道路和最佳模式无疑完全适宜不同时空，完全满足人类的真正利益，并与人类的所有需求相趋同、相一致，并以其拥有的创制钥匙，能够为人类打开正确认识和处理社会生活中不断衍生事物的大门。故而，在界定和实践利益的过程中，不允许违背和超越伊斯兰法的整体和局部，更不允许打着所谓"时代解读"的幌子玩弄经训明文及伊斯兰法的创制原则。

自从领悟真主"假若真理顺从他们的私欲，天地万物，必然毁坏"①言辞的真谛时，对人因私欲和嗜好反其道而行之的行为，我们确实无济于事，无能为力。

伊斯兰法的稳固性与(物质)转化规律

人们听说:转化规律是指物质的一种形式，在一定条件下以直接或间接的方式转化为另一种或几种运动形式。人不过是被造物，必置身

① 《古兰经》，信士章，71节。

于转化规律之中,必服从转化规律的制约。

有些伊斯兰法学家耳闻目睹转化规律时,误认为转化规律中确有新的科学发现,而伊斯兰学者对此毫无经验和知识。因此,转化规律势必摧毁伊斯兰法的永恒性,揭穿它亘古长存的虚假性。

诚然,转化规律古已有之,众所周知。有关它的详论充满在哲学书籍之中,伊斯兰学者数不胜数著作中也有详述、诠释和论证。至于这所谓"新的科学发现"是近段时期一些无知者们的鼓吹。

先让我们为那些促使我们去了解转化规律的人们揭示它的实质,进而说明这一规律与伊斯兰法稳固的融合性和一致性。

肯定的是:不论哪种属性的物质均依不断运动和相互作用的规律持续不停地发生变化。所有物质,不论是外在表象,还是内在隐含的所谓的"力"或"能",均不违背这一规律,如水的沸腾、电流及化学反应等。但这一切由一种形式转变为另一种形式,或由一物体转给另一物体,而作为物质运动量度的能量,在转化前保持不变。

诚然,哲学家和学者们对这一普遍规律的定论,并非是他们专门研究的结果,而它是宇宙中存在的早已被人们认同的无可辩驳的明证,每个善于思索者都能从宇宙巨细事物中观察和认识到。

《古兰经》关于这一真相的解释不胜枚举。诸如《古兰经》以比拟手法来阐发宇宙的运动,"……譬如时雨,使田苗滋长,农夫见了非常高兴,嗣后,田苗枯槁,你看它变成黄色的,继而零落。"①"真主从懦弱创造你们,在懦弱之后,又创造强壮,在强壮之后,又创造懦弱和白发。"②"除他(真主)的本体外,万物都要毁灭。"③即万物持续不停运动直至终结。"难道你没有看见你的主怎样伸展阴影吗?假若他意欲,他必定使

① 《古兰经》,铁章,20节。

② 《古兰经》,罗马人章,54节。

③ 《古兰经》,故事章,88节。

阴影成为静止的。我以太阳为其标志。”[①]学者们用大量笔墨剖析了经文蕴涵的宇宙转化规律的科学含义。

转化规律的科学结论提供的重要认识是：物质转化的领域仅限于其表观属性，而其本质是稳固不变的。因为，物质世界中，任何物质现象皆是从感性认识中形成的，如色泽、温度、软硬、长度及深度等。至于存在于物质中固有的本质，我也不知是否有人已认清它的全部和部分真相。尽管物质本质依然是绝对未知的，那就更不会相信有人妄言物质仅是表观属性，而无本质存在的说法了。因此，物质的本质是稳固安定、恒久不变的观点已成定论。

人们首先要证实物质本质的存在，继而说明它是稳固安定、恒久不变的。假设物质根本无本质的话，必定会产生物质只是一种表观属性的观点，那按照前面所讲的转化规律，将会导致不同属性，不同种类的物质在持续不断转化与变化中混合掺杂，彼此也就无明显差异和界定了，树木与石头、铁、矿物之间无任何区别。同样的是，如果假设物质本质存在，但它须服从于转化规律，其情形也同样如此。因此，物质的本质是稳固安定、恒久不变已是不可辩驳的科学定论。这种稳固安宁、恒久不变的物质本质，解释着不同种类物质的差异。因此，物质转化现象是真主创造的完美和谐宇宙法则的组成部分，但它绝非是宇宙法则唯一全面的映射。

当我们观察真主创造的完美和谐的宇宙法则及其蕴涵的转化现象和稳固本质时，不难发现，宇宙法则中确已存在一种稳固安宁、恒久不变的规律，而其中的任何转化，只是这一规律存在的反映与显现，即这种在稳固安宁、恒久不变规律中的局部转化，是服从于整个稳固安宁、恒久不变的规律，而非相反。

---

① 《古兰经》，准则章，45节。

基于上述理论，应当肯定的是真主为仆人制定的伊斯兰法，其渊源本身是真主创造的宇宙法则，是稳固不变、亘古长存的。但也应该指出的是，伊斯兰法律制度隶属并依附于宇宙法则。例如，矿物原本只是实物，当它能给人们带来利益，其也就成了利益，而与其相关的规范人们对它支配、使用的规则就是它的法律；只要大地肥沃，人们就可依赖它衣食住行，繁衍生息，而与其相关的开发、占用和交换的法律应长久存在；人类社会从古至今价值与利益紧密相连，那么有关重利、商贸和赔偿的法律法规也应始终存在。总之，人是生活在社会群体中的，任何人都不能离群索居，他是权利与义务统一的主体，因此，为维护人类的公正，反对暴虐与强权，必须使法律按原有模式存在，不能任意更替与改变。但也需肯定的是：与宇宙运动现象相关的法律规则，无疑是随着宇宙现象的稳定而稳定，变化而变化的。依伊斯兰法"公益"渊源创制的占总数 1/4 的法律规则是这一事实最好的佐证。

由此可见，转化规律已是自古有之、众所周知的问题，它在确立伊斯兰法及其稳固性的道路中任何时候均未出现问题，今天更是如此。

应该明白的是：不能为求得伊斯兰法与新生事物和利益的一致性，使得我们违背和超越体现在下列原则中的伊斯兰法的权限范围：

一是以断然明确的经训明文为依据而生效的法律规则，从中绝无再创制法律规则的余地。

二是决不允许超越已确定的明确无误的法律原则。

三是决不允许利用阿拉伯语的基础知识和语言原理玩弄伊斯兰法的创制原则及规程。

一个欲得到真正利益的人，是绝不会超越以上三原则的。而私欲的追求者，可以为所欲为，我行我素，但不应以假乱真，欺骗他人。

附录二　主要参考文献

（按汉语拼音排列）

一、阿拉伯文参考文献

1. 阿布都·勒希姆·阿里·穆罕默德·伊布拉欣:《集体创制与伊斯兰法学会》，载 www. taghrib. org/arabic;

2. 阿布都·艾米尔·哥白俩尼:《关于伊斯兰法的分门别类》，载 www. taghrib. org/arabic;

3. 阿布都·嘎迪勒·奥德:《伊斯兰刑事立法》(二卷本)，贝鲁特使命出版社 1993 年版;

4. 阿布都·嘎迪勒·奥德:《伊斯兰教与我们的法律现状》，贝鲁特使命出版社 1982 年版;

5. 阿布都·克雷姆·奥斯曼:《伊斯兰文化》，贝鲁特使命出版社 1982 年版;

6. 阿布都·克雷姆·宰伊达:《简明伊斯兰法理学》，贝鲁特使命出版社 1987 年版;

7. 阿布都·克雷姆·宰伊达:《伊斯兰法研究入门》，贝鲁特使命出版社 1989 年版;

8. 阿里·穆罕默德·贾尔法:《法律史与伊斯兰立法阶段》，贝鲁特大学出版社 1989 年版;

9. 阿俩尔·法西:《捍卫伊斯兰法》，内部刊物 1966 年版;

10. 拜德兰·艾布·艾尼·拜德兰:《伊斯兰法理学》，亚历山大大学青年出版社 1978 年版;

11. 拜德兰·艾布·艾尼·拜德兰:《伊斯兰法学史》，贝鲁特阿拉伯复兴出版社 1989 年版;

12. 法特哈·杜莱尼:《现代伊斯兰思想研究》，贝鲁特中心出版社 1988 年版;

13. 哈桑·伊布拉欣·哈桑:《伊斯兰教史》(四卷本)，开罗埃及复兴出版社 1991

年版；
14. 杰米勒·阿布都·拉·穆罕默德·米梭拉：《伊斯兰世界的现状及现实问题》，麦地那伊斯兰大学出版社 1986 年版；
15. 穆罕默德·阿布都·杰瓦迪·穆罕默德：《沙特阿拉伯王国的立法发展》，开罗大学出版社 1977 年版；
16. 穆罕默德·阿布都·杰瓦迪·穆罕默德：《伊斯兰法及其法典编纂》，亚历山大知识建设出版社 1991 年版；
17. 穆罕默德·艾布·祖哈勒：《伊斯兰学派史》，开罗阿拉伯思想出版社 1958 年版；
18. 穆罕默德·艾布·祖哈勒：《伊斯兰法理学》，开罗阿拉伯思想出版社 1958 年版；
19. 穆罕默德·艾哈默德·瑟拉吉：《伊斯兰法的理论与实践》，贝鲁特知识出版社 1997 年版；
20. 穆罕默德·布退：《(古兰经)中的人类文明模式》，大马士革思想出版社 1987 年版；
21. 穆罕默德·布退：《文明的对话》，大马士革统一出版社 1990 年版；
22. 穆罕默德·布退：《当代伊斯兰法律问题》，大马士革统一出版社 1992 年版；
23. 穆罕默德·法鲁戈·阿卡姆：《伊斯兰立法史》，大马士革大学出版社 1990 年版；
24. 穆斯塔法·泽勒嘎：《伊斯兰法入门总论》，大马士革思想出版社 1967 年版；
25. 欧麦尔·艾什格里：《伊斯兰法学史》，安曼贵重出版社 1991 年版；
26. 欧麦尔·艾什格里：《伊斯兰法与世俗法》，科威特宣传出版社 1986 年版；
27. 欧麦尔·麦默杜哈：《法律史原理》，亚历山大学院出版社 1958 年版；
28. 绍克图·穆罕默德·阿勒亚：《伊斯兰法与世俗法》，沙特装饰出版社 1996 年版；
29. 苏布哈·穆哈米萨尼：《阿拉伯国家的立法：历史与现实》，贝鲁特知识出版社 1981 年版；
30. 苏布哈·穆哈米萨尼：《伊斯兰法复苏绪论》，贝鲁特知识出版社 1962 年版；
31. 苏布哈·穆哈米萨尼：《伊斯兰立法哲学》，贝鲁特知识出版社 1975 年版；
32. 塔雷戈·布西拉：《伊斯兰法与世俗法律间的法制现状》，开罗东方出版社 1996 年版；
33. 沃哈布·祖海里：《伊斯兰法理学》，大马士革思想出版社 1986 年版；
34. 谢菲葛·谢哈特：《阿拉伯国家的立法趋势》，开罗世界出版社 1960 年版；

35. 优素福·葛尔塔维:《伊斯兰法的传统与衍新》,贝鲁特使命出版社 2001 年版;
36. 优素福·葛尔塔维:《伊斯兰法研究入门》,开罗馈赠出版社 1997 年版;
37. 优素福·葛尔塔维:《伊斯兰教的觉醒》,贝鲁特使命出版社 1998 年版;
38. 哲马鲁丁·阿推耶:《伊斯兰法理论》,麦地那出版社 1987 年版;
39. 穆罕默德·阿布都·嘎迪勒·艾布·法雷斯:《伊斯兰政治制度》,安曼准则出版社 1989 年版;
40. 穆罕默德·穆罕默德·侯赛因:《伊斯兰教与西方文化》,贝鲁特使命出版社 1985 年版;
41. 伊本·盖伊姆:《掌印大臣》(四卷本),贝鲁特新一代出版社。

二、中文参考文献

1. 《古兰经》(中阿文本),马坚译,麦地那法赫德国王《古兰经》印刷厂 1987 年版;
2. 陈恒森:《伊斯兰法的历史发展》,载《苏州大学学报》1987 年第 3 期;
3. 东方晓主编:《伊斯兰与冷战后的世界》,社会科学文献出版社 1999 年版;
4. 高鸿钧:《冲突与抉择:伊斯兰世界法律现代化》,载《比较法研究》2001 年第 4 期;
5. 高鸿钧:《伊斯兰法:传统与现代化》,社会科学文献出版社 1996 年版;
6. 高鸿钧:《伊斯兰法:传统与现代化》(修订版),清华大学出版社 2004 年版;
7. 葛洪义主编:《法理学》,中国人民大学出版社 2003 年版;
8. 韩培基:《沙里亚法典的产生与影响》,载《宁夏大学学报》1984 年第 2 期;
9. 何勤华、李秀清主编:《外国法制史》,复旦大学出版社 2002 年版;
10. 赫祖利著,庞士谦译:《回教法学史》,月华文化服务社 1950 年版;
11. 洪永红、何鉴:《伊斯兰法与中东伊斯兰国家法律现代化》,载《阿拉伯世界》2002 年第 1 期;
12. 黄民兴:《沙特阿拉伯:一个产油国人力资源的发展》,西北大学出版社 1998 年版;
13. 金宜久、吴云贵:《伊斯兰与国际热点》,东方出版社 2002 年版;
14. 李林:《论立法价值及其选择》,载《天津社会科学》1996 年第 3 期;
15. 林松:《〈古兰经〉概观》,载《古兰经简介》,内部刊物 1995 年版;
16. 刘靖华、东方晓:《现代政治与伊斯兰教》,社会科学文献出版社 2000 年版;
17. 穆罕默德·尤努斯:《伊斯兰政治学》,香港天马图书有限公司 2004 年版;
18. 诺·库尔森著,吴云贵译:《伊斯兰教法律史》,中国社会科学出版社 1986 年版;

19. 彭树智主编:《20 世纪中东史》,高等教育出版社 2001 年版;
20. 彭树智主编:《阿拉伯国家史》,高等教育出版社 2002 年版;
21. 彭树智主编,王铁铮、林松业:《中东国家通史:沙特阿拉伯卷》,商务印书馆 2000 年版;
22. 彭树智主编,雷钰、苏瑞林:《中东国家通史:埃及卷》,商务印书馆 2003 年版;
23. 曲洪:《当代中东政治伊斯兰:观察与思考》,中国社会科学出版社 2001 年版;
24. 沈宗灵:《法、正义、利益》,载《中外法学》1993 年第 5 期;
25. 孙国华、朱景文主编:《法理学》,北京中国人民大学出版社 1999 年版;
26. 汤唯:《伊斯兰法文化的变革与趋向》,载《法律科学》1998 年第 2 期;
27. 田村秀治编:《伊斯兰世界盟主:沙特阿拉伯》,上海译文出版社 1981 年版;
28. 王铁铮主编:《沙特阿拉伯的国家与政治》,三秦出版社 1997 年版;
29. 王云霞:《东方法律改革比较研究》,中国人民大学出版社 2002 年版;
30. 吴云贵、周燮藩:《近现代伊斯兰教思潮与运动》,社会科学文献出版社 2001 年版;
31. 吴云贵:《当代伊斯兰教法》,中国社会科学出版社 2003 年版;
32. 吴云贵:《沙斐仪与伊斯兰教法理论》,载《甘肃民族研究》1989 年第 1 期;
33. 吴云贵:《伊斯兰教法概略》,中国社会科学出版社 1993 年版;
34. 吴云贵:《伊斯兰教法与伊斯兰复兴》,载《中国社会科学院研究生院学报》2001 年第 5 期;
35. 吴云贵:《真主的法度:伊斯兰教法》,中国社会科学出版社 1994 年版;
36. 夏新华:《论埃及的混合法庭的历史地位》,载《西亚非洲》2004 年第 2 期;
37. 肖宪:《传统的回归:当代伊斯兰复兴运动》,中国社会科学出版社 1994 年版;
38. 杨克礼、罗万寿主编:《中国伊斯兰百科全书》,四川辞书出版社 1994 年版;
39. 张秉民:《伊斯兰法哲学》,宁夏人民出版社 2002 年版;
40. 张文显:《法理学》,高等教育出版社 2002 年版;
41. 张文显:《法哲学范畴研究》,中国政法大学出版社 2001 年版;
42. 周国黎:《乌玛——伊斯兰教与社会的统一体》,载《世界宗教研究》1992 年第 1 期;
43. 周燮藩:《伊斯兰教法的近现代改革》,载《世界宗教研究》1992 年第 1 期;
44. 周燮藩:《伊斯兰教法的起源》,载《世界宗教研究》1986 年第 2 期。

后　记

本书是在我的博士论文基础上修改而成的，其中的某些章节曾在国内相关刊物上发表，但全书做了较大程度的修改、补充和完善。本书是这些年我学习伊斯兰法的总结，但诸多限制因素，书中难免存在不足乃至错误，在此，敬请读者指正。

本书的后一部分是关于伊斯兰法衍新的研究，只是选择了时下较为突出的几个问题作为个案。由于伊斯兰法的衍新始终处于动态发展过程，在不同的历史时期、社会条件和主权国家中的适用现状和表现形式不尽相同。因此，在本书研究成果的基础上，我将进一步追踪伊斯兰法衍新的发展动态，对本书完成中产生的一些新问题，以及当今伊斯兰世界关于伊斯兰法衍新的新理论、新问题进行深入研究。

值此本书付梓之际，难免有诸多感慨。虽说曾留学阿拉伯国家多年，与伊斯兰法结下不解之缘，但本书的完成，其间苦乐，数言难表。这里，我只想对关心、支持和帮助过本书写作和出版的师长和同仁深表谢意。

首先，感谢我的导师、西北大学中东研究所所长、博士生导师王铁铮教授。先生学识渊博，人品高尚。当我告知先生书稿修改出版并请他作序时，他欣然接受。序中虽多有过誉，却是对我寄予的厚望和期待。同时，感谢西北大学中东所原所长、著名学者、博士生导师彭树智教授以及副所长、博士生导师黄民兴教授。读博时，两位先生为我授课，指导我的论文，特别是科研方面的点拨，使我获益匪浅，颇有顿悟之感。两位先生的学识和人品,是我仰望的高山。

我还要感谢著名法学家、华东政法大学校长何勤华教授、商务印书馆的王兰萍编审、兰州大学历史文化学院的敏敬博士、西北民族大学马克思主义学院的敏文杰博士、好友李青老师,以及兰州大学重点建设处和我所在单位兰州大学法学院的领导。何校长将本书纳入由他主编的"法学文库",使之大为增色;同为法律人的王兰萍老师为本书的出版给予了热情鼓励和大力支持;敏敬博士通读了书稿并提出修改意见;敏文杰博士翻译了书的英文目录;李青老师对本书的出版始终给予无私帮助;特别是本书的出版得到兰大重点建设处"兰州大学 211 工程建设项目成果"的资助,解决了出版经费的燃眉之急,这应当归功于兰大法学院的领导提携后学、促进学术的心境。

我还要感谢我的同学安乃光先生。国外八年同窗,我们结下深厚情谊。同届约旦大学毕业后,我回国任教,他留约发展。现如今,他已事业有成。这些年,虽说见面机会少了,却未丝毫影响我们之间的友谊。本书写作之中,当我需要各种资料和任何帮助时,给他打个电话,发份邮件,他总是那样积极热情地提供无私帮助,使我感激不已。

我的成长和漫漫求学之路,充满亲人的殷切希望,充满妻子的虔诚寄托,充满父母挥洒的泪与汗。感谢母亲,天底下最无私的爱莫过于母爱。在这里,我想借用美国著名盲人男歌手史蒂维·旺德的话,表达对母亲的感激和崇敬之情:"母亲是我最伟大的老师,一个充满慈爱和富于无畏精神的老师。如果说爱如花般甜美,那么我的母亲就是那朵甜美的爱之花。"母亲已经老了,为了养育我们兄妹,经历了太多的劳苦和辛酸,我愿她的有生之年健康快乐。

本书完善之初,父亲的"大限"到了,永远离别了我们。父亲的逝世,使我悲痛欲绝、身心交瘁,让我失去世界上最亲近、最疼爱我的人。

父亲是个孤儿。幼年时,贫困所迫,替人牧羊,后当工人,故未受过任何学校式的正规教育。认识的为数不多的一些汉字，也是在工作中自学的。幼年的不幸，尤其是替人牧羊的那段生活经历，培养了他心地善良、为人忠厚和坚忍不拔的品格。父亲虽没文化，却明理是非，颇有远见，一生的愿望是把我培养成才，对此，付出了极大的辛劳和情感。对父母含辛茹苦的养育之恩，为我的求学之路付出的千辛万苦，我无法报答，谨以此书作他们的慰藉。

父亲离别我们，已一年有余。过去的时间里，父亲的音容笑貌难以忘怀，时刻呈现眼前。他留给儿女的是无穷尽的思念，他虔诚的信仰、豁达的心胸和高洁的人品，是留给儿女取之不尽、用之不竭的“财富”。

感谢所有关心和爱护我的人。你们的关心和爱护，将是我今后人生努力、不断进取的源泉与动力。

马明贤

2010年仲秋于金城兰州

法学文库已出书目

《法律文化史谭》
《律学考》
《出土法律文献研究》
《日耳曼法研究》
《20世纪比较法学》
《夏商西周法制史》
《权利表象及其私法处置规则
——以善意取得和表见代理制度为中心考察》
《法的“一体”和“多元”》
《民法的起源
对古代西亚地区民事规范的解读》
《明清讼学研究》
《法律文化理论》
《香港特别行政区法院研究》
《英国早期衡平法概论
——以大法官法院为中心》
《社会变迁的法律解释》
《教会法研究》
《普通法令状制度研究》
《伊斯兰法：传统与衍新》
《中国法学史纲》
《法治的观念与体制
——法治国家与政党政治》
《法律人类学的困境
——格卢克曼与博安南之争》
《法律文化的数学解释》
《古埃及法研究》
《法律篇》(第二版)
《西方法学史纲》(第三版)
《刑法解释的语言论研究》